잠시 멈추고
돌아보는 시간이 필요한 순간

잠시 멈추고 ＿＿＿ 돌아보는 시간이 필요한 순간

서울대 최종학 교수의 감성 수업

최종학 지음

위에이북스

잠시 걸음을 멈추고 나를 돌아보는 순간
행복은 눈앞에 다가온다

어린 시절에는 예술이나 문화에 대해 잘 알지도 못했고 관심도 없었다. 음악을 들어도 별 감흥이 없었고, 미술관에 간다는 것은 생각도 못했다. 삶에 치여서 바쁘게 앞만 보며 살았으니 그럴 여유가 없었던 것이다. 당시에는 아마 '잠시 멈추어 내 자신을 돌아본다는 것'은 호사스러운 생각이었을 것이다.

그러다 어느 시점이 지나자 문화에 대한 관심이 점점 생기기 시작했다. 예전에는 무심코 넘어가던 것들이 예사로 보이지 않게 되었다. 남들은 바람에 지는 꽃만 봐도 눈물이 나는 청춘 시기가 그렇다던데, 나는 바쁘게 살다 보니 그 시기가 좀 나중에 왔다. 늦게야 청춘이 되어 '가슴앓이'를 하는 느낌이다. 이제는 문화와 예술이 얼마나 좋은 것인지를 실감하고 있다. 왜 진작 이 아름다운 세상을 몰랐는지 원통하기까지 하다.

하고 싶은 것, 직접 겪어보고 싶은 것도 더 많아졌다. 단지 문화에 대한 흥미 정도가 아니다. 달리기를 멈추고 문화를 즐김으로써 나를 돌아보는 시간을 가지게 되었다. 그 결과 내 삶이 더 윤택해졌고, 본업도 더욱 열심히 할 수 있게 된 듯하다. 내 삶이 한 단계 도약하게 된 계기라고나 할까?

필자는 딱딱한 경영학이라는 학문, 그중에서도 가장 골치 아프고 재미없다는 회계학을 본업으로 삼고 있다. 예술이나 문화와는 상당히 거리가 먼 숫자를 만지는 분야다. 감정이 메마른 사람이라는 이야기도 오래전에는 가끔 들었다. 그런데 직업이 교수인 덕에 직업병이 한 가지 있다. 일단 무언가에 관심이 생기면 그에 대한 공부를 열심히 하는 것이다. 그 대상이 꼭 경영과 관련된 것만은 아니다. 그래서 문화와 예술에 대해 관심이 생기니 이것저것 관련된 자료를 찾아서 공부를 하게 되었다. 작가의 인생이 어떻고, 노래 속에 숨겨진 이야기가 무엇인지도 살펴본다. 왜 그런 그림을 그리고, 노래를 불렀는지도 생각해본다. 역사적 배경도 공부한다. 여행을 가도 그 고장의 역사에 대해서 찾아본다.

이처럼 열심히 공부를 하고 다시 음악을 듣거나 미술작품을 감상하니 느낌이 전혀 다르다. 이전에는 아무리 들어도 들리지 않았던 음악의 한 소절 한 소절이 귀에 들어오면서, 마치 스스로 가수가 된 것처럼 감정이입까지 된다. 구절구절 나의 마음을 울려온다. 아무리 쳐다봐도 무슨 의미인지 알 수 없던 그림이었는데, 어느 날 갑자기 화가가 왜 이런 그림을 그렸는지가 머릿속에 떠오르면서 그림의 한 획까지 눈에 들어온다. 별다른 생각 없이 차창 밖을 스쳐 지나가던 풍경이었는데, 언제부턴가 그 속에서 살아가는 사람들부터 나의 생활까지 온갖 것들이 연계되어 마음속에 자리 잡기 시작했다. 아주 오래전에 읽었던 역사책 속의 한 장면도 떠오른다. 생각이 많아진 것이다.

이 책에 실린 글들은 그때의 생각을 글로 옮긴 것이다. 초·중·고등학교 시절 문예반 생활을 오래한 덕분에 글을 쓰는 것은 상당히 익숙하다. 그래서 그동안 기회가 있을 때마다 많은 글을 써왔다. 이 책에서는 지난 10여 년 동안 썼던 글들 중에서 문화와 관련되어 있으면서 나 자신을 돌아볼 수 있는 글을 골랐다.

대부분의 글들이 필자가 실제 해당되는 일을 겪은 후 며칠 이내에 쓴 것이다. 바로 그날 밤에 쓴 글도 있다. 감상하는 바로 그 순간에는 심장이 콩닥콩닥 뛰면서 많은 생각들이 주마등처럼 머릿속에 떠오르는데, 며칠만 지나면 도대체 무슨 생각을 했었는지 잘 떠오르지 않는다. 그 순간에 느꼈던 감정도 희미하게 사라져버린다. 그런데 감상했을 때의 감정을 바로 글로 옮기면 느낌이 살아 있다. 꾸미려고 노력하지 않아도 그 순간의 감상이 전해져온다. 누가 시키거나 출판하려는 목적에서 억지로 쓴 것이 아니라 내가 좋아서 자발적으로 쓴 것이니, 내 생각을 솔직하게 표현할 수 있어서 더 좋다. 시간이 많이 지난 후 다시 글을 읽어봐도 그 순간의 느낌이 머릿속에 또렷하게 떠오른다. 이래서 글이 좋은 것 같다. 언제라도 다시 보면서 되새김질을 할 수 있으니 말이다.

이 책을 출판하기까지 많은 분들의 도움을 받았다. 언제나 내 옆에서 함께하는 친구이자 반려자인 아내의 도움을 우선 빼놓을 수 없다. 이 책에 포함된 여러 글들에 아내가 직접 등장하기도 하지만, 대부분의 글에 등장하는 일들이 실제로 일어났을 당시 아내는 내 옆에 함께 있었다. 책밖에 모르는 고리타분한 백면서생이던 나를 예술의 길로 이끌어준 것도 아내의 힘이다. 그리고 서울대학교에서 미술과 음악을 동시에 공부하고 있는 한서윤 양에게도 감사를 드린다. 원고의 최종 편집 과정에서 한서윤 양에게 여러 도움을 받았다. 마지막으로 부족한 원고를 잘 정리하고 아담한 책으로 만들어준 출판사 식구들께도 감사를 드린다.

"마음이 없다면 보아도 보이지 않고 들어도 들리지 않는다(『채근담』)"라고 했으며, "사랑하면 알게 되고 알게 되면 보이나니, 그때 보이는 것은 전과 같지 않다(유홍준)"라고도 했다. "아는 것이 적으면 사랑하는 것도 적다(레오나르도 다 빈치)"라고도 했고, "경험한 만큼 보이고, 경험한 만큼 얻는다(고두현)"라고도 했다. 이 책과 함께 서로 사랑하는 따뜻한 마음으로 행복한 문화 여행을 떠나보자. 잠시 걸음을 멈추고 나를 돌아보는 순간, 행복이 바로 우리 눈앞에 다가와 있음을 알 수 있을 것이다.

눈 쌓인 관악산 캠퍼스를 바라보면서
서울대학교 연구실에서
최종학

PART 1

감성을 찾아 떠나는
미술 수업

PART 2

감성을 찾아 떠나는
음악 수업

PART 3

감성을 찾아 떠나는
여행 수업

PART 4

사람 냄새가 물씬 풍기는
색다른 수업

미술관을 방문해서 유명한 그림을 보면 십중팔구는 실망하게 된다. 그 유명한 그림이 실제로 보면 사진으로 볼 때만큼 못한 것 같고, 도대체 왜 이 그림이 유명한 것인지 이해하기도 힘들다. 사람이 많으니 시간을 두고 생각할 여유도 없다. 그런데 그 그림에 대해 열심히 공부를 하고 미술관에 가서 똑같은 그림을 다시 보게 되면 그림에 함축되어 있는 수많은 이야기에 놀라게 된다. 어떻게 이 작은 그림한 편에 그런 비밀들이 숨어 있는지…. 그림을 보면서 상상의 나래를 펴게 되고, 당시 화가의 입장이되어서 여러 가지 생각도 하게 된다. 나의 경험과 작가의 경험을 비교해보기도 한다. 미술작품을 보면서 생각한 것들을 글로 표현했다. 바쁜 걸음을 잠시 멈추고 미술작품을 감상한다면, 내 인생도 한 폭의미술작품처럼 느껴지면서 인생의 장면들을 회상할 수 있을 것이다.

감성을 찾아 떠나는
미술 수업

〈최후의 만찬〉,
그 위대한 예술의 이해

드디어 앞을 가로막고 있던 유리문이 열렸다. 약 20여 명 정도의 그룹이 안으로 들어서니 오른편에 수도원의 정원이 보였고, 왼편에 또 하나의 문이 있었다. 이곳에서 다시 잠시 기다리니 한 아가씨가 건물의 안쪽에서 왼편 문을 열어주었다. 건물 안쪽은 어두침침했다. 문을 들어서자 약 50평 정도 크기의 방이 나왔는데, 레오나르도 다 빈치 Leonardo da Vinci의 걸작 〈최후의 만찬〉은 바로 그 방의 서쪽 벽 상단 전체를 차지하고 있었다. 그림을 비추어주는 희미한 조명을 받으며, 〈최후의 만찬〉은 그 찬란한 광채를 밝히며 그렇게 나에게 다가왔다.

사실 대부분의 사람들은 이 그림을 그냥 언뜻 보게 되면 기대와는 달리 크게 실망하는 경우가 많다고 한다. 쳐다보기만 해도 사람들을

Leonardo da Vinci, <The Last Supper>, 1494~1498, Mixed technique, 460×880cm, Convent of Santa Maria delle Grazie, Milan

산타마리아 델레 그라치에 성당의 수도원 식당 한쪽 벽면을 장식하기 위해 그려진 〈최후의 만찬〉. 인류 문화 상 최고의 걸작으로 뽑히는 작품이다.

압도하는 미켈란젤로의 조각작품들과는 달리, 다 빈치의 그림들은 자세히 들여다보면서 그림에 담긴 의미를 이해해야 그림의 가치를 제대로 느낄 수 있다. 〈최후의 만찬〉이 유명한 이유는 바로 그림이 지니고 있는 깊은 생각과 여러 의미들 때문이다. 그림의 의미를 자세히 알게 된다면 '어떻게 이 조그마한 그림에 그렇게 많은 의미들이 포함되어 있을까?' 하는 생각이 절로 든다. 이 점이 바로 다른 화가들의 작품과 다 빈치의 작품이 구분되는 이유다. 다 빈치는 그림을 그리기 위해 수십 일에서 몇 달 동안 고민을 하면서 그림을 구상한 후에야 비

잠시 멈추고 돌아보는 시간이 필요한 순간 ─────

로소 그림을 그리기 시작했다고 한다. 일부분을 그린 후 다시 수십 일 동안 고민하기를 반복했으니, 〈최후의 만찬〉을 완성하기까지 무려 5년의 시간이 걸렸다.

방에 들어서서 그림의 존재를 인식하자마자 그림 쪽으로 바짝 다가서서 가로 880cm, 세로 460cm의 그림을 올려다보았다. 1978년부터 1999년까지 무려 22년 동안 막대한 자금을 들여 하루에 1cm² 씩 그림을 원래 색채에 가깝게 복원했다고 한다. 그림은 듣던 대로 많이 상해 있어서, 물감이 벗겨진 자리들이 쉽게 눈에 들어왔다.

〈최후의 만찬〉보다 더 오래된 그림들도 깨끗하게 보존되어 있는데 이 그림의 보존상태가 유독 안 좋은 이유는 무엇일까? 다 빈치가 이 그림을 그릴 때 현재까지도 널리 사용되는 물감을 기름에 섞어서 그리는 방법oil painting을 사용한 것이 아니라, 당시로서는 새롭게 시도되었던 물감을 달걀흰자에 섞어서 그리는 방법tempera을 사용했기 때문이라고 한다. 이 방법은 풍부한 색채를 표현하기에는 좋지만 보존성에 문제가 있어서 시간이 흐름에 따라 물감이 많이 벗겨졌다. 그래서 수세기에 걸쳐서 여러 유·무명의 화가들이 원래 그림 위에 덧칠을 했다. 복원작업은 지난 500년 동안의 묵은 때와 함께, 이렇게 덧칠한 부분들을 지우고 원래의 색채를 살리는 데 초점을 맞추었다.

예수와 요한, 베드로, 그리고 유다

〈최후의 만찬〉에는 모두 13명이 등장하며, 좌우 양편에 6명의 사도를 거느린 예수가 중앙에 위치한다. 그는 지금 막 "너희 중의 한 명이 나

왼쪽부터 유다, 베드로, 요한. 베드로는 왼손에 칼을 들고 있으며, 유다와 요한을 밀치며 예수 쪽으로 움직이려 하고 있다. 유다는 왼손으로 돈주머니를 쥐고 있다. 요한은 슬픈 표정을 지으며 고개를 돌린다.

를 배반할 것이다"라고 말한 순간이다. 그리고 조용히 슬프면서도 침착한 표정으로 아래를 내려다보고 있다. 마치 '아버지의 뜻대로 하소서'라고 말하는 듯한 표정이다.

예수의 바로 왼편에 위치한 3명의 제자들을 보자. 왼편 첫 번째 제자는 여자로 헷갈릴 정도로 아름다운 모습을 하고 있는 미남자다. 이 제자는 ①요한으로 그의 침착하고 조용한 성격을 보여준다. 요한은 예수의 이야기를 듣고 고개를 서서히 돌리고 있다. 큰 감정의 변화를 행동으로 보이기보다는 조용히 고개를 돌리며 슬픈 표정으로 고개를 숙인다. 예수의 말에 순종하면서 다가오는 예수의 운명을 받아들이는 것이다.*

요한의 얼굴 바로 옆에 있는, 한 손으로 요한을 뒤로 밀치며 예수 쪽으로 다가서려는 사람은 ②베드로다. 아직 식탁 위에 놓여 있는 그의 왼손을 자세히 보면 칼을 들고 있으며, 그 앞에는 소금병이 엎어져 있다. 이는 칼로 빵을 자르고 있던 성질 급한 베드로가 예수의 말을 듣자마자, "예수님, 그 작자가 도대체 누구입니까?" 하면서 벌떡 일어나는 모습이다. 그는 유다를 앞으로, 그리고 요한을 뒤로 밀치며 예수에게 다가가려고 한다. 칼을 든 베드로의 손은 베드로가 나중에 예수를 잡으려는 군인의 귀를 칼로 자르는 모습을 연상하게 한다.

베드로에 의해 앞으로 밀쳐진 ③유다는 예수의 말을 듣자마자 깜짝 놀라며 흠칫하고 있는 모습이다. 앞으로 밀리면서 소금병을 넘어뜨린 것이다. '아니, 예수가 그걸 어떻게 알았지?' 하고 속으로 생각하는 모습이 눈에 선하다. 그는 왼손으로 돈주머니를 꼭 쥐고 있다.

'최후의 만찬'은 많은 화가들에 의해서 흔하게 그려진 소재다. 최후의 만찬 또는 성찬식Eucharist을 기념하는 목적도 있었지만, 예수가 만찬에서 "너희는 나를 기념해 이 예식을 행하라"는 말을 남겼기 때문이다. 그래서 천주교에서는 2천 년 전부터 지금까지 미사 때마다 성찬식을 행한다. 개신교 중 일부 종파들에서는 조금 간소화해 횟수를 줄여서 성찬식을 행하고 있다. 천주교 미사에서 가장 핵심이 되는 부분이 성찬식이었기 때문에, 당시 많은 화가들이 관련된 그림을 남겼

---

*   요한은 마치 여자처럼 예쁘게 그려져 있다. 그래서 작가 댄 브라운은 이 인물이 요한이 아니라 막달라 마리아라면서 소설 〈다빈치 코드〉를 쓴 바 있다.

다. 그런데 당대에 그려진 다른 최후의 만찬 그림을 보면 대부분 유다는 다른 11사도와 같이 앉아 있지 않다. 예를 들어 기를란다요가 1480년에 그린 그림을 보면 예수는 11명의 사도와 같이 앞을 보며 앉아 있고, 유다는 식탁의 반대편에 혼자 등을 보이면서 앉아 있다.

예정설과 자유의지

이러한 그림들은 당시 중세 귀족들의 사치스럽고 방탕한 생활을 정당화시켜주는 논리로 개발되던 '예정설'에 바탕을 두고 있다. 즉 유다는 처음부터 11명의 사도들과는 다른, 예수를 배반하기로 예정되어 있던 사람이라는 뜻이다. 예정설은 귀족으로 태어나 사치스럽게 사는 것 또는 평민으로 태어나 어렵게 사는 것은 신이 이미 그렇게 살아갈 운명으로 정해준 것이라는 논리다. 즉 평민이 귀족의 생활을 질투하거나 귀족에게 저항하는 것은 신의 선택을 거역하는 것이 된다.

중세 후기에 접어들어 상업의 발달과 함께 신분제가 점차 약화되자, 이 논리는 '구원받을 사람은 미리 예정되어 있다'라거나 '돈을 더 많이 버는 것은 신이 당신을 더욱 사랑한다는 증거다'라는 논리로 변화해, '신분'이 아니라 '부'를 정당화하는 논리로 변한다. 이러한 논리는 아직도 우리 주변의 종교들에서 쉽게 볼 수 있다. 왜 이러한 예정설을 반영한 그림들이 많았을까? 당시 그림들의 대부분은 귀족들의 요구에 의해 화가들이 그린 것으로 귀족들의 사고방식을 반영했기 때문이다.

그러나 다 빈치는 이런 예정설을 거부하고, 유다를 다른 제자들과

당시에 흔하게 그려졌던 최후의 만찬에 대한 여러 그림들. 유다가 다른 사도들과는 따로 떨어져서 앉아 있는 모습이다. 이런 그림들을 보면 다 빈치의 그림이 얼마나 독창적인지 알 수 있다. 맨 위의 그림이 기를란다요의 그림으로 피렌체 성당에서 볼 수 있다.

같은 자리에 배치했다. 이 독특한 변화는 유다도 다른 제자들과 같이 자유의지自由意志, free will가 있는 사람이며, 자신의 자유의지에 의해서 예수를 배반한다는 의미다. "부자나 빈자, 평민이나 귀족 모두 자유의지를 가지고 있으며, 이 자유의지에 따라서 선이나 악을 행한다. 따라서 한 개인이 구원받는 것은 그 개인이 어떤 행위를 했는지에 따라서 결정되는 것이지, 그 개인의 신분이나 빈부의 차이에 따라서 결정되는 것이 아니다"라는 것이 이 그림이 그려진 성 도미니코 수도원의 중심 가르침이라고 한다. 이러한 깊은 의미를 다 빈치는 유다의 자리배치를 통해서 나타내고 있다.

더군다나 유다의 자리는 예수의 핵심 제자라고 할 수 있는 요한과 베드로의 옆자리다. 유다가 나중에 예수를 배반하므로 예수 사후에 쓰인 복음서들은 유다를 비판하고 있지만, 유다가 실제로 모임의 회계를 담당하고 있었다는 사실에 비추어 보면 유다가 12사도에서 차지하고 있던 위치가 그렇게 미약하지는 않았을 것이라고 추측할 수 있다. 다른 사도들의 거의 대부분이 글도 모르는 일자무식의 어부였던 것에 비해, 유다는 글을 알고 수를 계산할 수 있는 사람이었던 셈이다. 오늘날도 대부분 회사에서 재무담당 이사의 비중은 사장과 부사장 다음일 정도로 중요하다.* 즉 유다는 사도들 중 베드로와 요한과 어깨를 나란히 하고 그림에 같이 등장할 수 있을 만큼의 유능한 인물이었을 가능성이 높다. 이 얼마나 심오한 위치 선정인가?

그뿐만 아니라 유다는 베드로에 의해 앞으로 떠밀리면서도 왼손으

---

* 나의 전공이 경영학 중에서도 '회계학'이므로 편파적으로 생각하는 것일 수도 있다.

왼쪽부터 토마, 작은 야고보, 필립보. 토마는 손가락을 치켜들고 있고, 야고보는 깜짝 놀라고 있으며, 필립보는 "그게 저입니까?" 하며 자신을 가리키고 있다.

로 돈주머니를 꼭 쥐고 있다. 그의 돈에 대한 집착을 나타내는 것이리라. 또는 예수를 팔아넘기고야 말겠다는 그의 굳은 결심을 나타내는 것일 수도 있다.

〈최후의 만찬〉에 등장하는 인물들의 속삭임

이제 예수의 오른편에 위치한 3명의 제자들을 보자. 둘째 손가락을 치켜들고 있는 얼굴의 옆면만 보이는 제자는 ④토마다. 예수의 이야기를 듣고 "예수님, 그게 도대체 누구죠?" 하고 손가락을 가리키는 모

왼쪽부터 마태오, 다태오, 시몬. 예수에게서 멀리 떨어져 앉아 있는 이들은 예수의 말이 무슨 소리인지 잘 이해하지 못하고 어리둥절해하고 있다.

습이다. 또한 이 모습은 토마가 나중에 예수의 부활 이야기를 다른 제자들에게 전해 들은 후 "예수님의 못 자국에 내 손가락을 직접 넣어보기 전에는 예수님이 부활했다는 것을 믿을 수 없다"라고 말하던 모습을 떠올리게 한다. 그 옆에서 팔을 양옆으로 펴서 깜짝 놀란 몸짓을 취하는 제자는 ⑤작은 야고보다. 또 그 오른편에서 손으로 자기 자신을 가리키면서, "예수님, 그게 저입니까?" 하고 말하고 있는 사람은 ⑥필립보다. 얼굴에 슬픔이 가득한 모습이 생생하게 드러난다. 이렇게 3명의 제자가 한 무리를 이루고 있다.

이제 그 오른편, 예수에게서 가장 오른쪽에 떨어져 있는 3명의 제자들을 보자. 예수가 한 이야기가 예수에게서 멀리 떨어져 앉은 이 3명에게는 잘 전달되지 않는다. 예수를 양손으로 가리키면서 고개를 왼편으로 돌리고 있는 ⑦마태오는 "예수님께서 지금 뭐라고 하셨지?" 하고 이야기하는 듯하다. 마태오는 상류층 출신이었기 때문에 다른 제자들과 구별되는 고급 의복을 입고 있다. 그다음에 서 있는 ⑧다태오 역시 예수의 말을 이해하지 못하고 ⑨시몬을 보면서 궁금

왼쪽부터 바톨로메오, 큰 야고보, 안드레아. 이들도 예수가 무슨 말을 했는지 잘 이해하지 못한 모습이다.

해하고 있다. 3명의 제자 중에서 가장 오른편에 위치한 시몬은 양손을 꺼내 손바닥을 펴 보이고 있다. "나도 모르겠는데"라고 말하면서 말이다.

그림의 가장 왼편에 위치한 3명을 보자. 가장 왼편에 있는 ⑩바톨로메오는 어리둥절해하고 있다. 그 역시 예수의 말을 잘 듣지 못한 것이다. 그 옆에 있는 ⑪큰 야고보는 손을 뻗쳐서 베드로를 잡으려고 한다. "베드로, 지금 예수님이 뭐라고 말씀하셨지?" 하고 물으려는 동작이다. 그리고 그 오른편에 위치한 ⑫안드레아는 양손을 수직으로 들어 손바닥을 우리에게 보여주고 있다. 깜짝 놀라는 모습이다.

이처럼 〈최후의 만찬〉은 순간의 모습을 매우 극적으로 묘사하고 있다. 이래서 바로 다 빈치의 이 작품이 걸작 중의 걸작으로 칭송받고 있는 것이다.

정신없이 바로 앞에서 그림을 올려다보고 있던 나는, 조금 정신을 차리고 약 10m가량 뒤로 물러서서 그림을 바라보았다. 이렇게 물러서 있으니 그림의 전체적인 윤곽이 눈에 더 쉽게 들어온다. 예수의 제

〈최후의 만찬〉을 멀리서 바라본 모습. 예수의 자리 밑에 문의 흔적이 있다. 건물 대부분이 나폴레옹 전쟁과 제2차 세계대전 중에 파괴되었는데, 〈최후의 만찬〉이 그려져 있던 벽만 기적적으로 남았다. 연합군의 폭격으로 건물이 무너졌으나 수도사들이 쌓아둔 흙 포대들이 총격을 흡수해 이 그림이 그려진 벽은 무너지지 않았다고 한다.

자들은 앞서 설명한 것처럼 3명씩 쌍을 이루어 원 구도로 자리를 잡고 있어 모두 4개의 원이 되고, 예수는 그 가운데 삼각구도로 위치한다. 예수는 빨간색과 파란색의 원색을 사용해서 밝게 튀어 보이며, 사도들은 양 끝으로 갈수록 혼색을 사용해 어두워 보인다.

그림은 전체적으로 오른편 배경이 더 밝게, 왼편 배경이 더 어둡게 그려져 있다. 이는 그림이 그려져 있는 방의 특징을 나타낸다. 이 방은 수도원의 식당으로 사용되었던 곳이다. 그림은 방의 서쪽 면에 그려져 있고, 남쪽 면에 위치한 좁은 창문으로만 빛이 들어왔다. 이 빛

잠시 멈추고 돌아보는 시간이 필요한 순간

은 방의 북쪽 면을 비추었으므로, 방은 전체적으로 오른편이 더 밝고 왼편이 더 어두운 상태였다. 즉 다 빈치는 실제 빛의 명암을 그림에 반영한 것이다. 지금은 그림을 더 잘 보존하기 위해 창문을 막았지만, 실제 태양빛이 창문을 통해 들어와 비추는 모습과 유사하도록 인공조명이 그림을 비추고 있다. 다 빈치가 사용한 빛을 이용해 그림에 입체감을 주는 방법은 후세 화가들에게 많은 영향을 주었다고 한다.

예수의 자리 밑에 있는 문의 흔적은, 지금은 막아버렸지만 원래 주방으로 통하던 문이 있던 곳이다. 12제자의 뒤와 천장은 원근법으로 처리되어 있어 공간감을 느끼게 해주며, 그 뒤로는 창문을 통해 밖의 모습이 보인다. 즉 이 그림은 마치 식당이 벽 쪽으로 더 확장되어 있는 듯한, 식당이 더 넓어 보이게 하는 역할도 하고 있다. 만약 이 식당에서 식사를 하며 그림을 바라보면, 마치 저편에서 예수와 그의 제자들이 함께 식사를 하고 있다는 느낌이 들 것 같다.

예수를 팔아 부귀영화를 누리는 사람들

한 그룹에 할당된 약 15분의 시간은 그림을 바라보는 동안 쏜살같이 흘러가버렸다. 직원이 빨리 나가라고 재촉을 한다. 뒤편의 문을 통해 나서니 기념품 판매점이 있었다. 이곳에서 기념엽서 한 장과 그림에 대한 설명이 적혀 있는 다 빈치의 화보집을 샀다. 호텔방에 돌아온 나는 그날 저녁, 그리고 다음 날 아침까지도 〈최후의 만찬〉 그림을 한없이 바라보면서 이런저런 생각에 잠겼다. 이 그림 한 점에 어떻게 그 수많은 의미가 포함되어 있을 수 있을까? 생각하면 할수록 다 빈치의 위대한 천재성을 느끼게 된다.

앞에서도 말했다시피 최후의 만찬은 다른 많은 화가들도 다룬 소재였다. 오후에 방문했던 밀라노 브레라 미술관에서 나는 최후의 만찬을 소재로 한 다른 세 점의 그림을 발견할 수 있었다. 칼리아리의 〈최후의 만찬〉을 보면 다 빈치의 〈최후의 만찬〉과는 전혀 다른 느낌을 받을 수 있다. 칼리아리가 그린 〈최후의 만찬〉은 10여 명의 남자들이 한데 엉겨서 왁자지껄 떠들며 술에 취해 있는 듯한 풍경이다. 이는 그림이 그려졌을 당시의 떠들썩한 동네잔치 모습을 나타낸다고 하는데, 그래서 이 작품은 신성모독이라는 비난을 받았었다고 한다.

카도르의 〈최후의 만찬〉을 보면 예수의 오른편에 위치한 어여쁜 모습의 요한은 예수의 이야기를 듣고 머리는 움켜쥐고 고민하고 있고, 베드로 역시 예수의 이야기에 깜짝 놀라서 양 손바닥을 펴 들고 있다. 그의 앞 식탁에는 빵과 칼이 놓여 있으니 칼로 빵을 자르다 말고 손을 든 것이다. 이 작품은 다 빈치의 〈최후의 만찬〉 이후의 작품으로 다 빈치 그림의 영향을 상당히 많이 받은 것으로 보인다.

카도르보다 더 후대의 네덜란드 화가 루벤스의 〈최후의 만찬〉은 약간 다르다. 예수가 빵을 들고 하늘을 쳐다보면서, "이는 내 몸이다. 너희는 이것을 받아먹으라" 하고 말하는 순간이다. (성경을 읽어 보면 혹자가 주장하는 것처럼 '이는 내 몸을 상징한다symbolize'가 아니라 '이는 내 몸이다This is my body'로 표현되어 있다.) 식탁에는 포도주 잔이 놓여 있다. 곧이어 예수는 이 잔을 들고 "이것은 너희를 위해 흘릴 내 피다. 너희는 이것을 받아 마셔라" 그리고 "너희는 나를 기념해 이 예식을 행하라" 하고 말할 것이다. 제자들은 모두 경외의 눈빛으로 예수를 쳐

잠시 멈추고 돌아보는 시간이 필요한 순간

루벤스의 〈최후의 만찬〉. 예수가 빵을 들고 이야기하는 모습을 강렬하게 묘사하고 있다. 모두 예수에게 집중하는데 유다만 고개를 돌려 우리를 쳐다보고 있다.

Peter Paul Rubens, <Last Supper>, 1631~1632, Oil on canvas, 304×250cm, Pinacoteca di Brera, Milan

다보고 있지만, 오직 한 사람 유다만은 예수에게서 고개를 돌리고 우리를 쳐다본다. 무언가를 깊이 생각하면서, 그의 입은 마치 우리에게 '너도 똑같이 예수를 팔아 부귀영화를 얻을 생각을 하고 있니?' 하고 묻는 듯하다.

좀 민감한 이야기이기는 하지만, 오늘날 우리 주변에는 이렇게 유다처럼 예수를 팔아 잘 먹고 잘사는 사람들이 너무 많다. 3천 년 전 종교권과 왕권이 일치하던 제정일치 사회에서 사회의 세금이었던 십일조를 그렇게 강조하면서, 십일조로 걷은 돈의 1/3은 가난한 이웃을 위해 쓰라는 성경의 구절은 왜 한마디도 언급하지 않는 것일까?

기적적으로 살아남은 인류의 문화유산

다 빈치는 평탄한 생활을 한 사람은 아니었다. 사생아로 태어난 그는 어린 시절 교육다운 교육을 제대로 받지 못한 것으로 여겨진다. 즉 그는 대부분의 지식을 천재적인 두뇌로 혼자 깨우친 것이다. 이러한 그의 미천한 신분과 그에 따른 부족한 예절, 그의 고집, 그리고 독불장군의 성격 때문에 그는 동시대의 귀족들에게 천재로서 대접은 받았지만 진심으로 사랑을 받은 사람은 아니었다. 이 점은 미켈란젤로와도 유사하다. 미켈란젤로와 다 빈치는 서로를 몹시 싫어했다고 한다. 다 빈치의 고집이 어느 정도였는지를 말해주는 일화가 있다. 그림을 그리는 데 5년씩이나 걸리는 것을 이해하지 못하는 수도원장이 그림을 빨리 완성하라고 자꾸 독촉하자 화가 난 다 빈치는 유다를 수도원장의 얼굴로 그려 넣겠다고 협박했다고 한다. 이에 수도원장의 기분이 어떠했을지는 짐작이 가능하다.

실제로 이 그림의 등장인물들은 모두 밀라노 거리에서 만난 사람들의 얼굴을 그려 넣은 것이라고 한다. 하지만 종종 다 빈치 관련 글에서 발견되는, 다 빈치가 어떤 사람을 모델로 예수의 얼굴을 먼저 그려 넣었지만 유다의 모습을 찾지 못해 고민하던 중 거리에서 예수의 모델이 된 후 마음이 교만해져서 타락한 사람을 다시 만나 그의 얼굴을 보고 유다의 얼굴을 그려서 예수와 유다의 모델이 같다는 이야기는, 후대의 누군가가 교훈을 목적으로 지어낸 이야기일 뿐이다.

다 빈치의 〈최후의 만찬〉은 인류의 문화유산으로 오늘에 있기까지 수차례 파괴와 손상을 겪어야 했다. 나폴레옹 전쟁 당시 프랑스군이 그림이 그려진 건물을 마구간으로 이용하는 바람에 말들의 발길질로 인한 충격으로 다 빈치의 〈최후의 만찬〉이 일부 손상되었다. 그뿐만 아니라 제2차 세계대전 중에는 연합군의 폭격으로 수도원 건물 절반이 무너졌으나 그림은 기적적으로 살아남았다. 수도원의 수도사들은 그림을 보호하고자 흙 포대를 벽의 양 옆에 쌓아올려 놓았었다고 한다. 이 흙 포대가 포탄의 충격을 흡수했기에 다른 벽들은 모두 무너졌지만 이 벽만은 살아남을 수 있었던 것이다. 기적이 아닐까 한다. 그리하여 500년이 지난 오늘까지도 이 위대한 인류의 문화유산은 우리에게 남아 빛을 발하고 있는 것이다.

이번 밀라노 방문은 업무차 3박 4일을 온 것이다. 그중 하루동안 바쁘게 관광을 하면서 첫 번째로 보게 된 이 위대한 작품은 내 마음에 깊은 잔영을 남겼다. 다음 날 저녁, 호텔방에 앉아서 그 감상을 잊기 전에 글로 남기려고 시간 가는 줄 모르고 글을 쓰고 있으니 옆에서 아내가 투정을 한다. "당신, 지금이 도대체 몇 시인 줄 알아? 도대체 몇 시간째 뭘 쓰고 있는 거야? 배가 고파 죽겠다. 그냥 나랑 말고 다 빈치랑 살아라, 살아."

이래서 나는 다시 현실로 돌아왔다. 배가 몹시 고프다. 아내에게 채근을 당하고 있지만 마지막으로 몇 마디 덧붙일 말이 있다. 다 빈치는 생전에 "오! 주님! 주님은 우리가 노력이라는 대가만 치르면 무엇이든지 다 허락해주시는군요!"라는 말을 남겼다. 나는 과연 그에 합당한 노력을 하고 있을까? 노력은 안 하면서 허락받은 일이 없다고 불평만 계속하고 있지는 않은가?

〈최후의 만찬〉 관람 방법

〈최후의 만찬〉 관람은 예약제로, 약 15분 동안 한 번에 약 20명 정도의 인원만 관람이 가능하다. 개인 관람을 위해서는 보통 한 달 정도 전에 예약을 해야 한다. 그게 힘들다면 밀라노에 도착해 매일 아침 시작하는 'Daily City Tour'를 이용하자. 〈최후의 만찬〉 관람이 투어 내용에 포함되어 있다. 투어 신청은 두오모 대성당 옆에 있는 I(관광정보센터)에서 하면 된다. 그림이 위치한 산타마리아 델레 그라치에 성당을 무작정 찾아가면, 예약을 하고 표를 사전에 구입한 사람이 나타나지 않아 그 빈자리에 들어가는 운 좋은 경우도 있다. 바로 내가 들어간 방법이다.

영웅과 화가,
나폴레옹과 다비드

"어머, 이 그림 좀 봐요." 파리 루브르 박물관의 한 전시실로 들어서자 아내가 황급히 한 그림 앞으로 다가간다. "나폴레옹의 대관식 모습이네. 저기 나폴레옹의 모습 좀 봐요. 정말 너무 잘 생겼다. 그 아래 무릎을 꿇고 있는 여자가 부인 조세핀인가 봐요. 참 곱기도 해라." 그러면서 나를 흘깃 쳐다본다. 나와 나폴레옹을 비교하려는 듯. 속으로 무슨 생각을 하는지 뻔하다. 여자들은 왜 꼭 자신의 남편을 나폴레옹 같은 사람들과 비교하려고만 하고, 자신을 조세핀 같은 여자와는 비교하지 않는 걸까?

"아니, 그게 아니야. 당신도 알다시피 나폴레옹은 키도 작고, 배도 나오고, 볼품없는 사람이었어."* 이렇게 이야기하고 보니까 꼭 내 이

Jacques-Louis David, <The Consecration of the Emperor Napoleon and the Coronation of Empress Josephine on December 2>, 1805~1807, Oil on Canvas, 629×979cm, Musèe du Louvre, Paris

수많은 사람들이 기록사진처럼 등장하는 나폴레옹 대관식의 모습. 다비드는 나폴레옹이 황제로 취임하는 대관식에서 가장 중요한 장면을 생생하게 남겼다.

야기를 하는 것 같다. "그런데 자신의 위치를 끌어올리려고 당시 사교계의 꽃이었던 연상의 여인 조세핀과 결혼한 것 아냐? 저 그림은 화가가 나폴레옹의 지시를 받고 그린 거야. 그래서 나폴레옹을 실제보다 더 크고 멋있게 그린 거지." 그러고 보면 화가는 이 그림이 그려질 당시 50살은 되었을 조세핀도 실제보다 훨씬 젊게 그렸다. 20대 후반 또는 30대 초반으로 보이는 아름다운 처녀의 모습이다.

어마어마한 크기의 다비드의 작품 〈나폴레옹 1세와 조세핀 황후

---

*　이는 영국 신문에서 나폴레옹을 조롱하려고 그린 만평으로 인해 생긴 오해라고 한다. 나폴레옹의 키는 168cm로 당시 프랑스인의 평균 키보다 5cm나 컸고, 살이 좀 찌기는 했지만 배가 나온 것이 아니라 아주 건장한 체격이었다.

의 대관식〉은 루브르 박물관에 있는 전체 작품들 중 두 번째로 크다고 한다. 이 작품은 파리의 명소인 노트르담 성당에서 1804년 12월 2일 열렸던 나폴레옹의 대관식 장면을 담고 있다. 100여 명이나 되는 사람들의 모습이 그 당시 사람이라면 누구나 알아볼 수 있을 정도로 정확하게 초상화처럼 그려져 있다. 예를 들어 그림의 왼편에 있는 여인들은 나폴레옹의 여동생들과 나폴레옹 형제들의 부인들이다. 그림의 오른편 끝에 등장하는 남자들 중에는 조세핀이 전남편과 사이에서 낳은 아들도 있다. 나폴레옹은 그를 친아들처럼 길렀으며, 자신의 부관으로도 삼았다.

나폴레옹의 대관식

원래는 오랜 전통에 따라 대관식에 참석한 성직자 중 최고위직인 교황 비오 7세가 나폴레옹에게 황제의 월계관을 씌워주어야 하는데, 나폴레옹은 자신이 직접 월계관을 집어 들고 자신의 머리에 씌운다. "운명은 내가 스스로 개척한다"라는 말처럼, 그는 과거의 황제들처럼 교황에 의해 황제로 임명된 것이 아니라 스스로 황제가 되어 교황보다도 자신이 더 위에 있음을 무언의 동작으로 선언하고 있는 것이다. 그리고 황후의 관을 들어 조세핀에게 씌우려고 하고 있다. 교황이 아니라 자신이 황후의 관을 직접 씌워줄 정도이니, 자신이 바로 교황 또는 신과 동격자라는 의미다. 어떤 면에서 신성모독이라고 비난을 받을 수도 있는 행동이다.*

옥좌에 앉은 교황 비오 7세는 이를 떨떠름한 표정으로 바라보면서

로마 시대의 전통에 따라 월계관을 쓴 나폴레옹이
조세핀에게 황후의 관을 씌워주는 모습. 대관식의
가장 중요한 순간을 그림에서 묘사한 것이다. 조세
핀은 실제보다 훨씬 젊은 모습으로 그려져 있다. 당
시 조세핀이 입은 옷이나 귀걸이, 팔 장식까지 정확
하게 묘사되어 있어 마치 기록사진 같다.

손으로 십자가를 그어 축복을 내리고 있다. 교황은 나폴레옹에게 월
계관을 씌워줌으로써 자신의 권위를 내보이려는 계산에서 멀리 로마

---

* 　다비드의 최초 스케치는 나폴레옹이 직접 자신의 머리에 월계관을 쓰는 모습이었다고 한다. 나중에 다
　비드가 나폴레옹이 조세핀에게 황후의 관을 씌워주는 장면으로 바꾸어 그린 것이다. '나폴레옹에게 사
　랑받는 것처럼 보이고 싶었던 조세핀이 다비드에게 부탁해서 그림이 바뀐 것' 또는 '나폴레옹이 스스로
　월계관을 쓰는 것은 교황권이나 신성을 모독하는 행위라 당시 사람들에게 충격적으로 받아들여지거나
　반감이 생길 염려가 있어 바꾼 것'이라고 역사학자들은 추정한다.

　　　　　　　　　　　　　잠시 멈추고 돌아보는 시간이 필요한 순간

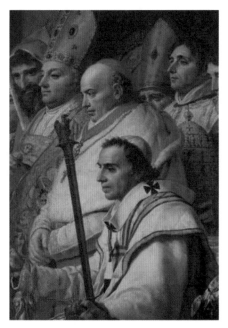

나폴레옹의 모습을 무표정한 모습으로 바라보고 있는 교황 비오 7세의 모습. 주변 성직자들도 그다지 기쁜 표정이 아니다. 나폴레옹이 교황보다 더 우위에 있음을 행동으로 나타내고 있기 때문이다. 교황은 왼손으로 성호를 그어서 축복을 내리고 있다.

에서 파리까지 와서 대관식에 참석했을 텐데, 갑자기 나폴레옹이 전혀 예상 밖의 행동을 하니 놀랐을 만하다. 주변의 다른 성직자들도 마음이 편하지 않은 듯한 표정이다. 다른 사람들은 대부분 나폴레옹의 손을 쳐다보고 있다. 모두들 나폴레옹의 행동에 놀라고 있을 것이다. 그림을 감상하고 있는 나의 눈도 자연스럽게 나폴레옹의 손으로 향하도록 그림의 구도가 잡혀 있다.

이 얼마나 극적인 장면인가! 다비드는 긴 대관식 중간에 일어났던 이 짧은 순간의 모습과 전체적인 분위기를 정확하게 잡아내어 강렬한 화면으로 우리에게 메시지를 전달하고 있는 것이다.

그림 속에 숨어 있는 이야기들

나폴레옹과 교황 비오 7세에 관련된 다른 이야기가 있다. 자신이 황제의 자리에 오르는 대관식을 계획한 나폴레옹은, 대관식 미사 집전을 교황에게 요청해 교황을 로마에서 파리로 오게 한다. 그리스도의 후계자를 자처하는 교황이라고 하더라도 당시 전 유럽을 지배하고 있던 나폴레옹의 요구를 거부할 수 없었다. 교황이 탄 마차가 파리 근교까지 왔다는 전갈을 받은 나폴레옹은 말을 타고 교황을 마중 나간다. 파리에서 하루 정도 거리인 파리 동남쪽 퐁텐블로 숲에서 그는 교황을 맞이한다.

나폴레옹은 전날 비가 와서 진흙탕이 된 길 앞에서 교황의 마차를 기다린다. 그 앞은 진흙탕이었지만 나폴레옹은 단단한 흙 위에서 있었다. 나폴레옹을 발견한 교황의 마차가 멈추었고, 교황이 마차에서 내렸다. 일부러였는지 우연의 일치였는지 교황이 진흙탕 위에 내리는 꼴이 되었고, 그 결과 그의 긴 옷은 진흙탕에 끌려 흙투성이가 되고 만다. 이는 당시 사회에서 상당한 모욕으로 받아들여질 수 있는 행동이었다고 한다.

이렇게 두 사람은 만나서 잠시 대화를 하게 되었다. 나폴레옹은 자신의 야심과 프랑스의 위대성 등에 대해 설명했다고 한다. 이에 지지 않고 교황은 화를 내는 기색도 없이 침착하게 전쟁의 비참함과 전쟁 속에서 고통받는 불쌍한 사람들, 전쟁으로 신을 잃어버린 세대를 신에게 이끌어가야 하는 자신의 사명 등에 대해서 이야기했다. 두 위대한 인물의 대화답다고 느껴진다. 만약 오늘날 자신의 이익에 따라 전

나폴레옹의 어머니. 조세핀을 싫어한 그녀는 실제로 대관식에 참석하지 않았다. 그러나 다비드는 어머니의 모습을 그려 넣어서 화목한 가족의 모습을 나타내려고 했다.

쟁이나 테러를 일삼는 강대국 또는 테러리스트 집단의 지도자들과, 이에 대항해 '평화'와 '사랑'을 줄기차게 외치다 얼마 전에 세상을 떠난 교황 요한 바오로 2세가 만나 대화를 했다면 이와 비슷한 대화를 하지 않았을까? 이런 대화 후 파리에 도착한 교황 비오 7세는 나폴레옹의 대관식에 참석한다. 어쨌든 교황의 방문을 계기로 나폴레옹은 혁명 이후 관계가 좋지 않던 가톨릭교회와 형식적이지만 화해를 하게 된 셈이다.

이 그림에서 2층 발코니에 앉아 있는 여인들 중 가운데 앉아 있는 여인과 관련해 또 한 가지 재미있는 이야기가 있다. 나폴레옹을 흐뭇한 얼굴로 바라보고 있는 이 여인은 바로 나폴레옹의 어머니다. 그녀는 사치를 일삼는 조세핀을 몹시 싫어했기에 조세핀이 황후가 되는 것을 보고 싶지 않다며 실제로는 대관식에 참석하지 않았다고 한다. 그렇지만 다비드는 그녀의 모습도 그려 넣었다. 화목한 가정의 모습을 보여주어 나폴레옹을 기쁘게 하려는 의도였을까?

하지만 이 그림이 그려진 지 얼마 지나지 않아 나폴레옹은 늙은 조

그림에 있는 다비드의 모습. 나폴레옹의 어머니보다 윗단에 있는 사람들 중 손에 스케치북을 들고 그림을 그리는 사람이 있다. 바로 대관식에 참석해 현장을 스케치하는 다비드 자신의 모습이다.

세핀을 버리고 젊은 오스트리아 공주와 결혼한다. 물론 이는 사랑과는 전혀 관계없는, 적들 사이에 맺어진 정략결혼이었다. 그럼에도 이소식을 들은 나폴레옹의 어머니가 상당히 기뻐한 것은 물론이다. 아이러니하게도 나폴레옹이 오스트리아 공주 마리아 루이제와 결혼하는 모습을 그린 그림도 현재 베르사이유 궁전에 걸려 있다.

마지막으로 이 그림에는 다비드 자신의 얼굴도 등장한다. 프랑스와 앙숙 관계에 있던 영국의 대사도 대관식에 참석했지만 그의 모습은 다비드가 일부러 빼버렸다고 한다.

자크 루이 다비드와 나폴레옹

대관식은 1804년 12월 2일에 노트르담 성당에서 열렸지만, 이 그림이 완성된 것은 1807년이었다. 이 그림을 최초로 본 나폴레옹은 아무 말 없이 1시간가량 혼자서 그림을 감상했다고 한다. 그리고는 다비드에게 "이 그림은 살아서 움직이고 있구먼This picture is on the march"이

대관식 이후 황실 근위대의 열렬한 환호를 받는 나폴레옹의 모습. 베르사이유 궁전에 전시되어 있다. 다비드가 대관식 모습과 함께 그렸다.

라는 유명한 감상평을 남긴다. 그 후 다비드는 나폴레옹에게서 프랑스 최고 권위의 '레지옹 도뇌르' 훈장을 수여받는다. 나폴레옹 역시 다비드의 그림에서 나타나는 치밀함과 순간의 절묘함, 그리고 그림이 내포하는 의미 등에 대해 감탄했으리라.

　루브르 박물관에 전시된 〈나폴레옹 1세와 조세핀 황후의 대관식〉과 비슷한 또 다른 그림이 베르사이유 궁전에 걸려 있다. 루브르 박물관에 있는 작품이 최초 완성본이고 그 뒤에 그린 작품이 베르사이유 궁전에 걸려 있는 것이다. 베르사이유 궁전에 걸려 있는 그림과 루브르 박물관에 걸려 있는 그림은 거의 똑같은데, 한 여인이 입고 있는 옷 색깔만 약간 다르다고 한다. 그리고 베르사이유 궁전에는 이 그림 맞은편에 다비드가 당시 상황을 그린 또 다른 그림이 함께 전시되어 있다. 나폴레옹이 대관식 이틀 후에 황실 근위대 앞에 나타나 열렬할 환호를 받는 모습이다.

"그런데, 이 그림을 그린 화가가 누구야? 자크 루이 다비드? 전혀 모르는 사람인데." "당신 예전에 중·고등학교 시절 완전정복 시리즈라고, 모 출판사에서 발행하던 참고서로 공부했던 것 기억나?" "물론이죠. 그 책 10권도 넘게 가지고 공부했는데…." 역시 아내는 열심히 공부하던 모범생이었다. "그 참고서의 겉장에 보면 나폴레옹이 백마를 타고 알프스를 넘어가는 그림이 나오지? 그 그림을 그린 화가가 바로 자크 루이 다비드야." "아! 그렇구나. 그 그림은 생생하게 기억나. 그 그림에도 말을 탄 나폴레옹이 정말 영웅처럼 멋있게 그려져 있었지."

참고서의 그림 아래에는 "나의 사전에 불가능이란 없다"라는 유명한 나폴레옹이 남긴 명언과 "하늘은 스스로 돕는 자를 돕는다"라는 격언이 적혀 있었다. 이 격언들이 마음에 들어 노트의 겉장에 옮겨 적어놓고 열심히 공부하자고 다짐하던(작심삼일이었지만) 나의 20여 년 전 모습이 떠오른다.

"나의 사전에 불가능이란 없다."

그 작품의 공식 제목은 〈생 베르나르 고개를 넘는 나폴레옹〉이다. 우리가 흔히 생각하는 것처럼 나폴레옹이 눈이 덮인 3천m 높이의 알프스 산맥을 넘은 것은 아니다. 태백산맥을 넘어가는 대관령과 한계령이라는 고개가 있는 것처럼, 나폴레옹도 생 베르나르 고개Saint

Jacques—Louis David, <Napoleon at the St. Bernard Pass>, 1801, Oil on canvas, 246×231cm, Galerie Belvedere, Vienna

Jacques—Louis David, <Bonaparte, Calm on a Fiery Steed, Crossing the Alps>, 1801, Oil on canvas, 260×221cm, Musée du Chateau de Malmaison, Rueil

알프스 산맥을 넘는 나폴레옹을 영웅으로 묘사한 다비드의 그림들. 그러나 다비드가 실제로 보고 그린 것이 아니라 상상해서 그렸을 뿐이며 사실과도 다르다. 다비드는 색깔이 약간 다른 총 5개의 그림을 그렸다.

Bernard Pass의 길을 따라 알프스 산맥을 넘었던 것이다. 물론 사람 몇 명이 겨우 지나갈 만한 좁은 고갯길을 대포와 말을 끌고 넘어간다는 것은 당시로서는 아무도 상상할 수 없었던 대모험이었다. 이 길은 나폴레옹보다 2천 년 전에 한니발이 코끼리와 카르타고 군대를 끌고 넘었으리라고 예측되는 바로 그 길이다. 1800년 제2차 이탈리아 원정 당시 나폴레옹은 6만의 병력을 이끌고 이 고개를 넘어 이탈리아를 점령하고 있던 오스트리아 군의 후방을 기습공격해 눈 깜짝할 사이에 승리를 이끌어냈다.

〈생 베르나르 고개를 넘은 나폴레옹〉은 나폴레옹이 자신의 승리를

나폴레옹은 백마가 아니라 노새를 타고 스위스 길
안내꾼의 도움을 받아 알프스 산맥을 넘었다. 그
모습은 들라로슈가 그린 그림에 남아 있다.

Paul Delaroche, <Bonaparte franchissant les Alpes>, 1834, Oil on canvas, 289×222cm, Musée du
Louvre, Paris

기념하기 위해 다비드에게 명령해 그린 것이다. 다비드가 실제로 현
장에 있었던 것은 아니고, 단순히 추측해서 그렸다고 한다. 그림에서
다비드는 나폴레옹을 구척장신의 영웅으로 묘사하고 있다. 다비드는
색깔이 약간 다른 총 5개의 그림을 그렸는데, 나폴레옹은 이 그림들
을 집무실이나 궁전 등에 걸어두었다고 한다.

그림을 보면 왼편 아랫부분에 나폴레옹의 이름인 보나파르트
BONAPARTE가 새겨져 있는 것을 볼 수 있다. 그런데 그 이름 바로 아래,
그림의 하단 왼편 귀퉁이에 앞부분이 잘려서 잘 보이지 않지만 작게
몇 글자 새겨져 있다. 바로 한니발HANNIBAL이다. 그리고 한니발의 오
른편 부분에 더 희미하게 써 있는 글자들은 신성로마제국의 초대 황
제 샤를마뉴 대제의 이름이다. 한니발은 기원전 3세기, 샤를마뉴 대

제는 9세기경 알프스 산맥을 넘어 이탈리아를 정복했던 인물들이다. 즉 나폴레옹이 이들과 동격이라는 의미로 바위에 이름을 새겨넣은 것이다. 그림에서 잘 보이지는 않지만 다비드의 서명은 나폴레옹이 쥐고 있는 말고삐에 적혀 있다고 한다.

그런데 사실 나폴레옹은 이처럼 멋진 말을 타고 알프스 산맥을 넘지 않았다고 한다. 이 길에 눈이 많이 쌓여 있기 때문에 미끄러지기 쉬운 말을 타고 산맥을 넘어가는 것은 매우 위험한 행동이다. 알프스 산맥을 넘는 나폴레옹의 실제 모습은 화가 들라로슈가 남긴 그림에서 알 수 있다. 나폴레옹은 덩치가 큰 말이 아닌 작은 스위스 노새를 타고 있는데, 그 앞에 고삐를 잡고 있던 사람은 스위스의 길안내꾼이었다고 한다.

나폴레옹의 업적을 보여주는 여러 그림을 그리고, 특히 나폴레옹을 신격화하는 그림을 그릴 만큼 다비드는 나폴레옹과 프랑스 대혁명의 열렬한 추종자였다. 다비드는 어떤 측면에서 상당히 정치적인 인물이었다. 그는 로마에 유학을 가서 그림을 배웠다. 처음에는 프랑스 왕의 주문을 받은 그림을 그리기도 했으나, 그 후 프랑스 대혁명에 적극 가담해 혁명파 자코뱅당의 일원으로 활약한다. 자코뱅당 동료장 폴 마라가 혁명에 반대하는 여인에 의해 암살되었을 때, 다비드는 죽은 마라를 추모해 〈마라의 죽음〉이라는 그림을 그리기도 했다. 이 그림 역시 대단한 걸작이다.

그러나 혁명의 지도자였던 로베스피에르가 피해망상증에 걸려 지나친 독재로 치달아 많은 사람들을 닥치는 대로 죽이자, 이에 대한 반발이 일어나 로베스피에르가 단두대로 보내져 처형당하는 일이 발생한다. 잠시 당시의 상황에 대해 이야기해보면, 혁명의회의 회의 모습은 한국 또는 중국에서 과거에 벌어졌던 인민재판과 유사하다. 매일 회의가 시작되면 로베스피에르가 나와서 "혁명의회 의원 중 누구누구가 반혁명 분자이니 죽이자" 하면서 이야기를 시작한다. 그를 따르는 의회 의원들이 "옳소, 옳소" 하면서 호응하고 바로 사형이 선언되었다. 그러면 전날까지 같이 의회에 앉아 있었고 동료였던 의원이 총을 든 병사에 의해 끌려 나가서 단두대에 세워졌다. 이러한 일이 매일매일 반복되니 모든 사람들이 로베스피에르를 두려워하게 되었다.

그러던 어느 날 한 의원이 일어나서 "로베스피에르가 반혁명 분자다. 죽이자" 하고 외치니, 대부분의 의원들이 "옳소, 옳소"를 외쳤다. 그 전날까지 최고 권력을 누리던 로베스피에르가 하루아침에 반혁명 분자로 단두대에 세워지게 된 것이다. 인간의 목숨이 얼마나 파리 목숨처럼 하찮은가? 이리하여 그의 죽음과 함께 프랑스 대혁명부터 이어진 공포정치의 시대가 끝났다.

다비드의 파란만장한 생애

로베스피에르의 추종자였던 다비드도 그 후 투옥되었으나 곧 복권된다. 시간이 흘러 나폴레옹을 만나고, 나폴레옹이 그에게 전쟁터에 동행해 그림을 그려달라고(당시 전쟁터에는 항상 여러 명의 화가들이 따라다니면서 그림을 그렸다) 부탁했으나 나이가 많다면서(실제로 나폴레옹보다 20살이 많다) 이를 거절한다.

그 뒤 다비드는 나폴레옹의 철저한 숭배자가 되어 당시 미술계 최

Jacques—Louis David, <Portrait de l'artiste>, 1794, Oil on Canvas, 81×64cm, Musée du Louvre, Paris

대의 권력자로 군림했지만, 이때 나폴레옹을 최초로 만나고 돌아온 뒤에는 "나폴레옹은 그림에 대해서는 전혀 모르더라"고 주위 사람에게 이야기했다고 전해진다.

다비드는 정치선전의 귀재로서 그때그때의 시대 상황을 꿰뚫어보고 이에 부합하거나, 사람들을 선동 또는 유도하는 그림을 그리는 데 소질이 있었다. 대중은 당연히 그의 그림에 열광했다. 이러한 그림을 그릴 수 있다는 사실은 그가 그림에만 재능이 있는 것이 아니라 고전과 역사, 시대의 흐름 등 다방면에 풍부한 재능이 있는 천재였다는 점을 말해준다. 그는 한때 '화단畫壇의 나폴레옹'이라고 불리기까지 했다. 요즘에야 이런 정치적 성향을 노골적으로 드러내는 예술가들이 상당히 있지만, 다비드가 살았던 200년 전 시대를 생각해보면 그의 행동이 얼마나 유별난 것인지를 짐작할 수 있다.

사실 다비드는 권력을 가졌을 뿐만 아니라 그림 실력도 당시 프랑스 미술계의 일인자이기도 해서 많은 제자들을 길러냈다. 그러나 권력은 영원하지 않았다. 그는 생애의 대부분을 권력자의 근처에서 보냈지만 나폴레옹이 워털루 전투의 패배로 실각하자 자신에게 화가 미칠까 두려워 벨기에로 망명한다. 그리고 벨기에에서 프랑스로 다시 돌아가지 못하고 사망한다. 그는 벨기에에서도 계속 그림을 그렸으므로 어느 정도 여유 있는 생활을 했으나, 그 당시 이미 노쇠했던 만큼 그의 초기 작품들만큼 위대한 작품들을 남기지는 못했다.

그림 앞에서 이런 내용들을 쭉 설명하니 아내가 나를 경탄의 눈길로 바라본다. 열심히 공부해오기를 정말 잘했다. 역시 그림은 아는 만큼 보이는구나!

그림으로 일깨우는 애국심,
다비드의 〈호라티우스 형제의 맹세〉와
〈사비니 여인들의 중재〉

〈나폴레옹 1세와 조세핀 황후의 대관식〉 그림을 본 후 우리의 시선은 그 옆에 나란히 전시되어 있는 다비드의 다른 그림으로 옮겨갔다. 〈호라티우스 형제의 맹세〉라고 불리는 이 작품은 '신고전주의'라는 새로운 미술사조 탄생의 시초가 된 유명한 작품이다. 그림에 나타난 배경은 로마 양식의 아치형 기둥이 있는 방 또는 정원이다. 즉 그림에 있는 사건이 로마에서 일어나고 있다는 것을 나타낸다.

그림의 가운데 서서 칼 3자루를 들고 있는 늙은 노인은 아버지이며, 그 앞에 칼을 향해 팔을 쭉 뻗고 있는 세 남자는 그의 세 아들들이다. 아버지는 그림의 왼편에서 들어오는 빛을 정면으로 받아 매우 강렬한 모습이다. 특히 그가 입은 빨간색 옷은 더욱더 강하게 보인다.

Jacques-Louis David, <The Oath of the Horatii>, 1784, Oil on canvas, 330×425cm, Musée du Louvre, Paris

아버지 앞에서 조국을 위해 싸울 것을 맹세하는 삼형제와 비탄에 잠긴 여인들을 대조된다. 당시 혁명 직전의 혼란한 시기였던 프랑스에 엄청난 영향을 미친 그림이다. 칼 3자루를 한 손에 들고 아들들에게 내주는 아버지의 우람한 근육질 팔이 실제처럼 잘 묘사되어 있다.

빨간색은 삼원색 중의 하나이므로 원래 강하고 밝게 보인다. 따라서 그림을 볼 때 당연히 이 부분에 시선이 먼저 집중된다. 이 아버지의 옷과 함께 밝게 그려진 것은 아버지가 들고 있는 칼 3자루다. 따라서 시선은 자연스럽게 아버지에서 칼로 향하게 된다. 다음으로 눈에 들어오는 것이 칼을 향해 손을 뻗치고 있는 세 아들의 손이다. 이 세 아들의 노출된 팔과 다리가 우람한 근육을 자랑하는 것을 보아, 그림에서 이들의 강인한 힘이 절로 느껴진다. 아버지의 손과 아들들의 손이

잠시 멈추고 돌아보는 시간이 필요한 순간

가리키는 가운데 칼이 있으니, 이 그림의 핵심이 칼이라는 것은 쉽게 알 수 있다.

왼편에 있는 세 아들과 대칭되는 오른편에는 3명의 여인이 등장한다. 그중 맨 왼편에 있는 여인은 아버지의 등 뒤에 가려서 햇살이 비치지 않기 때문에 표정을 구분하기가 힘들지만 두 아이들을 돌보고 있는 것을 볼 수 있다. 맨 오른편에 있는 다른 2명의 여인들은 몹시 슬퍼하고 있다.

그림을 보면 3명의 여인들은 3명의 강인한 남자들과 대립되게 배치되어서, 전혀 다른 분위기를 전한다. 즉 아버지를 중심으로 비장함을 풍기는 삼형제(왼편)와 비통함에 빠진 세 여인(오른편)이 극적인 대비를 이루고 있다. 무슨 이야기가 여기에 숨어 있을지 궁금해진다.

그림 속에 숨어 있는 로마의 역사

이 그림의 내용은 역사가 리비우스의 책 『로마사』에서 로마 건국설화의 일부로 등장한다. 초창기 조그마한 도시국가였던 로마는 이웃의 도시국가 알바Alba와 가축들의 방목 문제로 분쟁이 일어나게 된다. 이에 로마의 왕은 알바의 왕에게 전면전쟁을 하지 않고 양국의 용사 세 사람이 대표로 나와 싸워서 승리하는 편의 의견에 따르자고 제안한다. 이에 알바의 왕이 동의해 결투가 벌어지게 된다. 이때 로마를 대표하는 용사로 나서는 사람이 당시 로마의 최고 명문가였던 호라티우스 집안의 삼형제다. 삼형제가 출전에 앞서서 목숨을 걸고 조국을 위해 싸울 것을 아버지 앞에서 맹세하는 장면이 바로 이 그림이다. 이러한 아들들에게 아버지는 자랑스럽고 명예롭게 싸우라고 당부하면서 칼을 선사한다.

그림 오른편에 있는 여인들은 아들들의 어머니와 큰아들의 부인 (집안의 며느리), 그리고 흰옷을 입은 맨 오른쪽 여인은 집안의 막내딸이다. 아들, 남편, 또는 오빠가 죽을지도 모르는 결투장에 나간다니 여인들이 슬퍼하는 것은 당연하다. 그러나 여기에는 더 특별한 이유가 존재한다. 호라티우스 형제들과 맞서는 알바의 대표 용사들은 큐라티우스 가문의 삼형제다. 세 여인들 중 가운데 위치한 며느리는 그 큐라티우스 가문에서 시집왔다. 자신의 남편이 친오빠와 싸우러 나간다니 당연히 슬플 수밖에 없다. 그리고 흰옷을 입고 팔을 늘어뜨린 채 가장 슬픈 표정을 짓고 있는 막내딸 카밀라는 큐라티우스 가문의 아들과 약혼한 사이다. 친오빠가 자기의 약혼자와 싸우러 간다니! 이러니 두 여인의 슬픔은 말로 쉽게 표현할 수 없을 정도다.

로마와 알바의 시민들이 양편에 서서 구경을 하는 가운데 6명의 용사가 모여 일대일 결투를 시작한다. 호라티우스 삼형제는 모두 적에게 조금씩 상처를 입히지만 어린 두 형제는 곧 상대의 칼에 찔려 죽는다. 이를 본 큰형이 도망가자 큐라티우스 삼형제가 추격을 해온다. 그런데 큰형의 발이 빨랐기 때문에 3명은 뒤를 쫓아 달리다가 지치고 만다. 그렇게 추격자 셋은 한꺼번에 와서 공격을 하지 못하고 쫓아오는 순서대로 큰형과 대결하게 된다. 셋의 거리가 충분히 벌어졌을 때 큰형은 뒤로 돌아서 제일 먼저 추격해오던 적의 큰형과 대결해 그를 죽인다. 이때까지 두 번째 추적자는 현장에 도착하지 못했다. 큰형은 두 번째의 추적자도 찾아 죽이고, 그 후에 도착한 세 번째 추적

세 여인들 중 제일 왼쪽의 여인은 아들들의 어머니로 손자들을 돌보고 있다. 가운데는 큰아들의 부인이고, 오른쪽은 막내딸이다. 모두들 비탄에 잠겨 있는 모습이다.

자도 차례로 죽여 결국 승리를 거둔다.

이에 큰형이 자랑스럽게 로마로 돌아와 온 로마인의 환영을 받으며 집으로 가니, 여동생은 자신의 약혼자가 죽은 것에 분개해 전혀 기쁜 내색을 보이지 않고 오빠를 냉대한다. 이와 대조적으로 부인은 자신의 친오빠를 죽이고 온 남편을 환영한다. 그러자 큰형은 여동생을 칼로 찔러 죽이고, 이러한 아들을 아버지가 "국가를 위해 한 일"이라고 적극 변호했다는 것이 지금으로부터 약 3천 년 전쯤에 일어났다는 신화의 내용이다.

이 내용은 '국가를 위해 개인이나 가족을 희생한다'는 지극히 로마적인 것이다. 농담조로 덧붙이자면 로마로 시집온 적의 딸은 로마인이 되어 자기 친정을 풍비박산으로 만들어놓고 돌아온 남편을 환영하고, 적으로 시집가게 되어 있던 딸은 적을 옹호한다. 이 모습은 "여자는 시집가면 남의 집 사람"이라고 하는 한국의 옛 이야기와 유사한 풍습을 로마인들도 가졌을 것이라는 것도 암시한다. 요즘은 한국 사회도 다 변해서, 결혼을 하면 신부가 시가 쪽 식구가 되는 것이 아니라 신랑이 처가 쪽 식구처럼 된다.

프랑스 대혁명을 앞지른 예술작품

로마로 국비유학을 가 있던 다비드가 1784년 이 그림을 로마에서 완성해 파리에서 최초로 전시했을 때, 이 그림은 열광적인 환영을 받는다. 당시의 프랑스는 대혁명을 목전에 둔 매우 혼란스러운 시기였다. 왕에 충성한다는 왕조관이 아니라 국가관이나 민족관의 개념이 사람들 사이에 최초로 자리 잡아가는 시기였으며, 전 유럽에 전쟁의 기운이 넘치고 있던 시기였다. 이러한 배경에서 "우리 모두 단결해 조국 프랑스를 위해 싸우자!"라는 강렬한 메시지가 담긴 이 그림에 프랑스 사람들이 열광한 것은 매우 당연하다고 하겠다. 한 비평가는 그 후 이 그림을 "혁명을 앞지른 미술작품"이라고 표현했다. 이 그림이 얼마나 유명했느냐 하면, 혁명전쟁이 일어나서 파리 사람들이 혁명군으로 자원해서 나설 때 술을 마시고 나서 친구들과 함께 그림에 있는 자세로 손을 들면서 프랑스를 위해 충성을 맹세하는 것이 당시에 대유행이었다고 한다.

그 후 다비드의 제자 그로는 〈페스트에 시달리는 자파를 방문한 나폴레옹 보나파르트〉라는 그림에서 〈호라티우스 형제의 맹세〉의 구도를 그대로 모방했다. 이 그림 역시 루브르 박물관에 걸려 있는데

Antoine-Jean Gros, <Bonaparte Visiting the Plague-Stricken in Jaffa>, 1799, Oil on Canvas, 523×715cm, Musée du Louvre, Paris

로마 양식의 아치 아래 나폴레옹이 그의 방문을 환영하는 사람들과 이야기를 나누고 있다. 동방의 도시라는 것을 나타내기 위해 아치를 사용한 것이다. 〈호라티우스 형제의 맹세〉에 나오는 아치형 배경을 따왔다.

1799년 나폴레옹의 이집트 원정 때 실제로 일어났던 일을 그린 것이다. 이 그림에는 〈호라티우스 형제의 맹세〉와 마찬가지로 로마 양식의 아치가 배경으로 보이며, 나폴레옹이 그림의 중심부에 빛을 받으며 서 있다. 페스트(흑사병) 때문에 모두가 가기 두려워하는 자파라는 도시에서 페스트로 죽어가던 부하들을 위대한 영웅 나폴레옹이 방문한 것이다. 한편에는 그의 방문을 환영하는 환자들이, 다른 한편에는 고통 속에 죽어가는 환자들이 그려져 있다.* 물론 그림의 분위기는 다비드의 그림에 비해 훨씬 더 혼란스럽다.

다비드는 그림의 주제를 3천 년 전의 고전작품에서 가져왔다. 이러한 고전 또는 신화, 종교 등에 바탕을 둔 작품을 고전주의 작품이라고 한다. 예를 들어 그리스 신화에 등장하는 제우스나 헤라, 아테네 신의 모습을 그린 그림이 고전주의 작품이다. 그러나 다비드는 단지 고전을 그대로 그림으로 그린 것이 아니라 고전의 주제를 당시 시대 상황에 투영해 그린 것이다. 이러한 화풍이 신고전주의다. 즉 고전의 미술이나 작품을 근간으로 하지만 이성과 이데올로기를 그림에 결합해 그리는 경향이 바로 다비드를 최초로 해 나타나는 신고전주의다. 그림의 주제를 강조하기 위해 불필요한 요소들은 과감히 축소 또는 생략한다. 이 그림에서도 방이나 정원에 있을 법한 가구나 화분 등의 장식물들은 전혀 등장하지 않는다. 또한 붓자국이 드러나지 않을 정도로 치밀하게 색칠해, 신고전주의의 그림들은 사진을 보는 듯 매우 사실적이다. 이러한 사실적인 특성은 그 후 밀레와 바르비종파, 그리고 쿠르베의 사실주의 화풍으로 계승된다.

섹시한 그림, 〈사비니 여인들의 중재〉

다비드가 『로마사』에 바탕을 두고 그린 그림 중에는 루브르 박물관에 전시되어 있는 〈사비니 여인들의 중재〉라는 그림도 있다. 그림을

---

* 페스트는 당시에 불치병으로 취급받았으며, 전염성이 매우 강해서 페스트 환자를 격리시켰다. 그런데 나폴레옹은 페스트로 죽어가는 부하들이 격리되어 있던 자파를 방문해서 부하들을 만나고 껴안기도 함으로써 다른 부하들에게 강한 인상을 남겼다. 부하들의 충성심을 유발하고 자상한 지휘관이라는 인상을 남기는 효과를 거뒀던 것이다.

Jacques-Louis David, <The Intervention of the Sabine Women>, 1799, Oil on canvas, 385×522cm, Musée du Louvre, Pari

성벽이 있는 도시 로마를 배경으로 싸움을 벌이는 양편 남자들의 가운데 뛰어들어 싸움을 말리려는 여자를 선명하게 구분할 수 있다. 이 등장인물들은 당시 사람들은 누구나 알 수 있는 유명 인사들의 얼굴을 따서 그렸다고 한다.

보고 아내가 "이 그림에 있는 남자의 엉덩이가 너무 섹시하다"라고 감상을 이야기한다. 그림이 그려진 당시에도 그림에 등장하는 잘생긴 남자의 벌거벗은 앞모습과 뒷모습 때문에 말이 많았다고 한다. 더군다나 다비드는 이 그림을 전시회에 출품해 관객들이 무료로 관람할 수 있도록 한 것이 아니라, 이 그림 하나만을 위한 전시실을 별도로 마련해 입장료를 받는 방법을 택했다. 이 방법 자체도 당시로는 논란거리였는데, 다비드는 그림 앞에다가 돋보기까지 가져다 놓고 관람객들이 그림을 잘 관찰할 수 있도록(실제로는 멋진 남성의 누드를 잘 볼 수 있도록) 했다고 한다.

이런 독특한 방법으로 전시된 이유는 이 그림이 당시 대부분의 그림들처럼 주문을 받고 그려진 것이 아니라, 화가 스스로 원하는 그림을 먼저 그린 것이기 때문이다. 물론 다비드 사후 30년이 지나서 인상주의의 시대가 오면 화가가 자신이 좋아하는 주제로 그림을 그리고, 그 그림을 좋아하는 사람이 구입하는 것이 일반화된다. 그러나 이것이 가능하게 된 이유는 인상주의 이후의 그림들이 매우 간단해져서 화가들이 어떤 경우에는 하루에도 여러 점, 보통 때라도 일주일 내로 한두 점씩 그림을 그릴 수 있게 되었기 때문이다. 예를 들어 피카소는 3천 점이나 되는 작품을 남겼다.

그러나 다비드나 그 이전의 시대에는 그림 한 점 그리는 데 1년에서 수년씩 걸릴 정도로 화가들이 온 정성을 다해 그림을 그렸으니, 그림을 그리는 데 상당한 비용이 든 것이 당연하다. 이 당시의 유명한 화가들 대부분이 평생을 그려도 작품은 고작 20~30점을 넘지 않았다. 따라서 그림을 그리는 데 소요된 비용을 벌기 위해 다비드는 입장료를 받고 그림 관람을 허락한 것이다. 그럼에도 불구하고 엄청난 인기였다. 이 작품은 작품 자체도 우수했지만 작품이 포함하고 있는 의미 때문에 더욱 큰 환영을 받았으며, 관람객이 꼬리에 꼬리를 물고 이어졌다. 다비드가 나폴레옹에게 레지옹 도뇌르 훈장을 받자, 그는 이 영광을 기념한다고 무료관람도 실시했다고 한다. 그러자 그동안 비싼 관람료 때문에 그림을 보지 못했던 파리의 저소득층들이 그림을 보려고 엄청나게 몰려들었다고 한다.

잠시 멈추고 돌아보는 시간이 필요한 순간

〈사비니 여인들의 약탈〉과 〈사비니 여인들의 중재〉

로마는 로물루스와 레무스의 형제가 테베레 강에 버려져 늑대의 젖을 먹고 자라나 건국했다고 전해진다. 그런데 로마가 최초로 건국되었을 당시 로마의 시민은 대부분 고향에서 쫓겨난 부랑자나 군인들로 구성되어 있었다. 즉 공동체를 지속시킬 수 있는 2세를 탄생시키는 가임可姙 여성이 부족했던 것이다. 그래서 로마는 주변 도시국가들에게 대규모 결혼식을 할 수 있도록 여자들을 제공해달라고 부탁했지만 모두 거절당한다. 그러자 로마는 꾀를 내어, 넵튠바다의 신을 기리는 대규모 축제를 연다며 이웃 도시 사비니 사람들을 모두 초대한다. 며칠 동안 먹고 마시는 축제가 벌어졌고, 로마 사람들이 은근히 권하는 술을 계속해서 마신 사비니 남자들은 모두 상당히 취해버린다. 이때 로물루스가 넵튠의 신전에서 망토를 들어 올리는 것을 신호로, 로마 사람들은 일제히 칼을 들고 사비니 남자들을 공격한다. 결국 사비니 남자들은 제대로 싸워보지도 못한 채 상당수는 죽고, 일부는 간신히 목숨만 구해 도망간다. 싸움이 끝나고 로마 사람들은 눈여겨봐두었던 사비니 여인들을 한 명씩 품에 안고 자기의 집으로 간다. 당시 약탈혼이 많았다는 것을 이 설화는 말해준다. 이러한 이야기를 그림으로 옮긴 것이 루브르 박물관에 있는 푸생의 〈사비니 여인들의 약탈〉이라는 그림이다.

1638년경에 완성된 이 그림을 보면 매우 혼란스러울 뿐 별다른 감흥을 불러일으키지 않는다. 그림에서 보면 붉은 망토를 입고 신전 위에 올라가서 망토를 들고 신호를 보내는 로물루스, 그 밑에 건장한 로

Nicolas Poussin, <The Rape of the Sabine Women>, 1637~1638, Oil on canvas, 159×206cm, Musée du Louvre, Paris

Nicolas Poussin, <The Abduction of the Sabine Women>, 1634~1635, Oil on Canvas, 154.6×209.9cm, Metropolitan Museum of Art, New York

사비니 여인들의 납치를 그린 푸생의 두 번째 그림(위)은 상당히 혼란스럽지만 빨간 망토를 입고 신호를 보내는 로물루스의 모습은 명확히 알 수 있다. 푸생이 같은 주제로 그린 첫 번째 그림(아래)은 두 번째 그림보다 정제된 구도를 느낄 수 있다.

잠시 멈추고 돌아보는 시간이 필요한 순간

마 남자에게 납치당해 남자의 머리를 쥐어뜯으며 절규하는 사비니 여인이 보인다. 그 오른쪽으로는 노란 옷을 입은 사비니 남자가 겁에 질려 도망을 가고 있고, 그를 뒤쫓아가려는 여인을 다시 그 뒤에서 로마 남자가 잡아당기는 모습이 보인다. 푸생은 같은 주제로 이전에 그림을 하나 더 그렸는데, 1635년에 그린 첫 번째 그림은 지금 뉴욕 메트로폴리탄 박물관에 있다. 이 그림은 두 번째보다는 정제된 느낌이다. 그림에 등장하는 인물의 숫자가 적고, 그림의 왼편과 오른편에 각각 삼각구도로 인물이 배치되어 있는 것이 뚜렷이 보인다. 어쨌든 전쟁 시점의 매우 혼란스러운 상황이라는 점을 느낄 수 있다.

로마인들의 사비니 여인 약탈이 있고 나서 3년 후 여자를 빼앗긴 것에 절치부심하고 복수의 칼을 갈던 사비니 남자들이 로마로 쳐들어온다. 로마 남자들도 얼씨구나 하면서 칼을 들고 이에 맞서러 나선다. 그런데 문제가 생겼다. 사비니 여자들은 이미 로마 남자들과 3년이나 살았기 때문에 그동안 아이들도 생겼고, 자신의 전남편이나 오빠, 아버지도 그립지만 현재의 로마 남편하고도 사랑이 싹튼 상태였다. 그리하여 사비니 여자들은 싸움을 말리기 위해 모여서 회의를 하고, 회의한 결과에 따라 아이들을 안고 전쟁터의 한가운데로 뛰어들기로 한다. 이 여인들은 싸움을 할 수 없는 상태로 만들어서 양편을 화해시키고, 그 결과 여인들이 사비니 전 남편 및 로마 새 남편과 함께 살면서 로마와 사비니가 함께 하나의 국가로 합치기로 한다는 것이 이 신화의 줄거리다.

왜 다비드의 그림이 인기일까?

다비드의 그림을 보면 무기를 든 두 용사 사이에 한 여성이 양팔을 펴고 싸움을 막으려 하고 있다. 그녀는 사비니 왕 타티우스의 딸 헤르실리아로서, 왼편에 있는 아버지 타티우스와 오른편에 있는 남편 로물루스 사이의 싸움을 막으려는 중이다. 그녀의 발밑에는 그녀가 낳은 아이들이 있다. 이제 막 아기를 낳아 젖이 부어올라 탱탱한 어머니도 그 옆에 있다. 할머니도 있다. 만일 싸움이 계속된다면 이 아이들이나 노인, 산모를 짓밟아야 된다는 의미다.

　로물루스가 들고 있는 방패를 자세히 보면 늑대의 젖을 먹고 있는 두 아이들(로물루스와 레무스)의 그림이 있고, 아래에 'ROMA'라는 글자가 새겨져 있다. 로마 신화를 나타내는 그림이 그려진 방패를 들고 있으니 방패의 주인공이 로마인임을 나타낸다. 그리고 그 밑으로 아내가 이야기하는 섹시한 엉덩이가 보인다. 그늘에 위치해 색이 어둡게 칠해져 있어서 작은 사진을 보면 잘 안 보이는데, 그림을 실제로 보면 그림이 크기 때문에 엉덩이를 뚜렷하게 구별할 수 있다. 정면을 바라보고 있는 왼편 남자의 경우는 칼집이 성기性器만을 비스듬히 가리고 있다.

　이 그림에 등장하는 인물들의 얼굴은 당시에 유명했던 다비드의 제자나 친구들이라고 한다. 친구와 제자들을 영웅으로 묘사한 그림을 그렸으니 이 그림을 본 친구나 제자들이 얼마나 다비드를 좋아했을까는 쉽게 상상해볼 수 있다. 또 헤르실리아의 모습은 당시 최고 인기를 누리던 여배우의 모습이라고 한다. 다비드가 왜 이렇게 화제가

오른편에서 방패를 들고 뒷모습을 보이는 남자가 로물루스다. 그가 들고 있는 방패에 'ROMA'라는 글자가 적혀 있다. 왼편에서 칼을 든 남자는 사비니의 왕 타티우스다. 두 남자 가운데 뛰어들어 싸움을 말리려고 하고 있는 여인이 타티우스의 딸이자 로물루스의 부인인 헤르실리아다.

될 정도로 그림을 섹시하게 그렸는지는 정확히 알 수 없다. 아마도 사람들의 관심을 끄는 방법으로 의도된 것으로 보인다.

170년 전이기는 하지만 푸생의 작품이 공개되었을 때는 별다른 반응이 없었는데, 다비드의 작품이 공개되었을 때는 전 프랑스가 열광했다. 왜 그랬을까? 물론 누구나 보기만 하면 알 수 있지만 그림 자체만 보더라도 다비드의 그림이 훨씬 수준 높다. 두 그림 모두 사람들이 배경에 많이 나오기는 하지만, 다비드의 그림에서 사람들은 큼직한 직사각형 구도 안에, 배경 건물은 작은 직사각형 구도 안에 포함했고, 주인공이나 그림의 주제가 명확히 드러난다. 〈호라티우스 형제의 맹세〉에 비해 많은 인물들이 등장하기는 하지만, 그림의 주인공이 누구인지는 역시 단순 명료하다. 이것이 다비드의 스타일인 것이다.

그러나 다비드가 받은 찬사는 이러한 그림의 기교를 넘어선 것이었다. 당시 프랑스의 시대상과 부합되는 그림이었기 때문에 더욱더 환영을 받은 것이다. 이 그림이 발표된 1799년의 프랑스는 매우 혼란했다. 대혁명의 소용돌이와 피의 숙청이 계속되다가 나폴레옹이 막 정권을 잡고 국가 내부의 안정을 꾀하는 시기였다. 이러한 시기에 다비드는 이 그림을 그린 것이다. 이 그림이 의미하는 메시지는 "우리 싸우지 말고 화해해 위대한 프랑스 건설을 위해 나서자"라는 것이다. 로물루스와 타티우스가 화해해 위대한 로마 건설의 초석을 놓았듯이, 이제 프랑스 국민들도 화해를 통해 위대한 국가를 건설하자는 것이다. 이러한 의미가 담긴 그림을 그려냈으니, 프랑스 국민들이 열광한 것은 당연하다. 앞에서도 말했다시피 다비드가 적시에 사회 분위기에 적합한 주제를 그림으로 그릴 수 있었다는 것은 그가 미술뿐만이 아니라 고전문학이나 역사 등에 대해서도 박식한 사람이었다는 것을 나타낸다.

〈소크라테스의 죽음〉의 메시지는?

다비드의 정치적 메시지가 담긴 작품이 또 하나 있다. 현재 뉴욕 메트로폴리탄 박물관에 소장되어 있는 〈소크라테스의 죽음〉이라는 그림이다. 이 그림은 앞에서 설명한 〈호라티우스 형제의 맹세〉가 완성된 직후 1787년에 그려진 그림으로, 아테네 의회에 의해 소크라테스가 억울한 사형 판결을 받고 독이 담긴 술잔을 막 마시려는 순간의 모습이 담겨 있다. 소크라테스는 "악법도 법이다"라고 하면서 법에 따

Jacques-Louis David, <The Death of Socrates>, 1787, Oil on canvas, 130×196cm, Metropolitan Museum of Art, New York

소크라테스는 외국으로 도망갈 수 있는데도 법을 따라야 한다며 스스로 독배를 마셨다. 다비드는 이 스토리에서 어떤 메시지를 국민들에게 전달하려고 했을까?

라 스스로 독이 든 잔을 든다. 국외로 도망갈 수도 있었는데 도망가지 않고 죽음을 택한 것이다. 그때 한 제자가 "스승님이 부당하게 돌아가시게 되어서 슬픕니다" 하면서 눈물을 흘리자, "그대는 내가 부당하게 죽지 않고 정당하게 죽기를 바라나?" 하는 의미 있는 말을 남겼다고 한다. 법을 준수하자는 의미가 담긴 대화다.

모두들 법질서를 외면하고 자기 주장만 하던 프랑스 대혁명 직후의 혼란 시절, 다비드는 이 그림을 그려서 교묘하게 법질서를 따를 것을 강조하는 동시에 (소크라테스처럼) 국가를 위해 개인을 희생하자는 메시지를 전하고 있는 것이다. 그래서 이 작품 역시 당시 사람들에게 매우 호평을 받았다고 한다.* 이 그림에 나타난 소크라테스의 얼굴은 고대 그리스 조각상에 나타난 소크라테스와 동일하다고 하니, 다비드가 얼마나 세심하게 관찰하고 그림을 그렸는지 잘 알 수 있다.

이처럼 다비드의 작품들은 예술이 정치와 결합한 대표적인 사례다. 과거 종교와 결합한 종교의 도구로 여겨지던 예술이 이제 지배층의 이데올로기 선전에까지 이용되게 된 것이다. 즉 예술이 순수한 예술성을 목적으로 하는 것이 아니라 다른 목적의 수단으로 이용되기 시작했다. 요즘에는 이런 일이 너무 흔해서 지극히 당연한 것처럼 여겨지고, 정치 선전인지 예술인지 분간하기 힘든 경우도 가끔 있지만 당시에는 획기적인 일이었다.

---

* 여담이지만 만약 요즘 한국 사회에서 이런 의미를 가진 그림을 그렸다면, 아마 일부에게는 국가를 위해 개인을 희생하라는 전체주의나 독재를 옹호하는 그림이라고 비판을 받을 수도 있을 것이다. 그러니 그림에 대한 평가가 시대상에 따라 달라진다는 것을 알 수 있다.

잠시 멈추고 돌아보는 시간이 필요한 순간

시스티나 성당의 두 걸작,
〈천지창조〉와 〈최후의 심판〉

시스티나 성당은 예술이나 종교를 모르는 사람들도 한두 번은 이름을 들어봤을 것이다. 로마에 위치한 바티칸 박물관을 반나절 정도 구경한 후 라파엘로의 그림 〈아테네 학당〉이 있는 교황의 서명실을 지나 이르게 되는 다음 방이 바로 시스티나 성당이다. 이 성당은 교황이 서거했을 때 추기경들이 모여서 새 교황을 뽑기 위한 비밀회의(콘클라베)를 여는 곳이다. 전 세계에 있는 약 200여 명의 추기경들이 이곳에 모여서 기도를 한 후 투표를 한다. 정견발표도 후보자도 없는 투표다. 추기경들은 다만 기도 후에 자신이 적임자라고 생각하는 추기경의 이름을 투표지에 적어 제출할 뿐이다. 투표는 하루에 3번씩 열리며, 2/3의 표를 얻은 사람이 없으면 끝없이 투표가 계속된다. 역사

시스티나 성당 내부에서 열리는 추기경과 교황의 회의 장면(왼쪽)과 시스티나 성당 외부의 모습(오른쪽)이다.

적으로 이러한 절차가 과거 약 1천 년 정도 동안 되풀이되어왔는데, 그중에서 최근 500년 동안은 시스티나 성당에서 이루어졌다. 교황 선출의 기준이 2/3의 표를 얻은 사람이라고 규정이 바뀐 것은 비교적 최근의 일이며, 과거에는 만장일치가 될 때까지 여러 날 투표가 계속되었다고 한다.

시스티나 성당이 유명한 또 하나의 이유는 바로 시스티나 성당에 있는 두 그림 때문이다. 하나는 천장화 〈천지창조〉 시리즈이며, 또 다른 하나는 성당의 앞 벽면에 그려진 〈최후의 심판〉이다. 두 그림 모두 르네상스 시대의 천재 중 하나인 미켈란젤로의 작품이다.

이 두 그림 중 20여 년 정도 먼저 그려진 〈천지창조〉를 미켈란젤로가 그리게 된 데는 복잡한 이유가 있다. 교황 율리우스 2세가 시스티나 성당을 개축하고 성당 내부의 천장을 장식할 그림을 그릴 화가를 물색할 때 교황은 최고의 화가를 찾고자 했다. 그가 몇몇 유명한 화가들과 접촉한 결과, 이 화가들이 미켈란젤로를 추천한 것이다.

미켈란젤로는 당시 35살의 젊은 나이로 조각가로서 유명하기는 했지만 교황에게 이름을 알릴 정도로 유명한 화가는 아니었다. 심지어 그때까지 그린 그림도 거의 없었다. 그런데 다른 화가들이 그림 실력도 미켈란젤로가 최고라고 적극 추천한 것이다. 왜 그랬을까? 미켈란젤로는 이미 그의 못된 성격(?)으로 악명을 날리고 있었기 때문이었다. 그는 자신의 주변에 있는 모든 사람들을 적으로 만들었는데, 이것이 다른 화가들이 그를 추천한 이유였다. 그의 행동방식을 간단히 요약하면, '나는 천재이고, 너희들은 다 아무것도 모르는 바보다'라는 것이다. 이러니 거의 모든 사람들이 그를 싫어했을 것이라고 이해할 수 있다. 보통의 그림을 그리는 것이 아니라 거대한 천장 밑에 누워서, 또는 위태롭게 사다리를 타고 고개를 들고서 그림을 그린다는 것은 엄청나게 힘든 작업이었기 때문에 화가들이 기피할 만했다. 그래서 그들은 당시 피렌체에 있던 미켈란젤로를 추천한 것이다.

당시 화가들이 '너, 잘난 체했으니 한 번 당해봐라'라고 생각하지 않았을까? 당시 미켈란젤로는 조각이 회화보다 우위에 있다고 생각하고 있었기에 그에게 그림을 그리라는 요구를 한다는 것 자체가 자신에 대한 모독이라고 생각했다. 그렇지만 교황의 명령을 거절할 수 없었다. 그래서 미켈란젤로가 억지로 이 일을 떠맡았다.

4년이 걸린 〈천지창조〉 작업

미켈란젤로가 1508년 그림을 그리기 시작해서 그림을 완성할 때까지 총 4년이 걸렸다. 그는 천장 밑에 세운 작업대에 홀로 사다리를 타고 올라가서, 작업대에 앉아 고개를 뒤로 젖힌 채(혹은 누워서) 천장에

Interior of the Sistine Chapel, 1475~1483, 1508~1512, 1535~1541, Frescoes, Cappella Sistina, Vatican

시스티나 성당의 전경. 사진 하단부의 제단 위로 있는 정면 벽에 있는 그림이 〈최후의 심판〉이며, 머리 위 천장에 있는 그림 중 일부가 〈천지창조〉다. 성당에 입장하는 순간 엄청난 그림들의 위용에 감탄이 저절로 나온다.

잠시 멈추고 돌아보는 시간이 필요한 순간

물감을 칠해 나갔다. 장시간의 작업이 지속되었으므로 그는 목과 눈에 병이 생기기까지 했다. 목의 병은 고개를 너무 오래 치켜들고 있어서, 눈의 병은 물감이 자꾸 눈에 떨어져서 생긴 것이다. 이러니 그가 얼마만큼 어려움을 겪으며 이 그림을 완성했는지 짐작할 수 있다.

더군다나 그림을 그리던 도중 미켈란젤로가 화가 나서 피렌체로 돌아가버리는 일도 있었다. 어느 날 교황을 만나러 갔는데 교황이 다른 손님을 만나고 있으니 기다리라는 전갈을 받자, 화가 난 미켈란젤로가 "교황님이 날 찾으시면 바빠서 못 만난다고 전해라"라며 소리치고 피렌체로 가버린 것이다. 이에 교황은 그림을 완성하지 않으면 급료를 주지 않겠다고 버티는 한편, 특사를 보내 설득해 마침내 미켈란젤로가 다시 돌아와 그림을 그리기 시작했다. 당시 왕보다 더 높았던 교황의 권위를 생각해볼 때 미켈란젤로가 얼마나 고집이 세고 막무가내였는지 짐작이 간다. 그런데 이렇게 자기 전공분야도 아닌 그림을 억지로 그렸음에도 그 그림이 1995년 미국의 유명 신문 〈워싱턴포스트〉에서 전 세계에서 선정한 '지난 천 년 동안 최고의 그림'으로 뽑힐 정도이니 미켈란젤로가 얼마나 대단한 천재인지 잘 알 수 있다.

시스티나 성당에 들어가니 사방을 가득히 둘러싸고 있는 거대한 그림들이 눈에 들어온다. 천장을 가득 메운 〈천지창조〉를 보자. 구약성경의 『창세기』에 기초한 9개의 그림들이 가운데에, 그리고 구약성서에 나오는 9명의 남성 예언자와 예수의 탄생을 예언했던 5명의 고대 무녀들의 인물상이 그 좌우에 그려져 있다. 구석에 있는 반달형으로 생긴 부분에는 예수의 선조들이, 삼각형으로 된 테두리 안에는 신구약의 여러 장면들이 그려져 있다. 천장이 워낙 높기 때문에 그림을

시스티나 성당 천장화인 〈천지창조〉와 다른 그림들. 〈천지창조〉는 세 열로 이루어진 그림들 중 가운데 열에 있는 9개의 그림을 말한다. 구약의 『창세기』에서 따온 9개의 그림을 가운데 두고, 그 양쪽으로 성경 속에 등장하는 예언자들과 무녀들의 모습이 등장한다.

잠시 멈추고 돌아보는 시간이 필요한 순간

자세히 볼 수는 없지만, 그냥 보기만 해도 분위기를 압도하는 위대한 작품이다. 성당 안은 입추의 여지가 없을 정도로 관람객으로 가득하다. 모두들 고개를 쳐들고, 넋을 잃고 〈천지창조〉와 〈최후의 심판〉을 바라보고 있는 것이다.

『창세기』에서 선택된 9개의 그림은, ①〈빛과 어둠의 창조〉, ②〈해와 달의 창조〉, ③〈하늘과 물의 분리〉, ④〈아담의 창조〉, ⑤〈이브의 창조〉, ⑥〈아담과 이브의 에덴으로부터의 추방〉, ⑦〈노아의 제사〉, ⑧〈대홍수와 방주〉, 그리고 마지막으로 ⑨〈술 취한 노아〉의 순서다. 그런데 미켈란젤로는 ⑨에서 시작해 역순으로 그림을 그렸다고 한다. 그래서 ⑨를 비롯한 초기의 그림들은 작고 세밀한 반면, 나중에 그린 ①, ②, ③ 등의 그림은 크고 대범하게 색칠되어 있다. 그림이 점차 완성되어 가면서 미켈란젤로 자신이 그림에 몰입하고 흥분한 것이다. 또한 인물들을 나중에 더 크게 그린 것은 처음 그림들을 그려 넣은 후 성당 바닥에서 보니 너무 인물들이 작게 보인다고 느꼈기 때문 아닐까?

〈아담의 창조〉와 〈에덴동산으로부터의 추방〉

이 그림들 중에서 특히 유명한 것은 ④〈아담의 창조〉다. 미켈란젤로는 신이 흙으로 빚은 아담에 영혼을 불어넣는 장면을, 신이 손가락을 뻗어 아담과 손가락을 맞추는 모습으로 형상화했다. 인간과 신이 손가락을 맞추는 이 장면은, 영화 〈이티E.T.〉에서 외계인과 지구인 소년이 손가락을 맞추며 서로를 이해하고 교감하는 장면으로 패러디되기도 했다.

〈아담의 창조〉. 신이 손을 뻗어 아담에게 생명을 전달하는 순간을 묘사했다. 이 장면을 패러디해 스티븐 스필버그 감독은 영화 〈이티〉에서 외계인과 지구인 소년이 손가락을 맞추며 서로 교감하는 장면을 표현했다.

그림에서 아담은 인간의 아름다움을 나타내는 듯, 아름다운 근육과 몸매를 가진 멋진 남자로 묘사되어 있다. 그렇지만 그의 손은 힘이 없이 축 늘어져 있다. 즉 활기가 없다. 신에게 영혼을 받는 그의 눈동자도 별로 기뻐 보이지 않는다. 인간이 영혼을 가지는 순간부터 인간의 불행이 시작된다는 것을 암시하는 것은 아닐까? 혹자에 따라서는 신이 영혼이 아니라 지혜를 아담에게 전달하고 있다고 해석하기도 한다. 신은 온 정신을 집중해 아담에게 영혼을 전달하고 있다. 신의 눈은 자신이 뻗은 손끝을 바라보고 있다. 백발의 수염과 머리카락은 마치 신이 살아 있는 것처럼 생생한 힘이 느껴진다. 신의 오른편을 보면 신의 왼팔을 목에 두르고 있는 여인이 보인다. 이 여인은 다른 천

잠시 멈추고 돌아보는 시간이 필요한 순간

〈아담과 이브의 에덴으로부터의 추방〉. 아담과 이브가 뱀의 권유로 선악과를 따 먹은 후 에덴동산에서 천사에게 쫓겨나는 모습이다. 왼편에서 시작해서 오른편으로 시간이 흘러감에 따라 벌어지는 일이 묘사되어 있다.

사들과는 다른 모습을 하고 있는데, 아직 인간이 되기 이전의 이브의 모습이라고 알려져 있다.

　그다음으로 유명한 그림이 ⑥〈아담과 이브의 에덴으로부터의 추방〉이다. 이 그림은 왼편에서 시작해 오른편으로 이동해나간다. 아담과 이브는 낙원 에덴동산에서 평화롭게 살고 있었다. 왼편에는 뱀의 모습을 한 사탄이 사과를 먹으라고 유혹을 한다. 사탄은 이브에게 사과를 건네고 있으며, 아담은 스스로 사과를 향해 손을 뻗고 있다. 이들이 사과를 먹은 후의 모습이 오른편이다. 아담과 이브가 신의 말을 거역한 죄로 천사에게 쫓겨 에덴동산을 떠나는 것이다.

　⑧〈대홍수와 방주〉는 언뜻 보면 이해하기가 쉽지 않다. 이 장면은 홍수가 닥치자 사람들이 높은 곳을 향해 필사적으로 도망치는 모습이다. 그림의 가운데 뒤편에 있는 사각형의 나무로 만든 집처럼 보이는 것이 노아의 방주다. 우리가 그림을 보고 있는 머리 위에는 ⑨〈술

취한 노아〉의 그림이 위치해 있었다. 그리고 ①〈빛과 어둠의 창조〉는 우리의 맞은편 벽과 만나는 곳에서 시작한다.

〈최후의 심판〉에서 느끼는 섬뜩함

①번 그림의 아래에는 성당의 제단이 있다. 그리고 그 제단의 벽을 가득 채우고 있는 〈천지창조〉만큼이나 거대하고, 〈천지창조〉보다 더 무시무시한 기운을 풍기고 있는 그림이 바로 〈최후의 심판〉이다. 시선을 머리 위의 〈천지창조〉에서 정면 〈최후의 심판〉으로 돌리니 엄청난 기운이 나를 덮쳐오는 것을 느낄 수 있었다. 〈천지창조〉와는 완전히 다른 분위기다.

실제로 미켈란젤로가 이 그림을 그리기 시작한 것은 〈천지창조〉를 그린 지 22년이나 지난 1534년부터였다. 거의 60살에 다다른 미켈란젤로는 당시 최고의 대가로 널리 이름을 날리고 있었다. 그의 열렬한 찬미자이자 새 교황의 직위에 오른 바오로 3세는 그에게 '최후의 심판'을 주제로 시스티나 성당의 제단 벽을 장식해줄 것을 의뢰한다. 교황은 미켈란젤로의 실력을 잘 알고 있었기에 주저 없이 그를 선택했다. 그리하여 탄생한 그림이 바로 〈최후의 심판〉이다.

사실 이 그림은 그려지고 있을 당시부터 여러 논쟁에 휘말렸다. 그 원인 중의 하나는 그림에 등장하는 총 391명의 인물 대부분이 성기를 적나라하게 보여주는 나체였다는 점이다. 신성한 예수나 성인들을 나체로 그리고, 더군다나 성녀의 젖가슴을 노골적으로 그린다는 것은 당시로서는 오늘날의 포르노 사진과 비견될 만큼 충격적인 것이

잠시 멈추고 돌아보는 시간이 필요한 순간

Michelangelo, <The Last Judgment>, 1536~1541, Fresco, 1370×1200cm, Chapel Sistine, Vatican

시스티나 성당 제단 뒤편 벽면에 그려진 〈최후의 심판〉. 가로세로가 각각 12m가 넘는 엄청난 크기로서 총 391명이 등장한다. 관람객을 압도하는 위용을 품고 있는 인류 역사의 걸작이다.

었다. 또 그림의 분위기가 너무 비극적인 것도 논란거리였다.

하지만 모든 사람들이 이 그림이 대단한 그림이라는 것 자체에는 동의했다. 다만 그림이 그려진 후 나체를 그대로 둘 수 없다는 논란이 계속되어, 약 20년 후에 추기경들이 모여서 회의를 한 끝에 그림을 일부 수정하기로 결정했다. 그 수정은 최소한에 그치려 했으며, 그 결과로 몇몇 등장인물들에게 국부가리개(기저귀)가, 미켈란젤로의 제자 볼테르에 의해 덧칠해졌다. 당시에도 예술을 이해하고 예술가를 존중하는 분위기가 자리 잡고 있었던 바, 특정한 그림을 일단 화가와 어떤 주제로 그리기로 약속이 되면 그 그림을 어떻게 그리는지는 순전히 화가의 재량이었다. 따라서 교황이라고 할지라도 그림을 그리는 도중에 미켈란젤로에게 등장인물들이 벌거벗었다거나 분위기가 너무 어두우니 바꾸라고 강제할 수 없었던 것이다. 그래서 덧칠을 하기 위해서도 회의까지 열었을 정도다.

최근 〈최후의 심판〉을 복원하면서, 어느 선까지 복원하는가에 대한 논란이 있었다. 그 결과 덧칠한 것은 그대로 내버려두기로 했다. 덧칠한 것도 역사의 일부로 판단한 것이다.

나팔을 부는 천사와 하늘로 올라가는 사람들

이 그림은 제단의 바로 위(즉 그림의 중앙 밑 부분) 중앙부에서 시작한다. 천사들이 나팔을 분다. 나팔을 부는 천사들 중 제일 왼편 아래쪽의 천사를 자세히 보면 작게 덧칠한 기저귀가 보일 것이다. 이 천사는 대천사 미카엘로 왼편을 보면서 천국에 올라가는 사람들의 이름이 적힌 조그마한 책을 읽고 있다. 누가 천국에 불려 오를지 이름을 부르는 것이다. 그런데 이 천사의 오른편에 있는 천사는 오른편에 위치한 지옥 쪽을 보면서 훨씬 큰 책을 읽고 있다. 즉 천국보다 지옥에 갈 사람들이 훨씬 더 많다는 뜻이다.

나팔소리를 듣고 죽었던 사람들이 죽음에서 깨어나 일어나는 모습이 왼편 아래쪽에 그려져 있다. 천사들은 이들을 하늘로 끌어올린다. 즉 죽은 자들이 하늘로 올라가고 있는 것이다. 이들은 하늘에 올라 심판을 받게 될 것이다. 그림을 자세히 보면 천상에 있는 사람들

제단 바로 위에 위치한 나팔을 불고 책을 읽고 있는 천사들의 모습. 왼편 하단부에 조그만 책을 들고 있는 천사가 대천사 미카엘로, 천국으로 불려 오를 사람들의 이름을 부르고 있다.

대천사 미카엘이 구원받을 사람들의 이름을 부르면 죽음에서 깨어나서 하늘로 올라가고 있는 사람들. 이들을 끌어올리는 밧줄이 묵주 목걸이다.

이 이들을 힘들여 잡아당기려 하고, 지상에 있는 사람들은 필사적으로 하늘을 향해 팔을 뻗고 있다. 나팔의 바로 왼편에 있는 천사가 끌어올리는 밧줄 같은 것에 매달려 있는 두 사람이 보이는데, 이는 밧줄이 아니라 묵주기도Rosary에 사용하는 묵주 목걸이라고 한다. 묵주기도가 죽은 자의 영혼의 구원을 위한 기도라는 것을 표현한 것이다.

예수와 많은 성인들의 모습들

이제 나팔을 부는 천사들에서 바로 위로 움직여보자. 그림 위에서부터 1/3 정도의 위치의 가운데서 밝은 빛을 받으며 한 팔을 들고 있는 사람은 ①예수 그리스도다. 팔을 든 것은 심판을 내리려고 하는 자세를 나타낸다. 그리고 그의 왼편으로 슬픈 듯이 고개를 돌리는 여인은 ②성모 마리아다. 그녀는 많은 영혼들이 지옥으로 끌려가는 것 때문에 슬픈 표정을 하고 있다. 예수와 마리아를 반원형의 모습으로 둘러싸고 있는 한 무리의 사람들은 천국에 있는 성인과 성녀들이다. 마리아의 왼편에서 두 번째, 우리를 향해 앞을 쳐다보고 있는 큰 사람(역시 기저귀를 두르고 있다)은 세례자 ③요한이다. 요한은 짐승가죽을 허리에 두르고 있는데, 이는 성화聖畵에서 요한을 나타내는 상징이다.

예수를 두고 요한과 대칭되는 위치, 즉 예수의 오른편에서 예수에게 천국의 열쇠를 내미는 사람은 제1대 교황인 ④베드로다. 자세히 보면 금과 은으로 된 2개의 열쇠가 있다. 예수가 베드로에게 "너에게 천국의 열쇠를 준다. 네가 땅에서 열면 하늘에서도 열릴 것이오, 땅에서 닫으면 하늘에서도 닫힐 것이다"라고 했기 때문에, 베드로는 성화

〈최후의 심판〉 중앙부의 모습, 예수와 마리아를 중심으로 세례자 요한과 베드로가 좌우에 위치한다. 수많은 성인들이 이들을 둘러싸고 있다.

에서 대부분 열쇠를 들고 등장한다. 베드로의 얼굴은 이 그림의 의뢰자이자 미켈란젤로의 후원자였던 당시의 교황 바오로 3세의 모습이라고 한다. 즉 제1대 교황 베드로의 후계자가 현 교황이라는 것을 나타내는 것이리라.

그런데 자세히 보면 베드로도 기저귀를 차고 있다. 그림이 그려졌을 당시 그림을 보고 교황은 자신을 베드로로 그려 놓았으니 기분이 좋았을 법도 한데, 벌거벗고 있으니 어떤 생각이 들었을지는 짐작하기 쉽지 않다. 잘못했으면 불경죄나 모독죄로 처형될 만큼 큰일이었을 것이다.

베드로의 얼굴 바로 왼편에 있는, 검은색 수염에 붉은 옷을 입고 있는 사람은 ⑤성 바오로다. 바오로는 두 손을 치켜들고 있다. 붉은색 옷은 희랍(그리스)인의 복장으로, 희랍 출신인 바오로를 나타낸다.

마리아의 바로 아래 사다리 모양의 도구gridiron를 들고 있는 사람은 ⑥성 라우렌시오다. 그는 그 도구를 사용해 처형당했다. 그 오른편에서 한 손에는 칼을, 다른 한 손에는 짐승가죽 같은 것을 들고 있는 사람은 산 채로 살가죽이 벗겨지는 처형을 당하고 순교한 ⑦성 바톨로메오다. 즉 손에 들고 있는 것이 짐승가죽이 아니라 자신의 살가죽인 셈이다. 라우렌시오와 바톨로메오 두 성인은 로마의 수호성인이다. 이 두 성인이 예수를 받치고 있는 모습은 로마가 예수의 받침돌이라는 것을 나타낸다.

바톨로메오 성인이 들고 있는 살가죽을 자세히 보면 사람 얼굴 같은 것이 보이는데, 이것은 미켈란젤로 자신의 얼굴이라고 한다. 이는 미켈란젤로가 이 그림을 그리면서 자신이 겪은 고통과 희생을 바톨로메오 성인이 겪은 살가죽이 벗겨지는 고통과 희생에 비교한 것이다. 또한 자신의 모습을 다른 성인들과 같은 반열에 두었다는 것은 구원을 받겠다는 자신의 열망을 나타낸 것이기도 하다.

바톨로메오 성인의 오른편에 위치한, 앞을 보며 엎드려서 톱을 들고 있는 사람은 톱에 잘려 순교한 ⑧성 시몬이다. 그 오른편 옆에 고개를 숙이고 반원형의 뾰족한 침이 달린 부러진 바퀴 같은 도구를 들고 있는 푸른 옷을 입은 여인은 그 도구에 맞아 순교한 알렉산드리아

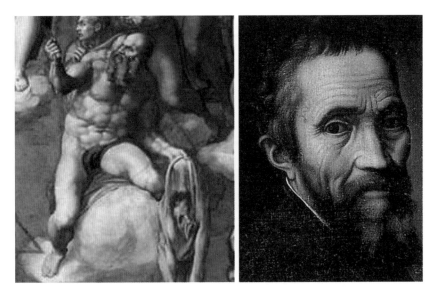

바톨로메오 성인이 손에 들고 있는 살가죽에 보이는 사람의 얼굴이 오른쪽에 있는 미켈란젤로의 자화상 얼굴과 흡사하다.

의 ⑨카타리나 성녀다.

이 그림에 기저귀를 그려 넣을 당시 다른 인물들은 기저귀 말고는 거의 수정된 것이 없었으나 카타리나 성녀만큼은 대폭 수정이 이루어져서 지금의 녹색 옷이 입혀졌다. 최초 완성작에는 그녀의 젖가슴과 젖꼭지가 자세히 그려져 있었고, 보는 이에게 엉덩이를 노골적으로 돌리고 있었기 때문이다. 더군다나 기묘하게도 그녀는 고개를 돌리고 자신 앞에 서 있는 남성의 성기를 바라보고 있는 듯하게 그려져 있었다. 바로 이 때문에 카타리나 성녀 그림 전체를 수정하게 된 것이다. 당시 사람들은 성인과 성녀가 벌거벗은 장면은 참을 수 있어도, 벌거벗은 여성이 벌거벗은 남성의 성기를 바라보고 있는 듯한 장면

예수의 오른편에 위치한 여러 성인들의 그림. 각각의 성인들은 자신이 누구인지를 나타내는 상징물들과 함께 표현되어 있어서, 후대 사람들도 각각의 성인들을 구별할 수 있다.

은 참을 수 없었던 모양이다.

카타리나 성녀의 바로 위에 위치한, 양손에 쇠로 만든 갈고리(양가죽을 부드럽게 고르는 데 사용하는 기구)를 들고 있는 사람은 그 기구로 처형당한 ⑩성 블라시우스다. 그 오른편에 화살을 들고 앉아 있는 성인은 화살에 맞아 순교한 로마 황제의 근위대장이었던 ⑪성 세바스찬, 그 뒤에 십자가를 들고 있는 사람은 예수가 골고타산으로 십자가를 지고 갈 때 예수를 도와 십자가를 지고 갔던 ⑫시몬이라고 해석한다. 자세히 보면 그가 십자가를 들고 가는 듯한 모습이 보인다. 카타리나와 블라시우스 성인의 바로 왼편에 작은 십자가를 들고 있는 사람은 예수가 죽을 때 같이 십자가에 처형당하면서 회개한 ⑬도둑이라고 한다.

예수의 왼편에 위치한 성인들과 지옥의 모습

이제 예수의 왼편에 있는 사람들을 살펴보자. 이 사람들이 성인 성녀들, 또는 성서에 등장하는 사람들이라는 것 말고는 정확하게 알려져 있지 않다. 다만 세례자 요한의 바로 왼편에서 붉은 옷을 입은 한 여인을 끌어올리는 큰 체구의 녹색 옷을 입은 여인은 아담의 짝인 ⑭이브라고 한다. 그녀는 천국에서 사람들을 끌어올리고 있다. 요한과 마리아의 사이에서 십자가를 들고 뒷모습을 보이고 있는 사람은 십자가에서 순교한 ⑮성 안드레아, 그리고 세례자 요한의 왼편(즉 이브의 오른편)으로 반쯤만 얼굴이 보이는 사람은 ⑯아담이다.

그림의 맨 오른쪽 아래는 지옥으로 떨어지는 사람들과 지옥의 모습이 그려져 있다. 이 장면은 단테의 〈신곡〉에서 따왔다고 한다. 나팔을 부는 천사의 바로 오른편에 위치한 인물은 손으로 얼굴을 가리고 두려움에 떨고 있다. 이 인물은 후에 프랑스의 미술가 로댕의 걸작 조소 〈생각하는 사람〉의 모델이 되었다고 한다. 그 옆의 사람들도 자세

예수의 왼편에 등장하는 성서 속 인물들과 성인들의 모습. 아담과 이브, 세례자 요한 등의 모습이 보인다.

히 보면 떨어지지 않으려고 발버둥을 치고 있는 듯하다.

　그 밑에 저승의 강을 지나 지옥으로 가는 나룻배의 사공 역할을 하는 악마는 ⑰카론인데, 그는 단테의 〈신곡〉에 등장하는 인물이다. 나룻배가 지옥에 도착하자 카론은 사람들을 지옥으로 밀어 넣고 있다. 지옥의 불구덩이 맨 오른쪽, 그림의 오른편 아래쪽 구석에 뱀을 몸에 감고 있는 이는 지옥의 심판자 ⑱미노스다.

　잠시 멈추고 돌아보는 시간이 필요한 순간

지옥에 떨어지기 직전 두려움에 떨고 있는 사람과 지옥에 떨어지기 싫어서 발버둥을 치는 사람들. 왼편의
사람 모습이 오른편 사진에 등장하는 로댕의 조소 〈생각하는 사람〉의 모델이 되었다고 한다.

　　미노스의 얼굴은 당시 교황의 의전관이었던 모 성직자의 모습이다.
미켈란젤로가 그림을 그리는 도중에 그 성직자가 "이렇게 속되게 벌
거벗은 그림을 신성한 성당에 그릴 수 있느냐?" 하고 미켈란젤로에게
항의하자, 화가 난 미켈란젤로가 그의 얼굴을 미노스로 그려 넣었다
고 한다. 그러자 몹시 화가 난 성직자가 교황 바오로 3세에게 자신의
얼굴을 지우도록 미켈란젤로에게 명령을 내려달라고 요청했지만, 교
황은 "자네가 천국에 있다면 그건 내가 어떻게 해볼 수 있겠지만, 지
옥에 있는 것은 내 소관 밖이네"라고 대답했다는 이야기가 전해진다.
다만 후반부 교황의 이야기가 너무 소설 같아서 사실인지 여부는 명
확하지 않다. 어쨌든 의전관의 간섭에 화가 난 미켈란젤로가 그의 모

저승의 강을 건너 지옥으로 사람들을 데려온 카론이 사람들을 지옥에 밀어 넣으면, 심판자 미노스가 벌을 결정한다.

습을 지옥에 그려 넣은 것은 사실이다. 이런 이야기만 들어도 미켈란젤로가 얼마나 화를 잘 내고 고집이 셌는지를 잘 알 수 있다.

교황 바오로 3세와 관련된 다른 이야기도 있다. 〈최후의 심판〉이 완성되었을 때, 교황 바오로 3세가 이 그림을 감명 깊게 보고 나서 그림 앞에서 무릎을 꿇고 "최후의 심판 순간에 주여, 나를 기억하소서!"라고 외쳤다고 한다. 이 그림의 강렬한 모습에 큰 충격을 받아서였지 않을까 한다.

이제 그림의 맨 위를 보자. 맨 왼편에는 예수가 못 박혔던 십자가를 지고 가는 천사들이 보이고, 그 오른편에 있는 한 무리의 천사들이 들고 있는 둥근 것은 예수가 십자가에서 쓰고 있었던 가시관이다. 그림의 맨 오른쪽에는 둥근 기둥을 들고 가는 천사들이 보이는데, 이는 예수가 매질을 당할 때 묶여 있었던 기둥이라고 한다. 그 뒤편에는 조그마한 사다리가 있는데, 자세히 보면 천사가 손에 또 작은 무엇인

잠시 멈추고 돌아보는 시간이 필요한 순간

왼편에는 예수가 못 박힌 십자가가, 오른편에는 예수가 묶여서 매질을 당한 기둥이 보인다.

가 들고 있다. 이것은 예수를 십자가에 못 박는 데 사용한 사다리와, 예수가 십자가 위에서 고통받고 있을 때 환각제를 축여서 예수에게 주었던 해면이라고 한다.

미켈란젤로는 우주인일까?

이제 전체적으로 그림을 살펴보자. 그림은 배경으로 강렬한 푸른색을 사용했기 때문에 섬뜩한 느낌을 준다. 강한 심판자로서의 예수 그리스도를 강조하는 것이다. 이는 교리상의 논쟁도 촉발시켰다. 예수의 구원과 사랑을 강조하는 신약의 모습과 이 그림의 모습이 어울리지 않았기 때문이다. 미켈란젤로는 당시의 혼란하고 타락한 사회에 경종을 울리려는 의미로 이러한 무서운 형태의 그림을 그렸다고 한다. 교황이 "이보게. 그림이 너무 혼란스럽지 않은가?"라고 하자, 그는 "교황님께서 먼저 이 혼란하고 타락한 세계를 깨끗하게 바로잡으십시오. 그러면 이따위 그림 정도는 저절로 바로잡힐 것입니다"라고 답했

미켈란젤로가 설계한 바티칸 박물관의 나선형 계단과 무늬(왼쪽), 성 베드로 성당의 돔(오른쪽). 특히 돔은 현대 건출 기술로도 만들기 어렵다고 한다.

다고 한다.

　미켈란젤로가 이 그림을 완성한 것은 그가 66세 되던 해였다. 그는 장기간의 작업 때문에 목과 팔에 관절염까지 얻었다. 그럼에도 그는 조금도 쉬지 않고, 그 뒤에도 여러 작품을 만들었다. 77세에는 오늘날 바티칸 박물관으로 쓰이는 건물의 아름다운 둥근 계단을 설계하기도 했다. 유명한 베드로 광장의 모습과 베드로 성당의 거대한 원형 돔도 그가 설계한 것이다. 돔 구조는 기둥 없는 넓은 공간을 확보할 수 있지만, 매우 만들기 힘들다고 한다. 그렇기 때문에 중세의 성당들에 가보면 그 안에 엄청나게 많은 두꺼운 기둥들이 위치하고 있다. 그런데 베드로 성당의 중앙부에는 그런 기둥이 없다. 철근이나 철제 빔도 없는 상태에서 기둥 없이 이렇게 큰 돔을 만든다는 것은 오늘날의 과학 기술로도 거의 불가능에 가까울 정도로 상당히 힘들다고 한다.

미켈란젤로는 자기 자신을 제외한 모든 사람을 바보로 생각했고, 또한 노골적으로 그렇게 행동했다. 그래서 그는 위대한 작품들을 많이 만들었음에도 불구하고 동시대의 사람들에게 미움을 받았다. 그렇지만 이 글을 쓰면서 생각해보니 '미켈란젤로의 생각이 백 번 천 번 옳았다'라는 느낌이 든다. 이건 지금 내가 미켈란젤로와 전혀 이해관계가 충돌하지 않기 때문에 할 수 있는 말일 것이다. 동시대에 살았다면 나도 그를 미워하지 않았을까? 남을 배려하지 않고 자기 자신만을 아는 사람들은 나도 싫다. 그러나 그와 같이 몇 세기에 한 번 나올까 말까 한 천재의 눈으로 본다면, 얄팍한 지식을 가진 나 같은 사람들이 얼마나 우습게 보일지…. 이래서 후대의 학자들이 다 빈치나 미켈란젤로를 '우주인이 아니었을까?' 하고 추측하기도 하는 것이다.

나는 다시 한 번 그림을 올려다보았다. 그림을 바라보는 데 할애되는 약 15분 정도의 시간이 바람처럼 스쳐 지나간다. 이번에도 그저 경탄할 따름이다. '이렇게 최후의 심판이 무서우니 다시는 죄를 짓지 말아야지.' 이번에도 '작심삼일'일까?

이것이 인간의 작품일까?
〈피에타〉와 〈다비드〉

하루 종일 바티칸 박물관 관람을 마치고, 저녁이 다 될 무렵 우리 일행은 드디어 박물관을 나와서 성 베드로 성당 앞에 우뚝 섰다. 기울어지던 로마제국을 다시 부활시킨 콘스탄티누스 황제의 명령으로 베드로 사도의 무덤 위에 건설되었던 성당이 약 1,200여 년 만에 무너지자, 전 유럽에서 자금을 모아 바로 그 자리에 다시 만든 건물이다. 다 빈치와 미켈란젤로 등 당시의 위대한 천재들과, 우리가 이름을 쉽게 기억하지는 못하지만 당시의 위대한 건축가들이 모두 동원되어 설계하고 만든 위대한 인류 문화유산이다. 그냥 바라보기만 해도 아름답다. 이 성당 주변에 위치한 성 베드로 광장을 삥 둘러 열주가 감싸고 있고, 열주 위에는 성인과 성녀들의 동상이 가득 위치하고 있다.

Michelangelo, <Pieta>, 1499, Marble, 174×195cm, Basilica di San Pietro, Vatican

미켈란젤로의 걸작 〈피에타〉. 옷과 머리에 쓴 보의 주름, 갈빗대나 손, 얼굴 표정까지 살아있는 사람인 듯 생생하고 정교한 모습을 보면 탄성이 절로 나온다.

이러한 경관을 구경하면서 한 걸음 한 걸음 앞으로 나아가 드디어 성당 안으로 들어섰다. 미켈란젤로의 걸작 〈피에타〉는 바로 입구의 오른편 벽 쪽에 놓여 방탄 유리로 보호되고 있었다.

"아, 정말 살아 있는 것 같아. 어떻게 이렇게 실감나게 조각을 할 수 있지?" 아내가 한마디 했다. "아니야. 살아 있는 게 아니야. 예수님은 죽은 거잖아. 그러니까 성모님은 정말 살아 있는 것 같고, 예수님은 정말 죽은 것처럼 만들어놓은 거지." 이렇게 말을 하기는 했지만, 이 조각작품은 정말 기가 막히다. "미켈란젤로가 이 조각을 500년 전에 완성했을 때, 그의 나이가 23살에 불과했다는 걸 알아?" "내 나이 23살 때 나는 뭐했더라… 아, 나는 당신이 맨날 쫓아다녀서 피하느라고 정신없었지." 우리가 아직 철부지 대학생이던 시절, 미켈란젤로는 이런 위대한 작품을 완성했다니!

〈피에타〉의 의미와 특징

이 조각은 예수가 십자가에 못 박혀서 죽은 후, 마리아가 예수의 시체를 십자가에서 내려서 장사 지내기 직전에 부둥켜안고 비탄에 잠겨 있는 바로 그 장면이다. '피에타'란 '슬픔' 또는 '비탄'이라는 뜻이다. 그래서 〈피에타〉라는 작품명은 '비탄에 잠긴 성모 마리아' 정도로 번역된다. 죽은 아들을 바라보는 마리아는 울고 있지는 않지만 슬픈 표정을 하고 있다. 그렇지만 그녀는 침착하다. "약한 자여! 그대 이름은 여인이다!"라고 했지만, "세상에서 가장 강한 사람은 어머니"라고도 한다. 어머니는 아들의 죽음 앞에서 슬픔에 빠져 오열하기보다는 침착하게 자신이 할 일을 생각한다. 그녀는 아마도 예수의 운명을 이미 알고 있었을 것이다. 그녀는 십자가에서 내린 예수를 무릎에 안고, 그 뻣뻣한 몸을 바라보고 있다. 오른손은 예수의 겨드랑이에 넣어 예수의 몸을 받쳐 들고, 왼손은 펴서 손바닥이 하늘을 바라보고 있다. 그녀의 손바닥은 "주님, 저는 이제 제가 가진 모든 것을 주님께 다 드렸습니다!"라고 말하는 듯하다. 힘이 빠진 예수의 몸은 축 늘어져서, 오른손이 마리아의 치마 밖으로 비스듬히 늘어져 있다. 고개는 뒤로 젖혀져 90도로 꺾여 있다. 이 조각이 무슨 장면을 나타내는지 모르는 사람이 보더라도 이 남성은 죽은 사람이라는 것을 쉽게 짐작할 수 있다.

자세히 보면 볼수록 이 조각이 대리석으로 만들어졌다는 것이 믿기지 않을 정도다. 옷의 주름, 머리에 쓴 보의 주름, 예수의 몸에 보이는 갈빗대나 무릎, 발의 뼈, 축 늘어진 팔에 보이는 근육 등 모든 것이 실제 사람을 보는 듯하다. 더군다나 이 조각은 실제 사람과 똑같은 크기로 만들어졌다. 미켈란젤로가 "나는 돌 속에서 천사를 봅니다. 그리고 천사를 자유롭게 합니다"라고 말했듯이, 이 조각은 돌 속에서 살아난 생명체인 것이다.

사실 마리아가 예수의 시체를 안고 있는 모습은 여러 예술작품들에서 많이 다루어진 소재다. 그렇지만 이 작품들은 공통적으로 '가로로 누워 있는 예수와 세로로 서 있거나 앉아 있는 마리아를 어떻게 한 구도 안에서 조화롭게 묘사하느냐?' 하는 문제가 있었다. 미켈란젤로는 이 골치 아픈 문제를 손쉽게 해결한다. 마리아의 오른쪽 발을 바위 위에 올려놓은 것으로 조각을 해, 왼쪽 무릎보다 오른쪽 무릎이 더 높이 올라가게 했다. 그리하여 예수를 안았을 때 예수의 몸이 (내가 보는 방향에서 볼 때) 조각상의 왼편 위에서 오른편 아래로 비스듬히 기울어지도록 했다. 이렇게 두 인물을 삼각형의 안정적인 구도 속에 정확하게 들어가도록 배치했다.

마리아의 어깨띠에 보이는 미켈란젤로의 서명(왼쪽 위). 실제보다 젊게 묘사한 마리아의 얼굴(왼쪽 아래). 그리고 마리아에 안긴 예수의 몸(오른쪽).

이처럼 모든 것이 완벽한 듯하지만, 사실 이치에 맞지 않는 것이 한 가지 있다. 그것은 50살은 되었을 마리아의 얼굴이 나이보다 젊어 보인다는 것이다. 이러한 질문을 받았을 때 미켈란젤로는 "마음이 순수한 사람은 늙지 않습니다"라고 대답했다고 한다.

그의 서명은 마리아가 두르고 있는 어깨띠에 들어 있다. 그는 이 서명을 한 후 나중에 아름다운 저녁 하늘을 보면서, '신은 이렇게 아름다운 하늘 어디에다가도 누가 만든 하늘이라고 표시를 하지 않았는데'라고 하면서 작품에 서명한 것을 후회했다고 한다. 그래서 그 뒤 미켈란젤로는 작품에 전혀 자신의 서명을 하지 않았다. 별것도 아닌 글이나 논문을 쓰면서, 이름을 꼭 앞에 내세우는 나의 모습이 새삼 떠오른다.

〈피에타〉와 〈마라의 죽음〉의 연관성

〈피에타〉는 그 후 여러 다른 작품들의 모델이 된다. 예를 들어 프랑스 신고전주의의 대가 다비드가 1793년에 그린 그림 〈마라의 죽음〉을 보면, 예수의 축 늘어진 손을 그대로 본뜬 마라의 손이 등장한다.

마라는 프랑스 대혁명 당시 혁명파의 고위 간부로서, 목욕탕에서 집무를 보던 중(그는 피부병이 심해서 종종 목욕탕 안의 욕조에 몸을 담그고서 일했다고 한다) 자신을 찾아온 반대파의 여인에게 살해당한다. 역시 혁명파의 일원이었던 다비드는 마라의 죽음을 보고, 그 장면을 그대로 그림에 담았다. 펜과 일을 하던 종이(실제로 마라가 죽기 전에 쓰던 글씨가 그대로 그림에 있다고 한다)까지 그대로 그려서, 마라가 죽기 직전까지 조국 프랑스를 위해서 얼마나 열심히 일했는지를 보여준다. 거기에다 〈피에타〉에 그려진 예수의 팔처럼 마라의 팔은 욕조 밖으로 축 늘어져 있다. 마라를 예수와 동격의 순교자이자 인류를 위해 순교한 위대한 성인으로 비교하는 그림인 것이다.

우리는 그 후 이탈리아에서 일주일을 더 머물렀다. 베니스를 거쳐 피렌체로, 그리고 피사, 시에나를 거쳐 아시시, 마지막으로 다시 로마

다비드가 그린 〈마라의 죽음〉. 죽은 마라의 모습을 〈피에타〉에서 따왔다. 축 처진 손의 구도가 거의 같음을 알 수 있다. 어두운 배경과 대비되어 밝은 피부색이 더 강렬하게 두드러져 보인다.

Jacques-Louis David, <The Death of Marat>, 1793, Oil on Canvas, 162×128cm, Muses Royaux des Beaux Art, Brussels

로 돌아오는 일정이었다. 그중 피렌체에서 이틀을 묵었다. 메디치 가문과 마키아벨리로 잘 알려진 역사도 깊고 아름다운 도시다. 사흘째 되는 날, 아내와 나는 아카데미아 미술관으로 미켈란젤로의 또 다른 걸작품 〈다비드〉를 보러 갔다. 박물관 앞에는 사람들이 수십 미터에 걸쳐서 줄을 서 있었다. 우리는 그 줄의 꽁무니에서 하염없이 가랑비를 맞아가며 기다려야 했다. 이 박물관은 사전예약제로 관람을 하기 때문에, 최소한 하루 전에 미리 예약을 해야만 한다고 한다. 그것도 모르고 예약을 하지 않은 나같이 준비성 없는 사람은 대책 없이 기다려야 하는 것이다. 그렇게 약 1시간 반을 기다려서야 우리는 안으로 들어갈 수 있었다.

잠시 멈추고 돌아보는 시간이 필요한 순간 ─────

최고의 걸작 〈다비드〉의 위용

〈다비드〉상은 박물관 입구의 커다란 전시실에 홀로 우뚝 서 있었다. 약 50명이 넘는 사람들이 〈다비드〉상을 빙 돌아가면서 둘러서서 이 걸작품을 올려다보고 있었다. 사진으로 볼 때는 몰랐는데, 이 작품은 높이 4m가 넘는 엄청난 작품이었다. 따라서 이 작품을 보기 위해서는 고개를 약 30도 각도로 들고 올려보아야 한다. "와, 정말 대단하다!" 입에서 감탄이 절로 튀어나왔다. 미술에 전혀 문외한인 나 같은 사람이 보아도 그냥 입이 딱 벌어질 정도로 이 작품은 대단하다. 보기만 해도 전율이 느껴질 정도다.

어떻게 이런 작품을 인간이 만들 수 있다는 말인가? 남자의 몸이 이렇게 아름다울 수 있다니 놀랍고, 또 이렇게 큰 작품을 이렇게 생동감 있게 만들 수 있다니 다시 한 번 놀랍다. 팔과 가슴의 근육, 왼손에 보이는 힘줄, 구부린 손가락, 시원하게 쭉 뻗은 다리며 모든 것이 살아 움직이고 있는 듯하다. 오른편 다리는 곧게 펴서 무게를 싣고, 왼편 다리는 부드럽게 비스듬히 기울어져 있는 미술작품에 많이 등장하는 자세다. (〈밀로의 비너스〉를 보라.) 이 자세를 콘트라포스토 contraposto라고 부르는데, 육체의 곡선을 가장 이상적으로 아름답게 보여주는 자세라고 한다.

"그런데 저 왼손에 든 것은 뭐야?" "그건 투석을 하기 위해서 준비하는 거야. 헝겊 자루 속에 돌을 넣고서, 자루를 바람개비 돌리듯이 돌리다가 원심력을 이용해 던지는 거지." "그래? 돌은 어디 있는데?" "저기 헝겊 자루를 오른손에 잡고 어깨에 걸치고 있잖아. 그러니 등

Michelangelo, <David>, 1504, Marble, 434cm, Galleria dell'Accademia, Florence

〈다비드〉상의 사진은 실물의 위용을 제대로 묘사하지 못한다. 아무리 오래 기다리더라도 피렌체에 직접 가서 〈다비드〉상의 실물을 꼭 보기를 권한다.

잠시 멈추고 돌아보는 시간이 필요한 순간

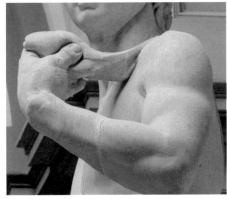

다비드의 오른손은 돌이 들은 헝겊 자루를 쥐고 있으며, 왼손은 돌을 움켜쥐고 있다. 돌팔매질을 시작하기 직전의 모습이다.

뒤로 가보면 돌이 들어 있는 주머니가 보일 거야." 뒤로 돌아가니 다비드의 등 뒤에 헝겊을 두르고 있는 모습이 보인다. 헝겊 자루는 등을 대각선으로 가로질러서, 돌이 들어 있는 헝겊의 끝은 오른편 손 안에 들어가 있었다. 다비드의 등 역시 실제 사람과 조금도 다름없이 잘 다듬어져 있다. "그런데 다비드가 어떤 인물인데 누구에게 돌을 던지는 거야?" "당신, 성경책에 나오는 '다윗과 골리앗' 이야기 알지?" "알아요." "그 다윗이 바로 이 다비드야!" "아, 그렇구나." "팔레스타인 장수 골리앗이 이스라엘 장수를 쓰러뜨려서 모두들 벌벌 떠는데, 양치기 소년 다윗이 나가서 돌팔매질 한방으로 골리앗을 죽이잖아?" "그렇지." "바로 그 모습이야."

이 장면은 다비드가 멀리 서서 이스라엘 진영을 바라보면서 호령을 하고 있는 팔레스타인 장수 골리앗을 노려보는 순간이다. 다비드는 눈을 부릅뜨고, 인상을 쓰면서 골리앗을 응시한다. 그의 눈동자

적장 골리앗을 노려보는 다비드의 눈에서 엄청난 힘과 살기가 느껴진다.

는 45도 각도로 오른편을 바라보고 있다. 인상을 써서 눈썹은 튀어 나오고, 입은 강한 의지를 나타내는 듯 꼭 다물고 있다. 목의 힘줄도 강하게 튀어나와 있다. 바로 긴장의 순간인 것이다. 이제 다비드는 곧 돌팔매질을 시작해, 모두가 두려워하는 적장 골리앗을 단 한 방의 돌 팔매질로 쓰러뜨릴 것이다. 조각품 전체에서 살아 움직이는 역동적인 힘이 느껴진다.

미켈란젤로가 이 조각상을 만들던 시기는 피렌체가 주변 국가들 과 전쟁을 앞두고 있던 풍전등화의 시기였다. 이러한 시기에 피렌체 시청은 미켈란젤로에게 시청 앞마당에 세울 다비드상을 만들어달라 고 요청한다. 시대의 분위기를 반영해, 미켈란젤로는 피렌체 공화국 의 온 시민들을 단결시킬 수 있는 강렬한 메시지를 전달하는 이 위대 한 조각상을 제작한 것이다. 미켈란젤로는 성경책에는 아직 나이 어 린 연약한 10대 소년으로 나오는 다비드를 20대 나이에 4m가 넘는 장대한 거인으로 만들었다. "피렌체 시민들이여! 다비드가 이스라엘

잠시 멈추고 돌아보는 시간이 필요한 순간 ──

을 지켰던 것처럼 우리 모두 단결해 우리 도시를 지킵시다!"라는 메시지를 이 조각상은 전달하고 있는 것이다.

살아 있는 인간의 숨결과 두려움을 느끼다

〈다비드〉상은 오랫동안 피렌체 시청 앞에 전시되어 있었다고 한다. 그러다가 근대에 이르러 정신이상자가 다비드의 발가락 하나를 부수어버리는 일도 발생하고, 공해에 의한 부식 문제도 대두되어 아카데미아 미술관으로 옮겨 전시되고 있다.

〈피에타〉와는 달리 유리로 보호되고 있지 않기 때문에* 바로 그 앞에서 조각상을 볼 수 있어서 더 사실감 있게 조각상을 관람할 수 있었다. 아내와 나는 이 조각상 하나만을 빙빙 돌아가면서 약 30분 동안이나 관람했다. 우리뿐만 아니라 수십 명의 사람들이 단지 이 조각상 하나만을 삥 둘러싸고 발걸음을 옮길 줄 모른 채 다비드를 올려다보고 있다. 모두들 넋을 잃고, 멍하니 다비드를 바라본다. 사진이나 모조품 석상을 봐서는 절대로 이 감동을 느낄 수 없다. 〈피에타〉와 마찬가지로 이 〈다비드〉는 살아서 숨을 쉬고 있는 듯하다. 인간이 이런 작품을 만들었다는 것 자체가 믿어지지 않는다.

위대한 프랑스의 철학자 스탕달은 미켈란젤로를 일컬어 "인간에서 신성을 불러일으킬 수 있는 유일한 감정은 두려움이다. 미켈란젤로는

---

* 〈피에타〉도 원래는 바티칸 베드로 성당 입구에 방탄유리 없이 관람할 수 있도록 전시되어 있었다고 한다. 그러다가 정신이상자로 보이는 사람이 작품에 손상을 입히는 일이 일어나 장소를 옮기고 방탄유리를 둘렀다고 한다. 그래서 이제는 실물을 가까이 볼 수가 없게 되어 안타깝다.

대리석과 색상을 통해 이런 두려움을 인간들에게 각인시키기 위해 태어난 것처럼 보인다"라고 말한 바 있다. 마치 인간에게 신의 두려움을 느끼게 하기 위해 신이 미켈란젤로를 이 땅에 태어나게 했다는 의미다. 미켈란젤로의 작품을 통해 신의 위대함이나 두려움을 인간들이 느낄 수 있었기 때문에 하는 이야기일 것이다.

이렇게 해서 피렌체 관광이 끝났다. 무거운 배낭을 지고 값싼 숙소에 머물며 돌아다니는 여행이었지만, 책에서만 보던 위대한 예술작품을 직접 보게 되어 정말 행복했다. 오래 걸어 다닌 까닭에 다리가 아파서 안 보러 간다며 숙소에 남아 있던 아들과 딸, 그리고 이번 여행에 동행한 고모님이 불쌍하다. 이렇게 위대한 작품을 여기까지 와서 못 보다니!

잠시 멈추고 돌아보는 시간이 필요한 순간

조용함에서 느끼는 잔잔한 감동, 밀레의 〈이삭 줍는 여인들〉과 〈삼종기도〉

루브르 박물관은 역시 위대한 예술작품으로 가득 차 있었다. 〈밀로의 비너스〉, 〈승리의 여신상〉 등의 조각작품과 함께 다비드의 〈나폴레옹의 대관식〉, 다 빈치의 〈암굴의 성모〉 및 라파엘로, 반 다이크, 들라크루아, 루벤스 등 미술계 거장들의 작품을 하루 종일 관람했다. 그후 버스를 타고 파리 시내 한가운데를 흐르는 센 강변으로 가서 바토무슈라고 불리는 유람선을 탔다. 유람선은 자유의 여신상과 에펠탑부터 시테섬까지의 구간을 약 70분에 걸쳐 운행한다. 저녁 7시경 한낮의 뜨거운 태양빛은 식어가고 시원한 강바람이 불어온다. "아! 시원하다." 내가 이렇게 이야기하자 아내가 답한다. "정말 낭만적이야. 저기 멋진 건물들 좀 봐요. 이런 데서 한번 살아보았으면!" 무신경하고 전혀 낭만적이지 않은(아내의 말에 따르면) 내가 보아도 파리의 저녁 풍경은 정말 낭만적이다. "당신, 정말 시집 잘 왔지? 다 나랑 결혼해서 사는 것까지는 아니라도 이런 델 구경이라도 올 수 있는 것 아니겠어?" "분위기 좋은 데서 그렇게 김 빼는 소리 자꾸 하지 말아요."

이러는 사이 유람선이 루브르 박물관과 시테섬(센강 한가운데 있는 섬으로 노트르담 성당이 위치해 있다) 사이에 있는 오르세 미술관 옆을 지나친다. 오르세 미술관은 원래 기차역으로 사용되던 건물을 미술관으로 개조했다고 한다. 오르세 미술관은 시대적으로 보면 1848년부터 1905년까지의 작품들, 주로 사실주의와 인상주의 화가들인 밀레·쿠르베·드가·마네·모네·르누아르·세잔·고흐·고갱 등 중·고등학교 미술교과서에서 주로 볼 수 있는 작품이 모여 있다. 즉 루브르 박물관 전시품들 이후 시기의 작품을 모아놓은 것이다.

다음 날 아침, 드디어 오르세 미술관에 들어섰다. 장 프랑수아 밀레의 걸작 두 작품, 〈이삭 줍는 여인들〉과 〈삼종기도〉는 1층에 전시되어 있었다. 우선 〈이삭 줍는 여인들〉을 찾아갔다. 어린 시절 내가 살던 시골 마을에 딱 하나밖에 없던 이발소에 걸려 있던 그림이다. 그림을 보니 화면의 2/3를 꽉 채운 황금빛 들판의 모습이 눈에 확 들어온다. 영웅이나 신화, 왕족이나 귀족이 아니라 광활한 대지가 그림의 주제가 된 것이다. 화면 가득히 대지를 담은 기법은 어렸을 때 본 감동적인 걸작 영화 〈닥터 지바고〉에서도 종종 등장한다. 이 모습에서 우선 작자의 땅과 흙에 대한 사랑이 느껴진다.

이 황금빛 들판에서 허리를 굽히고 이삭을 열심히 줍고 있는 두 여인, 그리고 그 옆에서 구부정하게 서 있는 여인, 이렇게 3명이 그림의

Jean-Francois Millet, <The Gleaners>, 1857, Oil on canvas, 83.8×111.8cm, Musee du Louvre, Paris

추수가 끝난 밀밭에서 바닥에 떨어진 이삭을 줍고 있는 3명의 여인을 묘사한 〈이삭 줍는 여인들〉. 평안함과 더불어 민초의 힘든 삶을 동시에 느낄 수 있다.

앞부분에 위치하고 있다. 허리를 굽히고 있는 두 여인은 한 손으로 이미 주운 이삭을 쥐고 있고, 다른 한 손으로는 땅을 훑어서 이삭을 찾고 있다. 가운데 위치한 여인의 손은 아름다운 여인의 섬섬옥수 가늘고 하얀 손이 아니라 몹시 투박하고 큼직하며, 햇볕에 그을고 흙이 묻어서 검은색이다. 그녀의 앞치마에는 이제까지 주운 밀 이삭이 가득히 담겨 있다. 맨 오른쪽에 서 있는 여인은 아픈 허리를 잠시 펴면서 쉬고 있는 듯하다. 그러면서도 눈으로는 계속해서 땅을 보면서 밀 이삭을 찾고 있다. 이 여인은 다른 두 여인보다 좀 더 늙은 듯 보이며,

앞치마를 두르고, 거칠고 큰 오른손을 살짝 보여주고 있다.

그녀의 굽은 허리를 따라 시선을 위로 옮기면, 자연스럽게 그녀의 등이 지평선과 연결된다. 지평선에는 멀리 수확을 하고 있는 농민들이 아득히 보이며, 그 위로 엷은 구름이 낀 가을 하늘이 보인다. 그림의 지평선은 '굳건함'과 '변하지 않음'을 상징한다. 그 굳건함 속에서 허리 굽혀 열심히 일하는 여인들, 이 여인들은 우아하지도 아름답지도 않다. 그러나 이 여인들은 굳건하고 강인하다. 아, 신성한 노동의 아름다움이여! 어려운 현실 속에서도 살아야겠다며 열심히 일하는 민초의 힘이 느껴진다. 강력한 생명의 힘! 땅은 정직하며 노동은 존엄하다는 것을 그림을 통해 생생하게 우리에게 전해주고 있다.

〈이삭 줍는 여인들〉 뒷부분에 숨어 있는 사람들

여기까지의 내용은 우리 대부분이 이미 알고 있는 것이다. 그러나 이 그림을 제대로 이해하기 위해서는 좀 더 자세한 설명이 필요하다. 이 그림을 자세히 보면 그림의 오른쪽 수평선 바로 밑에 말을 탄 사람 한 명이 한 손을 들고 있는 모습을 볼 수 있다. 무엇인가를 지시하고 있는 모습이다. 그 손끝을 따라가보면 지시에 따라 일하고 있는 농부 수십 명의 모습이 보이고, 수확해 쌓아둔 밀짚이 보인다. 지시를 내리고 있는 사람은 귀족 또는 지주이고, 지시에 따라 무리를 지어 일하고 있는 사람은 지주의 농장에서 일하고 있는 일꾼들이다.

일꾼들 속에도 끼지 못한 가장 가난한 3명의 여인들은 일하는 사람들이 수확을 하고 지나간 자리에서 땅에 떨어져 있는 밀 이삭을 줍

잠시 멈추고 돌아보는 시간이 필요한 순간

오른편 끝 부분에 희미하게 보이는 말을 탄 지주의 지시로 일꾼들이 추수를 하고, 추수한 곡식을 마차에 싣고 있는 모습을 볼 수 있다. 넓은 하늘이 그림의 배경이 되는 것은 밀레의 그림에서 볼 수 있는 특징이다.

고 있다. 가난한 이들이 이렇게 추수를 마친 밭에 떨어져 있는 밀 이삭을 줍는 것은 법으로 규정된 권리로, 지주들은 이를 막을 수 없었다고 한다. 이들은 이렇게 이삭을 주어서 살아가야 할 만큼 가난한 농민들, 자기 밭이 없어서 남의 밭에서 이삭을 주워서 먹고사는 사람들인 것이다.

즉 이 그림을 좀 다른 방향으로 해석한다면 부의 불평등이나 계층 구조에 대한 강력한 비판의식을 담고 있다고 볼 수 있다. 이 그림이 1857년 프랑스 살롱전(프랑스 최고 권위의 미술대전)에 출품되었을 때, 이 그림은 바로 그런 이유에서 엄청난 비난과 찬사를 동시에 받았다. 당시의 프랑스는 매우 혼란스러운 시기였다. 1700년대 말부터 시작된 대혁명과 나폴레옹 전쟁, 왕정복고, 재혁명, 반란, 마르크스의 공산당 선언과 파리 코뮌의 통치(일단의 사회주의자들과 프롤레타리아들이 혁명을 통해 짧은 기간에 정권을 잡았던 시기) 등으로 이어진 이 시기는 피바람이 몰아치던 시기였다. 따라서 파리의 지식층은 계급 혁명이나 사회주의 혁명이라는 개념에 대해 극도의 알레르기 반응을 보이고 있었다. 과거 미·소 대립 시 미국에 번졌던 매카시즘이나, 한국전쟁 이후 북한의 점령을 경험한 남한에서 일어났던 공산당에 대한 극도의 혐오사상 등을 생각하면 이해가 된다. 따라서 이 그림이 전시되자 당시의 주류 비평가들은 여인의 굵은 손을 가리켜 '혁명가의 손'이니, 3명의 여인을 '3인의 혁명가' 또는 '거만한 농부들'이니 하며 계급투쟁을 선도한다고 밀레를 비난했다.

이에 반해 사회주의자들은 이 그림을 극찬하고, 그를 정치적으로 이용해 혁명 전선에 내세우려고 하거나 그림을 선전·선동 등에 이용했다. 군국주의 시절 일본 역시 이 그림을 널리 홍보하며 어렵지만 열심히 일하자는 계몽 목적으로 사용했다고 한다. 우리나라에도 그러한 이유에서 일제강점기부터 널리 전파되었다고 알려져 있다.

그렇다면 밀레는 왜 이런 그림을 그렸는가? 그는 노르망디 지방의 어느 정도 여유 있는 농사꾼 가정의 맏아들로 태어났다. 어렸을 때부터 농촌에서 자랐으므로 그는 농민의 생활에 대해 잘 알고 있었다. 또한 그의 가족은 신앙심이 매우 깊었다고 알려져 있다. 그는 파리로 옮겨 미술공부를 하면서 그림을 그렸으나 아버지의 죽음 이후에 극도의 재정적 궁핍에 직면하게 된다. 이 시기 그는 돈이 없어 끼니를 굶기도 했고, 옷값을 갚지 못해 소환장을 받기도 했다. 이처럼 그는 가난을 몸소 뼈저리게 체험하게 되며, 끝내 아내까지 병에 걸려 세상을 떠난다. 그는 굶어 죽지 않기 위해 여성의 누드화(오늘날의 포르노 그림에 해당)를 그려 팔았는데, 어느 날 지나가던 행인이 그가 거리(아마 화가들이 모여 있는 몽마르뜨 언덕의 거리가 아닐까?)에서 누드화를 그리는 모습을 보면서 "저런 것을 그리는 사람도 화가라고 할 수 있나?"

라고 말하는 것을 듣고 충격을 받게 된다. 이 순간 그는 붓을 던져버리면서 앞으로는 절대 이런 타락한 그림을 그리지 않겠다고 결심했다고 한다.

그 이후 밀레는 자신이 어린 시절 겪었던 경험을 바탕으로, 농사짓는 사람들의 모습을 그리기 시작한다. 그래서 탄생한 그림이 1848년 살롱전에 출품해 호평을 받은 〈키질하는 사람〉이다. 이 그림을 팔아 번 돈으로 그는 파리 근교의 퐁텐블로 숲에 위치한 바르비종이라는 시골 마을로 이사한다. 꽤 돈을 번 듯한 것이 젊은 새 부인까지 맞아서 이사했다. 그 후로 그는 평생을 이곳에서 살았으며, 후에 '바르비종파'라고 불리는 자연의 모습을 그리는 화가 그룹의 태두가 된다.* 이 때부터 그는 그의 이웃에서 쉽게 볼 수 있는 농부들의 일하는 모습과 그의 독실한 신앙심을 결합한 그림들을 그리기 시작한다. 그래서 탄생한 그림이 바로 〈이삭 줍는 여인들〉이다.

정치가 아닌 자연의 삶을 살아간 밀레

그림에 대한 주류 비평가들의 비난이나 사회주의자들의 칭찬과는 달리, 이 그림은 정치 이데올로기가 아니라 오히려 밀레의 신앙심에 바탕을 두고 있다. 이 그림은 성경의 『룻기』에 나오는 룻의 이야기를 그림으로 옮긴 것이다. 『룻기』에 따르면 나오미라는 여인에게는 두 아들이 있었는데 모두 이방인인 모압족의 여인들과 결혼해 모압에서 살

---

* 밀레와 바르비종파의 회화전이 한국에서 2005년에 열려서 구경을 간 적이 있다.

왔다. 그런데 두 아들이 연달아 죽자, 나오미는 며느리 오르바와 룻에게 친정으로 돌아가 살라고 하면서 자신은 고향인 베들레헴으로 떠나려 했다. 이에 오르바는 울면서 친정으로 돌아갔으나, 룻은 "어머니 가시는 곳으로 저도 가겠습니다. 어머님의 겨레가 제 겨레요, 어머님의 주님이 제 주님입니다" 하면서 끝끝내 나오미를 따라온다.

그들은 보리를 거두어들일 무렵 베들레헴에 도착했다. 이들은 몹시 가난했으므로 친척인 부호 보아스의 밭에 가서 보리 이삭을 주웠다. 때마침 밭에 가서 추수를 지시하고 있던 보아스는 이들이 보리 이삭을 줍는 것을 보고 추수하는 일꾼들에게 일부러 보리 이삭을 바닥에 많이 흘리라고 지시한다. 즉 룻이 이삭을 더 많이 주울 수 있도록 호의를 베푼 것이다. 그 후 룻의 착한 마음씨를 관찰해온 보아스는 마침내 그녀와 결혼을 한다. 그녀가 보아스와 낳은 아들이 바로 다윗의 할아버지다.

즉 밀레의 그림은 성경의 이야기를 밀레 당시의 농촌 모습으로 옮겨 그린 것뿐이다. 계급투쟁이니, 혁명가이니, 사회 모순에 대한 비판이니 하는 말들은 모두 그를 반대하거나 이용하려고 했던 사람들이 그림을 자기 마음대로 해석해 온갖 다른 이야기들을 붙여댄 것이다. 그림을 좀 다르게 해석한다면 말을 타고 손을 들어 지시를 내리는 사람은 보아스이며, 그 앞에서 일하고 있는 사람들은 보아스의 일꾼들, 그리고 3명의 여인 중 허리를 굽히고 있는 두 여인은 며느리인 오르바와 룻, 그리고 허리를 펴고 있는 늙은 여인은 나오미인 것이다.

만약 이 그림이 밀레의 그림이 아니었다면, 또는 만약 이 그림이 50년만 이전에 그려졌더라면 성경의 이야기와 전혀 관계가 없는 사회의 불평등한 계층구조를 비판하는 그림이라고 해도 무리가 없었을 것이다. 그러나 밀레는 농촌에 대한 사랑과 함께 경건한 신앙심으로 가득 찬 사람이었다. 또한 귀족 또는 지주와 그들의 밑에서 일하는 소작농, 그리고 그보다 더 가난한 일반 평민이라는 계층구조는 프랑스 대혁명을 거치면서 수십 년 전에 폐지되었던 과거 신분제 시대의 중세 모습에 더 가까운 것이었다.

주류 비평가들이 그를 농부의 모습만 그린다며 사회주의자라고 공격하자, 그는 "인간적인 측면의 예술이 나의 마음을 감동시킵니다. 그래서 나는 농부의 모습을 그립니다. 나는 농촌에서 자라났고, 지금도 농촌에서 살고 있습니다. 농촌의 모습은 나의 생활의 일부입니다. 나는 영원히 농부로 남을 것입니다"라고 하면서 "이런 나를 사회주의자라고 부르고 싶다면, 그렇게 하십시오"라고 답했다. 그림의 전반적인 분위기가 슬프다는 지적을 받았을 때는 "나는 나의 슬픔을 숨길 수가 없습니다"라고 답한다. 시간이 흘러 그의 고결한 성품과 진지한 태도를 사회도 점점 인정하기 시작해서, 그에 대한 비난도 잦아들고 어느 정도 안정된 생활을 할 수 있게 되었다.

〈삼종기도〉에서 느껴지는 감동

〈이삭 줍는 여인들〉 바로 다음에 밀레가 그린 그림이 바로 그 유명한 〈삼종기도〉다. 'Angelus'가 우리에게는 만종晩鐘이라고 잘못 번역되어 알려져 있다.

〈삼종기도〉는 오르세 미술관 1층의 다른 방에 전시되어 있으며, 역

Jean-François Millet, <The Angelus>, 1859~1860, Oil on canvas, 55×66cm, Musée d'Orsay, Paris

저녁노을을 배경으로 저녁 기도를 올리는 농부와 그 아내의 모습. 평화롭고 행복한 모습으로 보이나 가난한 농부의 힘든 생활을 엿볼 수 있다.

시 〈이삭 줍는 여인들〉과 마찬가지로 방탄유리로 보호되고 있었다. 이 그림 역시 대지가 그림의 2/3를 차지한다. 하늘에는 은은하게 저녁노을이 비치고 있으며, 멀리 성당의 종탑이 보인다. 우리가 눈으로 볼 수는 없지만, 은은하게 울리는 저녁 종의 소리가 우리 귀에 들려오는 듯하다. 이러한 종소리를 들으며, 하루 종일 열심히 일해 지친 농부 부부는 고개를 숙이고 기도를 한다.

남편은 하루 종일 쓰고 있던 모자를 조용히 벗어 들고 고개를 숙인다. 그의 머리에는 모자에 눌린 자국이 보인다. 그는 자신의 키에 맞지 않는 짧은 바지를 입고 있고, 군화같이 큼직한 어울리지 않는 신발을 신고 있다. 즉 남에게서 얻어 입은 듯한, 어울리지 않는 복장이다. 그의 옆에는 감자밭을 일구는 데 사용한 괭이가 땅에 꽂혀 있다. 그와 부인 사이에는 수확한 감자를 담은 광주리가 있다. 지금은 종자가 개량되어 달라졌지만, 당시만 해도 감자는 번식력이 강하고 수확량은 많지만 쓴맛이 강해서 가장 가난한 사람들이 주로 먹는 음식이었다고 한다. 즉 감자를 캐고 있다는 것은 이들이 가장 가난한 농부들이라는 암시다.

피곤한 부인 역시 고개를 숙이고 두 손을 모아서 기도를 한다. 그녀는 왼편에서 쏟아지고 있는 빛을 받아서, 남편의 모습보다 더 밝게 표현되어 있다. 즉 그림의 주인공은 남편이 아니라 아내라고 할 수 있다. 그녀의 어깨선은 성당의 종탑과 수평선과 바로 연결된다. 이 성당의 종탑은 〈이삭 줍는 여인들〉에서도 보이는 끝없는 지평선의 일부분이다. 노동을 하느님의 섭리로 알고 묵묵히 일하는 농부들의 모습을 경건하고 신성하게 표현한 것이다. 하루의 피로가 전신에 배어 있는데도, 불평을 하기보다는 주님을 향해 경건하게 기도하는 모습! 건강하게 일할 수 있다는 사실 하나만으로도 주님의 축복이라고 생각하는 감사하는 마음! 충청북도 음성에 있는 꽃동네에 가면 돌에 새겨져 있다는 '얻어먹을 수 있는 힘만 있어도 그것은 주님의 은총입니다'라는 표어가 연상된다. 위대한 신앙의 힘이 잔잔하게 느껴진다.

이 그림을 보고 반다이크는 "사랑과 신앙과 노동을 그린 인생의 성화"라고 극찬했다고 한다. 정말 정확한 표현이 아닐 수 없다. 밀레는 〈삼종기도〉 이후에도 〈여행자에게 길을 알려주는 목동〉, 〈양치기 소녀〉 등 성경에 나오는 이야기의 배경을 프랑스 농촌의 모습으로 바꾼 여러 점의 그림을 그렸다.

〈만종〉인가, 〈삼종기도〉인가?

사실 이 그림의 제목을 '만종晩鐘'이라고 번역한 것은 잘못이다. 원래의 제목 Angelus란 '삼종기도三鐘祈禱'가 정확한 번역이다. 삼종기도에서 '삼종'이란 3번의 종소리를 의미한다. 삼종기도란 천사가 마리아에게 나타나 동정녀로 잉태할 것이라고 알리자, 마리아가 "주님의 뜻이 오니 그대로 제게 이루어지소서" 하고 두렵지만 용기 있게 대답한 것에서 유래한 짧은 기도문이다.

　성경의 이 이야기는 여러 화가들의 그림에서 소재가 되었는데, 가장 유명한 것은 레오나르도 다 빈치가 그린 〈수태고지受胎告知〉다. 이 그림은 지금 이탈리아 피렌체의 우피치 미술관에 걸려 있다. 르네상스식 건물의 앞에서 책을 읽고 있는(책을 읽고 있다는 것은 지혜를 나타낸다) 마리아의 앞에 대천사 가브리엘이 나타나 손으로 마리아를 가리키며 이 소식(수태)을 알리자(고지), 마리아가 깜짝 놀라며 손을 드는 모습이다. 이러한 일이 벌어지는 장소는 담으로 둘러싸인 정원인데, 담은 마리아의 순결한 자궁을 상징한다. 마리아의 주름진 치맛단이나 천사의 옷소매 등이 너무나도 사실감 있게 그려져 있다. 멀리 보이는 배경은 다 빈치가 그린 대부분의 초상화들과 같이 자연의 모습이다. 그렇지만 이 그림은 다 빈치의 가장 초기 작품 중의 하나로,

Leonardo da Vinci, <Annunciation>, 1472~1475, Tempera on wood, 98×217cm, Galleria degli Uffizi, Florence

수태고지에 대해서는 많은 화가들이 유사한 그림을 남겼다. 수태고지란 대천사 가브리엘이 마리아에게 나타나 앞으로 임신할 것임을 알리는 이야기다. 즉 임신(수태)을 알려준다(고지)는 뜻이다.

다 빈치의 후기 작품들에 비해서는 완성도가 좀 부족하다는 평판을 받고 있다. 어쨌든 이때 천사와 마리아가 주고받는 대화에서 유래한 기도문을 바탕으로 그린 것이 〈삼종기도〉다.

　중세 사회에서는 아침과 점심, 저녁을 알리는 종을 마을의 중심에 위치한 성당에서 하루에 3번 쳤는데, 사람들은 이 종소리를 듣고 기도를 바쳤다. 그래서 삼종기도라고 한 것이다. 이 종소리는 새로운 날의 시작과 점심 시간, 그리고 고된 하루 일과의 끝을 알리는 역할도 했다. 즉 그림은 성당의 종소리를 들으면서 가난한 농부들이 삼종기도를 바치는 모습을 그린 것이다. 밀레가 그림의 제목을 정한 이유는 '기도'에 좀 더 초점을 맞춘 것인데, 이 그림의 제목을 최초로 번역한 일본 사람이(종교적인 내용을 알지 못했거나 알면서도 무시했던) '종소리' 자체에 초점을 맞추어서 그림의 제목을 선택한 것이다.

이 그림은 최초에 미술상에게 1천 프랑의 싼값에 팔린 후 여러 사람들에게 되팔렸다. 이 그림을 본 사람들은 바로 이 그림의 가치를 알아차렸으나, 이 그림이 일반인들에게 최초로 전시된 것은 그림이 그려진 지 13년이나 지난 1872년이 되어서였다. 파리 시민들은 이 감동적인 그림에 열광했으며, 그림의 가격은 하늘 높은 줄 모르고 치솟았다. 이 그림은 1881년 30만 프랑에 다시 팔렸는데, 그림의 구매자는 이를 1889년에 경매에 내놓았다. 총 3개의 단체가 이 그림을 구매하기 위해 경쟁했다.

이에 일단의 프랑스 유력자들이 경쟁에 뛰어들었다. 이들은 자금을 모금하면서 정부 예산으로 일부 구입 자금을 보조해달라고 요청했으나 정부가 이를 거부했다. 그리하여 뉴욕의 메트로폴리탄 미술관에 그림을 기증하려는 일단의 미국 유력자들이 그림을 50만 프랑에 구입했다.

이에 대해 프랑스의 모든 언론은 애국심에 호소하는 글을 써서 모금운동을 했고, 당시의 최고 작가 4명이 동시에 〈삼종기도〉의 위대성과 이러한 위대한 프랑스의 예술작품을 미국에 빼앗겨서는 안 된다는 호소를 했다고 한다. 예나 지금이나 프랑스 사람들의 자존심(또는 자만심)은 대단하다.

그럼에도 불구하고 〈삼종기도〉는 배에 실려 미국으로 떠나갔고, 예술을 사랑하는 많은 프랑스 사람들이 배가 떠나는 항구까지 나와서 눈물을 흘렸다고 한다. 이러한 애국심에 대한 호소들로 당시 프랑스의 대부호였던 루브르 백화점의 소유주 쇼사드가 미국에 도착한 이 그림을 80만 프랑이라는 거금에 다시 구입해 프랑스로 가져왔다. 이 그림의 귀환을 보러 구름처럼 사람들이 몰려들었으며, 쇼사드는 프랑스의 국민적인 영웅으로 추앙받았다고 한다.

쇼사드가 이 그림을 루브르 박물관에 기증해 1908년부터 루브르 박물관에 전시되었다가, 오르세 미술관으로 이전되어 오늘날까지 전시되고 있다. 이런 스토리 때문에 이 그림은 유명세를 타서 더 유명해졌다고 한다.

〈삼종기도〉를 둘러싼 논란

사실 〈삼종기도〉에는 또 다른 이야기가 있다. 이 그림에서 원래 감자를 담은 광주리가 있는 자리에 감자가 아니라 굶어 죽은 아기가 있었고, 부부는 아기를 묻기 전에 마지막으로 슬프게 기도하는 모습이라는 설명이다. 또한 그림의 한쪽 구석에는 이러한 슬픈 모습에도 아랑곳하지 않고 연회를 벌이고 있는 귀족들의 모습도 있었다고 한다. 처음에 밀레가 이렇게 그림을 그렸는데, 이 그림을 본 친구가 너무 잔인하고 비판적이라며 수정하라고 충고를 해서 죽은 아기를 감자로 바꾸고 귀족들을 지워버렸다는 설명이다. 즉 계급 간의 갈등을 확연히 드러내는 그림이었다는 것이다.

그러나 이는 사실이 아니다. 이는 밀레가 그림을 그린 후 100년이나 지난 1963년 초현실주의자 살바도르 달리가 〈밀레의 삼종기도에 대한 비극적 신화The tragic myth of Millet's Angelus〉라는 풍자화諷刺畵를 발표하면서 설명한 자신의 그림에 대한 설명이다. 달리는 자신이 꿈을 꾸었는데, 그 꿈에서 밀레가 나와 이러한 동기에서 그림을 그리게 되었

자연 속에서 살아가는 농촌의 모습을 그린 밀레의
다른 그림들. 당시 프랑스 농촌의 모습을 사실적으
로 묘사했다. 왼쪽의 두 그림은 하늘을 그림의 배경
으로 사용하는 밀레의 그림의 전형적인 특성이 잘
드러나 있다.

다고 설명했다고 한다. 그리고 아마도 밀레의 친구가 나중에 그림을
바꾸라고 충고를 해서 밀레가 그림을 바꾸지 않았을까 추측한다고
설명한 것뿐이다.

그러나 이러한 이야기는 허구일 뿐이다. 밀레는 생전에 절친한 친
구에게 쓴 편지에서 이 그림에 대해 "내가 어렸을 적에 우리 가족이
모두 밭에서 일했다네. 그러다가 종소리가 들리면 할머니를 따라서
모두 일손을 멈추고 삼종기도를 바쳤지. 이 그림은 그 모습을 생각하
면서 그린 그림이네"라고 이야기했다. 즉 이 그림 역시 그의 경험을 기
반으로 해 지극한 신앙심을 표현한 그림인 것이다. 연회를 하고 있는

귀족의 모습이란 살바도르 달리가 언급한 것도 아니며, 당시 사회주의자들이 그림을 선전·선동 등에 이용하기 위해 지어낸 말일 뿐이다. 더 살이 많이 붙은 것이다.

1963년 루브르 박물관에서 이 그림을 X선으로 조사했던 바, 귀족들의 모습은 전혀 보이지 않았고 죽은 아기의 모습도 발견되지 않았다. 다만 부인의 발치에서 조그만 사각형 물체가 발견되었을 뿐이라고 한다. 이 사각형 물체가 죽은 아이의 관이라고 억지로 부연 설명하기에도 크기가 너무 작았다. 오히려 큰 돌이라고 하기에 적당한 크기란다. 더군다나 이 물체가 감자 그림 밑에 위치해 있었던 것도 아니다.

그런데 이러한 그림에 대한 왜곡된 이야기가 한국에 전해졌다. 1970~1980년대에 X선 검사를 했더니 귀족들의 모습이 발견되었고, 감자 밑에서 나중에 덧칠해 없애버린 죽은 아이의 시신이 발견되었다는 말로 바뀌어 널리 알려졌다. 당시의 일부 인사들이 한국의 암울한 시대 상황에 대한 반발로 밀레의 그림을 소위 최초의 '민중미술'로 왜곡했던 것이다.

인생은 짧아도 예술은 길다

밀레의 그림을 보고 있으면, 이런 그의 일대기와 그림에 대한 배경 이야기들이 주마등처럼 눈앞을 스쳐 지나간다. 그림 자체가 그의 다사다난했던 인생의 순간들을 보여주는 기록들이다. 밀레는 말년에 유명해져서 프랑스 최고의 명예라는 레지옹 도뇌르 훈장까지 수여받았으나, 젊은 시절 지독한 가난 속에서 얻은 병으로 고통 속에 숨을 거

밀레가 그린 〈낮잠〉이라는 그림(왼쪽)을 응용해서 인상주의 화가 고흐는 동일한 주제로 그림(오른쪽)을 그렸다. 사실주의와 인상주의 화법의 차이를 두 그림을 통해 느낄 수 있다. 밀레의 그림은 보스턴 미술관에 있는데, 고흐의 그림은 파리 오르세 미술관에 〈삼종기도〉와 함께 전시되어 있다. 이 그림을 통해서 밀레가 인상주의 화법에 큰 영향을 미쳤다는 것을 알 수 있다.

둔다. 그러나 "인생은 짧아도 예술은 길다"라는 말이 있듯이, 그의 걸작들은 영원히 살아남았다. 그리하여 100년의 세월이 지난 지금도 어려운 현실 속에서도 굳건히 일하는 농부나 경건히 기도하는 부부의 모습은 우리의 영혼에 잔잔한 감동을 안겨주고 있는 것이다.

앞으로 100년이 지나 사람들의 가치관이 지금과는 많이 달라지더라도 밀레의 그림이 주는 사색과 감동은 변하지 않을 것이다. '예수 그리스도'나 '성모 마리아'에 대한 수많은 그림보다도 더 큰 감동과 사색, 그리고 향수를 불러일으키는 종교화가 바로 밀레의 그림이 아닐까 한다. '종교화 같지 않은 종교화'인 셈이다.

이런 이유들 때문에 현대 사람들은 밀레가 말년에 거주하면서 그림을 그렸던 파리 근교의 바르비종까지 관광을 떠나서 밀레의 그림의 배경이 된 자연환경을 보며 밀레를 생각한다. 밀레 시대의 후배 화가들이 밀레의 화풍을 배우려고 바르비종에 함께 모여 살았던 것과

잠시 멈추고 돌아보는 시간이 필요한 순간

비슷하다. 나는 아직 가보지 못했는데, 시간만 있다면 꼭 가보고 싶다. 이런 작가들이 몇이나 있을까? 사실주의, 자연주의, 인상주의 같은 후대의 화풍들이 모두 그의 영향을 받아서 탄생했다. 이 점만 봐도 밀레가 미술사에 미친 영향이 얼마나 엄청난 것인지 잘 알 수 있다. '인생은 짧아도 예술을 길다'라는 말이 바로 밀레를 염두에 두고 한 이야기가 아닐까? 그의 작품과 이름은 인류 역사상 영원히 남을 것이다.

♪

음악에 대해 조예가 깊지 못하고 전문지식도 부족하다. 노래를 잘 부르지도 못한다. 그냥 음악을 들으면서 즐길 뿐이다. 그래도 오래 동안 음악을 듣다 보니 좋아하는 가수도 생겼고, 장르별로 좋아하는 노래도 있다. 요즘 들어서는 가요나 클래식 콘서트에도 가끔 참석한다. 나이가 들면서 신체에서 분비하는 호르몬이 달라져서인지, 음악을 들으면서 느끼는 감정이 확실히 예전과 다르다. 가끔은 가사 한 마디 한 마디를 음미하면서 나의 과거 경험을 돌아보기도 한다. 노래 한 곡에 온갖 생각을 하게 된다. '왜 이런 좋은 세상을 모르고 무미건조하게 살았을까?' 하는 생각도 든다. 음악에 대해 그동안 느끼고 공부했던 내용들을 정리해서 글로 표현했다. 바쁜 걸음을 잠시 멈추고 음악에 귀를 기울이는 순간, 나의 인생이 변하고 있음을 느낄 수 있을 것이다.

감성을 찾아 떠나는
음악 수업

인생을 노래한다,
김광석과 〈히든싱어〉

♩

JTBC의 최고 인기 프로그램 중의 하나인 〈히든싱어〉에서는 모창을 잘하는 아마추어 모창자들이 출연해 실제 가수와 경쟁을 벌인다. 관객들은 무대 뒤에서 진짜 가수와 모창자들이 한 소절씩 부르는 노래를 듣고 나서, 어느 소절을 부른 사람이 진짜 가수인지를 투표를 통해 맞춘다. 텔레비전을 주기적으로 볼 시간이 없는 내가 요즘 유일하게 꼭 챙겨보는 프로그램이다.

그중에서도 2013년 마지막 토요일인 12월 28일에 방영한 〈히든싱어 2〉 '고故 김광석' 편을 감동적으로 봤다. 노래를 부르는 오락프로그램을 감동적으로 봤다는 표현이 어색하지만, 나의 마음은 재미를 넘어선 감동 그 자체였다. '어떻게 이런 일이 내 눈앞에서 벌어질 수 있을까?' 하면서도 '시간과 공간을 뛰어넘어 김광석이 우리 앞에 돌아 왔구나' 하는 것을 느꼈다. 마치 한 편의 영화를 보는 듯했다.

김광석은 이미 수십 년 전인 1996년, 32살의 젊은 나이에 요절했다. 인기 절정의 젊은 천재의 갑작스런 죽음이었다.* 따라서 방송에 출연해 직접 노래를 부르면서 다른 출연자들과 대결을 한다는 것이 불가능했다. 그런데 제작진은 무려 1년의 시간을 투자한 각고의 노력 끝에 아날로그로 녹음된 김광석의 노래를 디지털 방식으로 전환했고, 그중에 반주를 빼버리고 목소리만을 분리해내는 데 성공했다. 그 덕분에 김광석은 자신의 목소리를 꼭 빼닮은 다른 아마추어 모창자들과 함께 칸막이로 된 무대에 설 수 있었다. 모창자들이 한 명씩 돌아가면서 노래를 부르고 김광석의 순서에는 그의 목소리가 녹음된 시디CD를 트는 방식으로, 관객들은 그 노랫소리만을 들으면서 누가 진짜 김광석인지를 투표를 통해 맞추는 것이다.

투표가 끝나면 칸막이가 하나씩 열리면서 그 뒤에서 노래를 부르던 사람이 걸어 나온다. 그런데 김광석 없이 녹음된 노래를 틀어놓았던 칸막이가 열렸지만 그곳엔 아무도 없었다. 마음이 갑자기 텅 빈 느낌이었다. 그가 다시 살아나서 돌아올 리 없다는 것은 잘 알고 있었지만, 그래도 그의 목소리가 흘러나오면서 칸막이가 서서히 열릴 때는 칸막이 뒤에서 그가 웃는 얼굴로 '짠' 하면서 나타나지 않을까 하는 일말의 기대감이 있었기 때문이다. 그러나 그런 기대와는 달리 텅

---

*   우울증이 있었다고 하지만 정확한 자살 이유는 아무도 모른다. 감정이 너무 풍부한 사람이라서 그랬을까?

〈히든싱어 2〉에 나온 고 김광석이 생전에 노래 부르던 자료화면. 잘 생기지는 않았지만 구수한 그의 모습이 눈에 선하다.

비어 있는 칸막이 뒤편을 보면서 기대에 가득 찼던 내 마음이 휑하고 비는 것을 느꼈다.

요즘 젊은 세대 중에는 김광석이 누군지 모르는 사람이 많을 것이다. 그러나 김광석과 비슷한 시기에 대학교를 다니고 젊은 시절을 보낸 나에게 그는 청춘의 열정과 희망, 첫사랑의 기쁨과 실연의 상처, 암울한 시대의 아픔과 좌절 등 많은 것을 떠오르게 하는 가수다. 인위적인 음향효과나 밴드의 반주 없이 통기타와 하모니카를 하나씩 들고 부르는 가늘고 순수한 그의 노래는 시처럼 마음을 파고들어온다. 화려한 기교나 꾸밈이 없는 솔직담백한 소리다. 가사도 누구나 따라 부르기 쉽고 공감 가는 내용이다.

나는 이제 40대 중반을 넘어섰지만 나에게 김광석은 영원히 변하지 않는 나의 과거, 젊음의 상징이다. 그래서 김광석이 어린 시절을 보낸 대구 방천시장에 조성된 '김광석 다시 그리기 길'도 방문해서 전시물들을 구경하기도 하고, 그 거리에서 파는 호떡을 먹고 차 한 잔을 마시고, 시장 가게들도 구경하면서 상념에 잠겼던 경험도 있다. 김광석의 삶과 생각을 직접 느끼고 싶었다. 시골에서 자라 약간 촌스러운 것이 나와 비슷하다. 이런 이유에서 김광석이 우리 곁을 떠난 지 20년이 넘었지만 아직까지 그의 노래들이 나의 마음에서 잊히지 않고 있는 것이리라.

서른 즈음에 부르는 노래

김광석은 1987년에 음악을 좋아하는 아마추어 친구들과 함께 모여 '동물원'이라는 음반을 내고 세상에 자신의 이름을 알렸다. 그때 〈흐린 가을 하늘에 편지를 써〉, 〈혜화동〉, 〈말하지 못한 내 사랑〉 같은, 시대가 지나도 변치 않는 명곡을 김광석과 함께 불렀던 김창기는 〈히든싱어 2〉에 나와서 "나는 광석이가 죽은 뒤 광석이의 노래를 안 들었다. 마음이 복잡해지니까…. 그러다가 〈히든싱어 2〉에 출연하기 전에 비로소 다시 들었다"라고 이야기하면서 눈물을 흘리기도 했는데, 이 모습을 보며 나도 눈시울이 뜨거워졌다.

동물원 2집 발매 이후 솔로로 데뷔한 김광석은 짧은 기간 수많은 노래를 우리에게 남겼다. 〈히든싱어 2〉 김광석 편에서 1라운드 도전곡으로 나온 노래는 바로 〈먼지가 되어〉다. 김광석의 노래로도 유명하지만, 2012년 케이블 방송 채널 엠넷Mnet의 오디션 프로그램 〈슈퍼스타K 4〉에서 로이킴과 정준영이 라이벌 미션곡으로 박력 넘치게 불러서 젊은 세대들에게도 유명해진 노래다. 이 방송 이후 한 해 동안 노래방에서 가장 많이 불렸다고 한다. 2라운드 노래는 〈나의 노래〉, 3라운드 노래는 〈두 바퀴로 가는 자동차〉, 그리고 4라운드 노래는 〈서른 즈음에〉였다.

잠시 멈추고 돌아보는 시간이 필요한 순간 ────────

또 하루 멀어져간다

내뿜은 담배 연기처럼

작기만 한 내 기억 속에

무얼 채워 살고 있는지

점점 더 멀어져간다

머물러 있는 청춘인 줄 알았는데

비어가는 내 가슴속엔

더 아무것도 찾을 수 없네

계절은 다시 돌아오지만

떠나간 내 사랑은 어디에

내가 떠나보낸 것도 아닌데

내가 떠나온 것도 아닌데

조금씩 잊혀져간다

머물러 있는 사랑인 줄 알았는데

또 하루 멀어져간다

매일 이별하며 살고 있구나

매일 이별하며 살고 있구나

나도 내 나이 서른 즈음에 이 노래를 부르면서 흐르는 시간을 안타까워했었다. 그때는 꿈이 있었고, 세상에서 어떤 일이든 다 할 수 있을 것 같은 패기가 있었다. 이제는 마흔을 넘어 쉰 즈음에 다가간다. 그래도 아직 서른 즈음의 가슴이 뛰던 느낌이 생생하다. 처음 이 노래를 들었을 때는 '나도 언젠가는 서른 살이 되겠지. 그때가 되면 뭘 하고 살고 있을까?' 하고 생각했던 것 같다. 서른이라는 시간이 오지 않을 것 같았다. 그러다가 '어!' 하면서 서른이 된 듯하더니 서른 하나, 서른 둘, 서른 셋 하다가 눈 깜짝할 사이에 마흔 일곱이 되었다.

그리고 보면 정말 매일매일 우리는 무엇인가와 이별하면서 살고 있다. '나는 벌써 마흔 여섯 해와 이별하고 살아왔구나.' 그럼에도 아직 부족하기 때문에 매일매일 무언가를 배우면서 살아가는데, 살아온 길을 돌아보면 언제 여기까지 이렇게 빨리 왔는지 놀랄 정도다.

인생을 노래하고 추억을 공유하는 우리들

젊었을 때는 김광석의 노래 〈이등병의 편지〉를 듣기도 했는데, 시간이 흘러 〈서른 즈음에〉를 듣다가 이제 조금만 더 있으면 〈어느 60대 노부부 이야기〉를 들어야 하는 나이가 될 것이다. 오랫동안 이 노래를 듣지 못했는데, 2013년 〈슈퍼스타K 5〉에서 백발이 성성한 김대성 스테파노라는 분이 20년 전 먼저 간 아내를 생각하면서 울먹이며 이 노래를 부르는 것을 보면서 오래간만에 이 노래를 다시 접했다. 심사위원이었던 가수 이하늘이 "정말 인생을 노래하셨다는 느낌을 받았습니다. 선생님의 인생을 노래하셨는데 제가 어떻게 불합격을 드릴수 있겠습니까?"라는 말을 눈물을 펑펑 흘리면서 했을 때 나도 눈시울이 붉어졌다.

곱고 희던 그 손으로 넥타이를 매어주던 때

어렴풋이 생각나오 여보 그때를 기억하오

막내아들 대학 시험 뜬눈으로 지내던 밤들

어렴풋이 생각나오 여보 그때를 기억하오

세월은 그렇게 흘러 여기까지 왔는데

인생은 그렇게 흘러 황혼에 기우는데

큰딸아이 결혼식 날 흘리던 눈물방울이 이제는 모두 말라

여보 그 눈물을 기억하오

세월이 흘러감에 흰머리가 늘어가네

모두가 떠난다고 여보 내 손을 꼭 잡았소

세월은 그렇게 흘러 여기까지 왔는데

인생은 그렇게 흘러 황혼에 기우는데

다시 못 올 그 먼 길을 어찌 혼자 가려 하오

여기 날 홀로 두고 여보 왜 한마디 말이 없소

여보 안녕히 잘 가시게

여보 안녕히 잘 가시게

여보 안녕히 잘 가시게

이 노래를 들으면 추억을 공유한다는 것이 부부나 가족의 가장 큰 사랑의 원천이 아닌가 하는 생각이 든다. 아이들을 낳을 때 병원 문 밖에서 발을 동동 구르며 기다리던 기억부터 고생 끝에 박사학위를 받고 기뻐서 아내를 부둥켜안고 울던 기억도 떠오른다. "때론 눈물도 흘렸었지 그리움으로. 때론 가슴도 저몄었지 외로움으로."〈사랑했지만〉의 노랫말 변용 하루하루 살아갈수록 추억도 더 많이 생기고, 감사해야 할 일도 더 많이 생긴다. 만약 내가 이 노래를 가슴으로 부른 분과 같은

입장이 된다면, 정말로 비슷한 마음이 들 것 같다.

그런데 이제 세월이 쏜살같이 흘러 조금 있으면 아이들을 결혼시킬 나이가 멀지 않았다. 그러다 보니 나도 이제 흰머리가 점점 더 늘어난다. 내가 군대에 갈 때는 존재하지도 않았던 아들 녀석이, 다섯 달 전 제 친구들과 술을 잔뜩 퍼먹고 만취해 〈이등병의 편지〉를 목청껏 부르며 집에 돌아온 다음 날 입대를 했다. 내가 군대에 갈 무렵 친구들이 마지막 술잔을 기울이며 불러주던 "자, 우리의 젊음을 위하여 잔을 들어라" 하는 최백호의 〈입영전야〉 노랫소리가 아직도 귓가에 들려오는 듯한데, 아들 녀석이 군대에 가 있으니…. "우~ 너무 쉽게 변해가네, 우~ 너무 빨리 변해가네."〈변해가네〉의 노랫말 이처럼 그의 노래는 인생이라는 큰 길을 스쳐 지나가는 우리의 삶을 너무나도 절절히 표현했다.

여전히 우리 주변에 남아 있는 김광석

이런 일들을 회상해보면 세월이 얼마나 빠른지 정말 놀랄 정도다. 특히 〈어느 60대 노부부 이야기〉의 가사를 보면 우리의 삶이 그대로 담겨 있다. '나에게 남겨진 삶을 단 하루라도 정말 열심히 살아야' 하고 새삼 다짐해본다. "빨리 가려면 혼자 가고 멀리 가려면 함께 가라"는 말이 있듯이, 가족의 힘과 사랑으로 젊은 시절 인생의 힘든 난관들을 극복하고 60살을 넘어 70살, 80살까지 사는 것이 아닐까 한다. 젊었을 때는 철모르고 "누군가 손 내밀며 함께 가자 해도 내가 가고픈 그곳으로만 가기를 고집했지"〈변해가네〉의 노랫말만, 이제 마흔을 넘어

잠시 멈추고 돌아보는 시간이 필요한 순간 ─────

서 보니 함께 가는 길이 얼마나 중요한지를 잘 느낄 수 있다. 그러다가 더 시간이 흐르면 "먼지가 되어 날아가야지 바람에 날려 당신 곁으로"〈먼지가 되어〉의 노랫말라면서 나도 흙으로 돌아갈 것이다. 이처럼 나의 마음을 읽어내는 노래, 구구절절이 나의 마음을 흔드는 노래가 김광석의 노래들이다.

어쨌든 〈히든싱어 2〉에서는 1·2·3라운드까지 진짜 김광석보다 더 많은 관객의 표를 얻은 뮤지컬 배우 최승열이 마지막 4라운드에서 원조 가수 김광석을 꺾지 못하고 2위를 차지했다. 그렇지만 정말 놀랄 정도로 목소리나 분위기가 김광석과 똑같았다. 나도 4라운드까지 김광석이 아닌 사람은 잘 골랐지만, 단 한 번도 누가 진짜 김광석인지는 골라낼 수 없었다. 김광석의 절친한 친구였던 김창기도 3라운드까지는 구분을 못하더니, 마지막 4라운드에서 "이 노래만큼은 광석이만큼 절절하게 부를 수 있는 사람이 없을 거다"라면서 김광석을 제대로 찾아냈다. 그렇지만 표는 불과 10표 차이였다. 그만큼 최승열의 목소리가 김광석과 거의 똑같았다.

최승열이 출연한 뮤지컬에 대해 관심이 생겨서 인터넷으로 검색을 해보았다. 김광석의 노래를 사용한 주크박스 뮤지컬*이 3편이나 있었다. 〈그날들〉이라는 뮤지컬이 탄탄한 구성력으로 호평을 받았고 절찬 공연 후 종료했다. 최승열이 출연하는 〈바람이 불어오는 곳〉이라

---

* 　주크박스 뮤지컬(jukebox musical)이란 기존에 발표된 곡을 이용해 만든 뮤지컬이다. 대표적인 주크박스 뮤지컬로 아바(ABBA)의 노래 22곡을 엮어 만든 〈맘마미아(Mamma Mia)〉가 있다. 국내에는 고(故) 이영훈 작곡가의 노래들을 이용해서 만든 〈광화문 연가〉가 있다. 아직 관람하지 못했지만, 이 뮤지컬을 본 나의 친구들은 모두 극찬을 했다. 주크박스 뮤지컬은 이미 관객들에게 익숙한 노래들이 뮤지컬에 등장하기 때문에 더 친숙한 느낌이 든다는 장점이 있다.

뮤지컬 〈바람이 불어오는 곳〉 포스터. 김광석의 대표 곡들을 이용해 제작된 주크박스 뮤지컬이다. 한 가수의 노래로 뮤지컬이 3편이나 존재한다는 것 자체가 드문 일이니 김광석이 문화계에 미친 영향을 잘 이해할 수 있다.

는 뮤지컬은 소극장에서 개막했지만 탄탄한 짜임새로 호평을 받으면서 인기몰이를 하고 있었다. '감동적이며 재미있다'라는 평가를 많이 볼 수 있었다. 막대한 자본이 투자된 대형 뮤지컬 〈디셈버〉는 완성도에 대한 비판도 많았지만 유명 배우들이 출연하면서 화려한 볼거리를 제공하는 듯하다. 나도 다음에는 최승열이 노래 부르는 모습을 직접 보러 가서, 그가 '부활한 김광석'이 맞는지 확인해볼 생각이다.

어쨌든 한 가수의 노래를 사용한 3편의 뮤지컬이 존재한다는 사실 자체가 국내에서 전무후무한 일일 것이다. 그만큼 김광석의 노래에 공감하는 사람들이 많다는 증거가 아닌가 한다. 즉 김광석은 지금도 살아서 우리 곁에 남아 있는 것이다.

잠시 멈추고 돌아보는 시간이 필요한 순간

〈응답하라 1994〉와 나의 청춘

2013년에 즐겨 챙겨 본 드라마가 tvN의 〈응답하라 1994〉였다. 매일 바쁘게 살다 보니 퇴근 시간이 워낙 늦어서 정규 방송을 본 경우는 거의 없지만, 그래도 전편을 다 봤다. 다음 회 내용이 어떻게 될지 궁금해서 일주일을 기다리면서 본 드라마는 10년 전 홍콩에서 일하고 있을 때 본 〈대장금〉 이후 처음이었다. 시골에서 상경해 기숙사와 하숙집에서 대학 시절을 보낸 나의 경험이 〈응답하라 1994〉의 배경과 분위기를 이해하는 데 도움을 주었다. 또한 드라마를 보면서, 나 역시 드라마의 등장인물들처럼 마산·삼천포·순천 출신 친구들이 있었기에 맛깔난 사투리를 지금도 조금씩 사용하는 정겨운 친구들의 모습을 머릿속에 떠올리기도 했다.

이 드라마에서도 김광석이 잠깐 등장한다. 드라마에서 삼천포김성균 분와 윤진민도희 분이 김광석 콘서트에 가는데, 콘서트 도중에 김광석이 "오늘 비상식적인 일이 또 한 번 벌어졌더군요. 삼풍백화점이 무너졌다고 그래서. 일찍 오신 분들은 모르시죠. 900명이 깔려 있다고. 정확한 숫자는 모르겠고요"라고 청중들에게 언급하는 모습이다. 그리고 삼풍백화점에서 칠봉유연석 분과 만나기로 했는데 약속에 늦었던 성나정고아라 분은 사고 소식을 듣자마자 칠봉이가 사고를 당했을 것이라 생각하고 울면서 삼풍백화점으로 미친 듯이 뛰어간다. 그때 깔리는 배경음악이 김광석의 〈사랑이라는 이유로〉다. "사랑이라는 이유로 하얗게 새운 많은 밤들, 이젠 멀어져 기억 속으로 묻혀, 함께 나누던 우리의 많은 얘기 가슴에 남아 이젠 다시 추억의 미소만 내게 남겨주네." 사회에 엄청난 충격을 준 삼풍백화점 붕괴라는 비극적인 사건을 배경으로 애타는 연인의 마음을 애절하게 표현했다. 사건이 일어났을 당시 삼풍백화점 근처에 있었던 사람들의 가족이나 친지들이 얼마나 걱정했을지 눈에 선하다.

〈응답하라 1994〉의 마지막 회에 삼천포의 이런 대사가 나온다. "지금은 비록 세상의 눈치를 보는 가련한 월급쟁이지만 (…) 이제 더 이상 어리지 않은 나이가 되어서야 깨닫는다. (…) 대한민국 모든 마흔 살 청춘들에게, 그리고 90년대를 지나 쉽지 않은 시절들을 버텨 오늘까지 잘 살아남은 우리 모두에게 이 말을 바친다. 우리 참 멋진 시절을 살아냈음을, 빛나는 청춘에 반짝였음을, 미련한 사랑에 뜨거웠음을 기억하냐고."* 바로 이 말이 김광석의 노래를 들으며 느끼는 나의 마음이다.

---

* 　이런 멋진 대사를 만들어준 〈응답하라 1994〉의 이우정 작가와, 이를 드라마로 옮겨준 신원호 PD에게 감사를 표한다. 그대들 덕분에 2013년의 가을과 겨울은 따뜻하고 행복했다.

우리 모두의 추억,
이.문.세.

♪

나에게도 한때 젊었던 시절이 있었다. 그때는 나에게도 꿈이 있었고, 세상은 아름답기만 했다. 무엇을 바라보기만 해도 힘이 솟았다. 이제 나는 늙었고 바쁜 생활에 지쳐서 하루하루 꽉 짜여 있는 일정을 소화하기 바쁘다. 마치 100m 달리기를 하는 것처럼 정신없이 지낸다. 그렇지만 가끔 어떤 일을 계기로 젊은 시절을 회상하게 되면 저절로 빙그레하고 입가에 웃음이 떠오른다. 나에게도 낭만과 희망이 있던 드문 시기였다.

이번에 오래간만에 다시 예전으로 돌아갈 수 있었던 계기가 있었다. 2013년 6월 1일 토요일 잠실 올림픽주경기장에서 데뷔 30년을 기념해서 열린 가수 이문세의 '대.한.민.국. 이문세' 콘서트에 간 것이다. 그런데 하필이면 6시간이나 강의가 있어서 무척 바쁘고 힘든 날이었다. 긴 강의를 마치고 공연장으로 가는 도중에 전철역에서 아내를 만났다. 둘이 함께 계속해서 2호선 전철을 타고 잠실로 향했다. 지하철 안에서 아내가 이문세는 얼굴이 길어서 별명이 '말'이며, 그래서 팬클럽 이름이 '마굿간'이라는 이야기를 알려줬다. 종합운동장역에서 내리는 수많은 인파 속에서 이문세의 인기를 실감할 수 있었다. 지하철역을 빠져나오는 데도 10분은 걸렸다. 그 밀려드는 인파에 묻혀서 함께 올림픽주경기장으로 입장했다.

사람들 틈에서 겨우 예매한 좌석을 찾아서 앉아 사방을 둘러보니 정말 장관이었다. 올림픽주경기장의 직사각형 운동장 한쪽을 다 차지할 정도로 거대한 무대가 설치되어 있었다. 그리고 그 뒤편의 스탠드 좌석은 비어 있었다. 하지만 무대 앞의 운동장에는 이동식 좌석을 가득 설치했다. 총 좌석 5만 석 중 유료 좌석 4만 8,500석이 모두 매진되었다고 한다. 정말 엄청난 관중이었다. 역시 나만 이문세를 좋아하는 것이 아니었다. 잠실 실내체육관에서 열리는 콘서트는 종종 있지만, 올림픽주경기장에서 열린 콘서트가 매진된 것은 2008년 있었던 가왕歌王 조용필 콘서트 이후 처음이란다. 우리가 앉은 좌석은 스탠드 1층, 무대의 바로 정면을 마주보는 곳이었다. 무대와의 거리는 100m쯤 되었지만, 그래도 무대를 잘 볼 수 있는 좋은 자리였다. 일찍 예매한 덕분이다.

그리고 보니 그날 밤에 올림픽공원 체조경기장에서는 조용필의 공연도 열렸다고 한다. 나의 옛 시절, 10대 때의 최고 인기가수는 당연히 〈단발머리〉의 조용필과 〈감수광〉의 혜은이였다. 그리고 이용, 변진

섭, 신승훈, 이문세, 주현미 등이 나의 20대 기억을 차지한다. 30대에 들어서는 외국에서 공부하면서 바쁘게 사느라 거의 음악을 잊고 살았다. 그러다가 요즘 들어서야 다시 음악을 듣는데 귀여운 걸그룹 음악도 가끔 듣곤 한다.

〈붉은 노을〉과 〈난 아직 모르잖아요〉

밤 8시가 되어, 마주보는 무대 뒤편의 서쪽 하늘이 서서히 붉게 물들어갈 때 드디어 공연이 시작되었다. 관객과 함께 애국가를 제창한 후 부른 이문세의 첫 번째 노래는 바로 〈붉은 노을〉, 붉은 노을이 진 하늘빛과 잘 어울리는 노래였다.

> 난 너를 사랑하네 이 세상은 너뿐이야 소리쳐 부르지만
> 저 대답 없는 노을만 붉게 타는데
> 그 세월 속에 잊어야 할 기억들이 다시 생각나면
> 눈감아요 소리 없이 그 이름 불러요
> 아름다웠던 그대 모습 다시 볼 수 없는 것 알아요
> 후회 없어 저 타는 노을 붉은 노을처럼
> 난 너를 사랑하네 이 세상은 너뿐이야 소리쳐 부르지만
> 저 대답 없는 노을만 붉게 타는데

아름다운 선율이 흐른다. 이 노래는 이문세 이후에도 많은 젊은 가수들이 리메이크를 했다. 목청이나 성량이 이문세보다 더 크고 풍부

한 가수는 많다. 그러나 그 누구도 이문세처럼 콧소리가 섞인 구수한 목청으로 감칠맛 나게 노래를 부르지 못한다. 특히 감정이입을 하는 것은 이문세를 따라오지 못한다. 이문세의 목소리를 들으면, 나 자신이 바로 그 노래 가사의 주인공이 되어 "난 너를 사랑하네. 이 세상은 너뿐이야"라고 소리치는 듯하다. 이문세가 무대에 등장하자 자리에서 일어난 관객들은 모두 한목소리로 목청껏 함께 노래를 불렀다. "삐릿삐릿 파랑새는 갔어도"도 부르고, "언제쯤 사랑을 다 알까요"까지 부르고 나서야 자리에 앉았다. 드디어 조명이 켜지고 이문세의 얼굴이 화면에 클로즈업되었다.

"심장이 터질 것 같습니다. 기분이 너무 좋아요." 이렇게 벅찬 감정을 표현한 이문세는 "2013년 6월 1일 밤 8시 26분, 그때 문세가 그 노래 불렀었지"라는 말을 남기며 다시 노래를 시작했다. 나는 옆에 앉은 아내의 손을 꽉 잡고 함께 노래를 불렀다. 수만 개의 야광봉이 물결처럼 흔들리며, 노랫소리에 맞춰서 분위기를 돋우었다.

> 세월이 흘러가면 어디로 가는지
>
> 나는 아직 모르잖아요
>
> 그대 내 곁에 있어요 떠나가지 말아요
>
> 나는 아직 그대 사랑해요
>
> 혼자 걷다가 어두운 밤이 오면
>
> 그대 생각나 울며 걸어요
>
> 그대가 보내준 새하얀 꽃잎도
>
> 나의 눈물에 시들어버려요

우리 모두의 젊은 날의 추억

내가 좋아하는 명배우 안성기가 스크린에 나와 "이문세 씨는 우리 모두의 추억이죠"라고 말한다. 맞다. 이문세의 노래는 우리의 추억과 맞닿아 있다. 그의 노래를 들으면 저절로 옛 추억이 떠오른다. 나도 나와 연령대가 비슷한 사람들처럼 밤 10시가 되면 라디오에서 들리던 그의 목소리, "별이 빛나는 밤에…"라는 오프닝 멘트를 들으며 고등학교와 대학 시절을 보냈다. '별이 빛나는 밤에'를 빨리 읽는 것이 아니라 천천히 끊어 읽어서 더 여운이 남았던 그의 목소리. 별밤지기의 목소리를 들으면서 가슴 설레던 그 시절 그의 노래에는, 가슴 졸였던 첫사랑의 추억, 밤을 새며 술잔을 나누었던 옛 친구들과의 우정, 꿈을 실현하기 위해 노력하던 나의 과거와 역사가 모두 녹아 있다. 그리고 지금도 내 옆에 함께 앉아 손을 마주 잡고 있는 아내와의 여러 사연들도 녹아 있다. "세월이 흘러가면 어디로 가는지" 그 시절 우리는 몰랐다. 어딘가에 아름다운 장밋빛 미래가 우리를 기다리고 있을 것이라고 생각했던 것 같다. 그냥 가만히 함께 있기만 해도 행복했다. 가만히 옛 기억을 되살려보니, 중학교 때부터 〈별이 빛나는 밤에〉를 애청했던 기억이 난다. 그 당시의 디제이DJ가 지금 SM엔터테인먼트를 이끌며 세계 속으로 한류를 전파하는 데 앞장서는 이수만이었다.

이문세가 자신의 옛 추억을 이야기한다. 1집과 2집이 모두 실패한 무명의 통기타 가수 시절 이야기, 서로 무명 시절 만나 함께 스타가 될 때까지 많은 곡을 써준 작사가 고故 이영훈을 추억하며 눈물을 흘린다. 연습실에서 이영훈과 마주 앉아 처음 노래를 불렀을 때의 이야기를 들으며 나도 눈시울이 뜨거워졌다. 이런 인간적인 모습이 관객들을 감동시킨다. "나 항상 그대 곁에 머물겠어요. 떠나지 않아요." 우정 출연한 가수 성시경과 함께 부른 노래가 다시 나의 마음을 울려온다. 다시 아내의 손을 잡았다. "당신도 내 곁에 항상 머물 거야?" 하고 내가 묻자, 아내가 "싫어, 나는 이문세 옆에 머물 거야" 하면서 웃는다.

이문세가 콘서트를 열기 전, 최근에 나는 그가 출연한 TV조선의 프로그램 〈이문세와 떠나요! 비밥바룰라〉에서 그를 만났다. 남아프리카·유럽·남미·미국·일본 등 세계 각국을 방문해 다양한 음악가들을 만나면서, 그들의 음악을 시청자에게 소개하고 이문세의 음악을 그들에게 소개하는 음악 다큐멘터리였다. 구수한 그의 입담과 재치, 그리고 진정성이 녹아 있는 프로그램이었다. 종합편성채널에서 이만큼 비용과 노력을 들여서 우수한 프로그램을 만들 수 있다는 점에 놀랄 정도였다.

그다음에는 KBS 2TV의 〈불후의 명곡: 전설을 노래하다〉에 등장한 그의 모습을 봤다. 후배 가수들이 자신의 노래를 부르는 모습을 흐뭇한 표정으로 바라보는 이문세. 후배들에게 덕담과 격려를 하는 모습을 보면서 그의 인간적인 면모를 느낄 수 있었다. 두 차례로 나눠 진행된 방송에서 1부는 〈빗속에서〉를 감정을 살려 부른 뮤지컬 배우 정성화가, 2부는 풍부한 성량으로 〈그대 나를 보면〉을 열창한 JK김동욱이 차지했다.

그 후 JTBC의 〈히든싱어〉에 등장한 그를 다시 만났다. 〈히든싱어〉라는 프로그램도 이문세 때문에 처음 봤지만 참 재미있는 프로그램

이문세 콘서트의 포스터. 콘서트의 이름을 '대.한.민.
국. 이문세'라고 한 것이 특이하다. 별밤지기로 그를
기억하는 많은 중년들로부터 젊은이들에 이르기까지
그의 콘서트장을 가득 채웠다.

이었다. 실제 가수와 똑같이 노래를 부르는 모창자들의 노래를 듣고
나서 누가 진짜 가수인지를 방청객들이 찾는 형식이었다. 전문가들
이 들어도 누가 진짜인지 헷갈릴 정도였다. 진짜 이문세가 무대 뒤에
서 노래 부르는 것을 듣고 "음악성이 없는 사람이다"라고 평가한 전문
가도 있었다. 방송인 박경림이 눈물을 흘리면서 "이문세 씨가 2007년
갑상선 수술을 해서 노래를 부를 수 없었는데, 그 후 엄청난 연습과
노력을 통해 다시 팬들 앞에 서게 되었다"라는 이야기를 하는 것도
들었다. 그 때문에 한동안 소식이 없다가 2011년부터 다시 활동을 재
개한 것이다. 전국을 돌며 99회의 소규모 콘서트를 하고, 그 마지막
백 번째 콘서트로 이번 서울 공연을 준비한 것이다.

이처럼 이문세는 이제 50대 중반이 된 나이에도 불구하고 팬들과

소통하기 위해 열심히 노력한다. 팬들과 더불어 나이 들어가지만 여전히 그들과 함께 계속 노래 부를 수 있음에 고마워할 줄 아는 따뜻한 사람, 그 사람이 바로 이문세다. '나도 나이를 먹어서 더 멋진 사람이 되어야지. 나이가 들어 주름 하나하나가 늘어날 때마다 그 주름과 함께 아름다운 사연도 늘어나는 사람이 되어야지. 그렇게 행복하게 늙어가야지.' 이런 생각을 하게 한다.

생각해보면 이문세의 노래들은 젊은이의 노래가 아닌 듯하다. 인생의 고비를 여러 차례 넘겨서 쓴맛 단맛을 다 본 사람들이 불러야 그 느낌이 산다. 사랑 노래라 해도 정열적이고 심장이 터질 것 같은 사랑 노래가 아니다. 잔잔하게 마음으로 다가오는 조용한 사랑이 느껴지는 노래다. "그런 그대를 안고 싶지만 그저 나의 친구로 좋아"도 그렇고, "이 세상이 변한다 해도 나의 사랑 그대와 함께 영원히", "목이 메어와 눈물이 흘러도 사랑이 지나가면"도 그렇다. 가사 한 마디 한 마디가 한 편의 시 같다. 우리는 그가 읊조리는 시 내용에 공감한다. 모든 가사가 우리의 이야기다. 마치 얼마 전 영화 〈건축학개론〉을 봤을 때의 느낌과 비슷하다.

"여러분 감사합니다."

그렇게 벅찬 감동을 남긴 2시간 반의 콘서트는 아쉽게도 끝났다. 이문세는 헉헉대며 손수건을 꺼내 땀을 닦으면서 마지막까지 힘차게 노래를 불렀다. 〈광화문 연가〉를 부를 때는 관객들이 모두 일어나 어깨동무를 하고 함께 불렀다. 앞줄에는 여고 동창생 분위기를 풍기는 40대

잠시 멈추고 돌아보는 시간이 필요한 순간

초반의 아주머니 네 분이 함께 있었다. 역시 이문세와 함께 추억을 나눈 세대다. 물론 나도 아내와 어깨동무를 했다. 마치 10대로 돌아간 듯한 느낌이었다. 대학교를 졸업한 후 남과 어깨동무한 기억이 없는 것 같다. 5만 명의 열기, 목청껏 함께 부르는 화합, 그렇게 함께 뛰다 보니 정말 시간 가는 줄 몰랐다.

"제가 살면서 이보다 더 감사한 날이 올까요? 이번 공연은 여러분이 저에게 주신 선물입니다. 정말 감사합니다." 땀에 젖어 번들거리는 그의 얼굴이 화면에 비친다. "오늘 밤, 가수라서 행복한 이문세였습니다." 그리고 "오늘 밤을 잊지 못해 후유증이 오래갈 것"이라고 했다. 물론 나도 후유증이 오래갈 것 같다. 어찌 그 밤의 벅찬 감동을 잊을 수 있을까? 아내는 나보다 더 신이 났다. 그날 우정 출연한 약 20명의 가수나 연예인들 중 아내가 제일 좋아하는 가수 로이킴이 있었기 때문이다. 아내와 딸의 성화로 2012년 연말 〈슈퍼스타K 4〉의 결승전에서 로이킴이 우승할 때 구경하러 갔던 기억이 난다. 그래서 그런지 요즘 종종 들리는 로이킴의 노래 〈봄봄봄〉이 친근하기만 하다. 그러고 보니 로이킴의 구수한 목소리를 들을 때도 이문세의 목소리를 들을 때처럼 친근감이 생긴다.

이문세가 가수로 데뷔한 지 30년, 그 긴 세월을 어찌 몇 마디 말로 다 표현할 수 있을까? 나는 음악에 대해서 잘 알지 못하고 음악이론도 거의 모른다. 무신경하고 감정이 메말랐다고 아내에게 바가지도 종종 긁힌다. 그렇지만 음악에 문외한인 나도 뭐가 좋고 뭐가 가슴을 울려오는지는 구별할 줄 안다. 우리 모두의 추억인 사람, 어릴 적에는 이문세를 잘 몰랐지만 별밤지기의 맛깔스런 이야기와 구수한 목소리는 아직까지 기억하고 있다. 나뿐만 아니라 그때 경기장에 모인 5만 명의 사람들도 대부분 이문세를 보면서 젊었던 시절의 기억을 회상했을 것이다. 그래서 여고 시절의 기억을 잊지 않은 중년 아주머니들이 함께 만나서 그날의 공연을 보러 온 것이 아닐까? 그분들도 그때만은 40대의 아주머니가 아니라 아직 15살의 꽃 같은 여고생 시절로 돌아간 것이리라.

관객들이 연이어 앙코르를 외치자 이문세는 다시 무대에 올랐다. 그리고 〈이별 이야기〉를 불렀다. 그리고 마지막으로 부른 노래가 바로 〈그대와 영원히〉다.

헝클어진 머릿결
이젠 빗어봐도 말을 듣지 않고
초점 없는 눈동자
이젠 보려 해도 볼 수가 없지만
감은 두 눈 나만을 바라보며
마음과 마음을 열고
따스한 손길 쓸쓸한 내 어깨 위에
포근한 안식을 주네
저 붉은 바다 해 끝까지
그대와 함께 가리
이 세상이 변한다 해도
나의 사랑 그대와 영원히

잠시 멈추고 돌아보는 시간이 필요한 순간

무뎌진 내 머리에

이젠 어느 하나 느껴지질 않고

메마른 내 입술엔

이젠 아무 말도 할 수가 없지만

맑은 음성 가만히 귀 기울여

행복의 소리를 듣고

고운 미소 쇠잔한 내 가슴 속에

영원토록 남으리니

저 붉은 바다 해 끝까지

그대와 함께 가리

이 세상이 변한다 해도

나의 사랑 그대와 영원히

그래, 나도 그대와 함께 가리라. 이 세상이 변한다 해도 이문세는 언제나 내 스무 살의 우상이다. 젊은 날의 추억이 나의 마음에 남아 있는 한 언제까지나 그대를 사랑하리라.

아쉬운 마음으로 돌아 나오는 길, 길을 가득 메운 인파 속에서도 나는 행복했다. 그리고 내 옆에 아내가 함께 있어서 더 행복했다. 아내는 이문세에 대한 짝사랑에 흠뻑 빠져 나 따위는 안중에도 없는 듯했지만.

〈보이지 않는 사랑〉과 그 애절한 마음, 신승훈

♫

공연 시작 40분 전인 저녁 7시 20분, 사람들이 물밀 듯이 올림픽공원 내 체조경기장으로 쏟아져 들어왔다. 학교에서 바로 체조경기장에 도착한 나는 그 옆에 서서 아내가 도착하기를 기다렸다. 어찌나 사람이 많은지 초초한 마음이 들었다. 일각이 여삼추라고, 이러다가 지정좌석이 없는 이번 공연에 좋은 자리는 이미 다 차서 아내와 나는 무대가 잘 보이지도 않는 무대 바로 옆 맨 위층 자리쯤에나 간신히 앉는 건 아닐까 하는 생각도 들었다. 이럴 때일수록 시간이 더 빨리 가는 듯하다.

신승훈! 그의 노래는 정말 많이 들었고, 시디도 몇 장 갖고 있긴 하지만 가요 콘서트에 오는 것은 난생 처음이었다. 젊은 나이도 아닌 이

잠시 멈추고 돌아보는 시간이 필요한 순간

제 40살이 넘는 나이에 가수의 콘서트라니…. 아내를 기다리면서 신승훈 콘서트장에 입장하고 있는 사람들을 보니, 20~30대 초반으로 보이는 사람들이 대부분이긴 했지만 간혹가다 나보다 훨씬 나이가 많아 보이는 사람들도 있어서 약간 안심이 되었다.

저 멀리에서 아내가 바삐 뛰어오는 모습이 보여서 한숨 놓았다. 황급히 손을 잡고 종종걸음으로 인파를 헤치고 들어가 무대 정면 3층에 겨우 자리를 잡았다. 1층은 스탠딩 플로어로 이미 2/3가 젊은 사람들로 가득 찼다. 자리를 잡고 앉자 오늘따라 예쁘장하게 차려입은 아내가 말한다. "내가 이 옷 입고 나오려니까, 아들 녀석이 '엄마는 이제 아줌만데 왜 이렇게 젊어 보여요?' 하고 한마디 하는 거 있지? 고놈 말썽만 부리는 줄 알았더니 다 키웠나봐." '아이고, 우리 아들이 드디어 한 건 했구나!' 철 들었다. 매일 아빠가 하는 것을 보고 있으니 그런 말도 배울 만하다.

어쨌든 아내도 조금은 들뜬 모습이었다. 남편이 제일 좋아하는 가수 신승훈이 콘서트를 한다기에 아내가 표를 2장 준비했다. 결혼 생활 16년차, 이제 말을 안 해도 눈빛만 보면 척척 서로를 기쁘게 할 줄 아는 부부가 다 되었으니 우리는 참 행복하다.

신승훈 콘서트에 참석해서

시작 시간이 되자 장내는 사람들로 가득 찼고, 드디어 불이 꺼졌다. 그러자 장내는 야광봉의 불빛으로 가득 찼다. 사람들이 리듬에 맞춰 손을 흔들자 야광봉의 불빛이 춤을 추듯 아름다웠다. 〈당신은 사과 이어처럼〉을 경쾌하게 부르면서 신승훈이 무대 앞쪽 밑에서 무대 위로 등을 돌리고 서서히 솟아올랐다. 장내는 곧 환호성으로 가득 찼다. 무대에서는 6명의 남성 백댄서가 격렬한 춤을 추고 있었고, 2명의 여성 코러스가 신승훈의 뒤를 받쳤다. 무대 뒤편에는 반주자도 여러 명 서 있었다.

곧 이어서 신승훈이 〈처음 그 느낌처럼〉을 부르자 장내는 열광의 도가니가 되었다. "춤, 춤, 춤, 춤" 하고 외치자 춤을 따라 하고, "점프, 점프, 점프, 점프" 하고 외치자 모두들 일어나서 점프를 했다. 관객과 가수가 하나된 모습이었다. 나도 억지로 엉거주춤 일어나서 따라 흉내를 냈다. '나는 왜 이리 몸치일까?' 내가 늘 하는 고민이다.

이렇게 박자가 빠른 2곡이 지나자 조용한 음이 깔리기 시작했다. "내게 남아 있는 그대 인형처럼 뽀얀 먼지 속에 묻어오는 나의 추억 속에 이젠 멀어진 그대여. 날 울리지마. 슬픈 영화 속의 주인공은 싫어. 날 울리지마. 슬픈 노래처럼 기억되긴 싫어." 〈날 울리지마〉였다. 신승훈이 마이크를 관중석으로 내밀자 모두들 따라 불렀다. 가슴을 울리는 아름다운 가사다. 그다음 노래는 〈I believe〉였다. "나만큼 울지 않기를. 그대만은 눈물없이 날 편하게 떠나주기를. 언젠가 다시 돌아올 그대라는 걸 알기에, 나 믿고 있기에. 기다릴게요. 난 그대여야만 하죠."

기다리는 마음은 아름다운 마음이다. 결혼하기 전 아내와 데이트하던 기억이 아련히 떠오른다. 서로 그만 만나겠다고 울리고 울던 기억. 다투고 헤어진다고 큰소리치고 마음속으로 안타깝게 여겼던 기억. 우리의 사랑은 이렇듯 애틋한 추억이 있어서 더 아름다운 게 아

잠시 멈추고 돌아보는 시간이 필요한 순간

닐까 한다. 〈I believe〉가 삽입되었던 영화 〈엽기적인 그녀〉에서, 남자 주인공 견우차태현분가 안타까운 마음으로 언덕 위의 나무 밑에 앉아서 떠나간 그녀전지현분를 기다리던 장면이 떠오른다. 아내와 나는 서로를 굳게 믿고 기다렸고, 그 결과 우리는 지금 서로의 손을 꼭 잡고 행복한 마음으로 앉아 있다. 동갑내기 학과 친구로 만나 26살이라는 어린 나이에 결혼해, 이제 결혼한 지 16년이 거의 다 되었다. 그동안 아내와 함께 헤쳐온 지나간 추억들이 쏜살같이 내 마음을 스쳐 간다.

"안녕하세요. 신승훈입니다. 정말 오래간만에 뵙습니다." 신승훈은 연달아 4곡을 부르고 나서야 처음으로 관객들에게 인사를 했다. 정말 오래간만이다. 그의 노래는 홍콩에 있으면서 시디로 종종 들었지만, 내가 신승훈을 텔레비전에서라도 마지막으로 본 것은 3~4년 전 홍콩에서 〈엽기적인 그녀〉가 크게 흥행했던 때였다. 영화의 성공과 동시에 〈엽기적인 그녀〉의 배경음악으로 삽입된 〈I believe〉도 홍콩 음반계를 강타했다. 그래서 당시 신승훈이 홍콩을 방문해 노래를 부르던 모습이 텔레비전에 나왔었다. 한때 홍콩의 노래주점에서 가장 빈번히 불리던 노래가 〈I believe〉였다. 홍콩 사람들이 뜻도 모르는 한국말로 이 노래를 불렀으니 그 인기를 짐작할 만하다.

"오늘 같이 이런 창밖이 좋아. 비가 오니까." 한 손으로는 마이크를 잡고, 약간 고개를 갸우뚱하면서 눈을 반쯤 감고 노래에 취한 모습. 그는 노래를 정말 사랑하는 듯했다. 다음 노래는 〈미소 속에 비친 그대〉였다. "나는 울고 싶지 않아 다시 웃고 싶어졌지. 그대 미소 속에 비친 그대 모습 보면서."

웬만한 여가수 못지않은 풍부한 성량, 아직 소년 같은 맑은 음색,

그렇지만 나는 무엇보다도 신승훈의 잔잔한 미소와 열심인 자세가 좋다. 과장하지도 않고, 억지를 부리지도 않는 자연스러운 그의 미소 속에서 그의 향기가 풍긴다. 신승훈의 '잔잔한 미소 속에 비친 그의 모습을 보면' 그를, 그리고 그의 노래를 사랑하지 않을 수 없다.

신승훈의 무명 시절과 〈보이지 않는 사랑〉

신승훈은 빠른 박자의 노래를 연달아 3곡을 부른 후 힘이 들어서인지 "잠시 앉아서 이야기하겠습니다" 하고 의자에 앉아서 수건으로 땀을 닦았다. 땀을 흘린다는 것은 아름답다. 앞에서 젊은 사람들이 "벗어라! 벗어라!" 하고 외친다. 아마 요즘 유행하는 록이나 레게 가수들이 윗옷을 잘 벗어던지고 노래를 불러서 그런가 보다. "같이 벗을까요?" 신승훈이 이렇게 한마디 하자 장내는 웃음바다가 되었다.

신승훈은 자신의 데뷔 이전 어려웠던 무명 시절, 생맥줏집을 전전하며 노래 부르던 이야기를 했다. 내가 기억하기로 신승훈은 1990년에 데뷔했다. 바로 내가 아내와 한참 사귀던 시절이다. 그는 나와 동갑내기이며, 고향도 같다. 나는 학창 시절 방학이면 가끔 고향 대전에 가서 머물렀는데, 사실 그때 친구들과 만나 생맥주를 들이켜면서 신승훈이 생맥줏집에서 노래를 부르던 모습을 두세 번 본 적이 있다. 그 자리에 같이 있던 고향에서 대학교를 다니던 친구들 중에는 신승훈과 같은 대학, 같은 과 동급생들도 몇 명 있었다.

무명 가수가 자신이 작사·작곡한 곡을 끌어모아 어렵게 만든 음반으로 1990년 혜성같이 데뷔를 했다. 그다음에 나온 2집에는 고등학교 때 음악 선생님이 수업시간에 가르쳤다는 베토벤의 〈Ich liebe dich이히 리베 디히〉의 첫 소절을 포함한 노래 〈보이지 않는 사랑〉이 포함되어 있는데, 아마 당시 음반사의 기록을 바꿀 정도로 큰 인기를 끌었던 것으로 기억한다.

그러던 그가 데뷔 이후 20년이 넘게 지났는데, 아직도 예전의 그 모습 그대로, '그날 밤, 그날처럼' 청초한 모습으로 다시 노래를 부른다. 한때는 나도 신승훈과 분위기가 참 비슷하다는 이야기를 많이 들었는데, 이제 와서 보니 그는 아직도 청년 같고, 나는 새치머리가 많이 생긴 중년의 모습으로 변하고 있다. 그는 왜 늙지 않을까? 나의 정신이, 마음이 세속에 물들어 타락해서 그런 걸까?

통기타를 들고, 신승훈은 자신이 예전 생맥줏집에서 불렀던 〈Shadow〉며 〈Endless love〉 등 흘러간 팝송에 트로트까지 한 소절씩 아름답게 불렀다. 지금은 그가 대학 시절을 보낸 1980년대나 데뷔했던 1990년대 초반과는 전혀 다른 인스턴트의 시대다. 만나서 헤어지는 것이 흔한 일이며, 가슴이 메이는 기쁨이나 아픔도 없다. 그냥 심심하니까 만나서 조금 지내다가 싫증이 나면 다시 헤어지는 것이 '쿨한' 것이란다. 그리고 그다음 날 다시 다른 사람을 만난다. 한 번 만나고 나서 다음 번 만날 때까지 전화 한 통 못하며 1~2주 동안 마음 졸이며 기다리던, 그리고 만나고 돌아와서는 다시 잠을 못 이루면서 행복해하던 예전 시대와는 전혀 다르다. 노래를 부르는 것도 진심에서 우러나는 영혼이 들어 있는 노래를 부르는 것이 아니라, 가식에 가득 차서 말초신경만을 자극하다가 금방 잊힐 그런 노래들만을 추구한다. 그렇게 많은 가수들이 어느 날 번개처럼 반짝하다가, 다음 날 다시 언제 그랬냐는 듯 잊히고 만다. 나는 이제 나이가 들어서인지 그런 가수들을 누가 누군지 잘 구분하지도 못한다.

가슴이 따뜻한 그의 노래

그러나 신승훈의 노래는 다르다. 그의 노래는 사람의 영혼을 울리기 때문에, 데뷔 20년이 넘게 지난 오늘까지도 많은 사람들에게 사랑을 받고 있는 것이다. 신승훈을 보고 있으면 마치 안성기와 박중훈이 열연한 영화 〈라디오 스타〉의 훈훈한 모습을 보는 듯하고, 가슴을 울려오는 찡함을 느낀다. "넌 분명 이 세상엔 없는데, 그래도 이젠 나 울지 않아", "하늘에선 비가 내렸어⋯. 한 번만이라도 그대를 우연일지라도⋯. 너의 눈물 맞으며" 하면서 다시 애절한 서정시를 읊는다. 구구절절이 내 마음을 울린다. 콘서트에서 신승훈이 마지막으로 부른 노래는 그의 '불후의 명곡' 〈보이지 않는 사랑〉이었다.

콘서트를 다 보고 집으로 돌아가는 길에 차를 운전하면서 나는 〈보이지 않는 사랑〉을 큰 소리로 불러댔다. "괴로워 죽겠네. 당신 그만 좀 해요"라면서 아내가 잔소리를 했다. 내가 워낙 음치이니 아내의 말이 이해는 된다. 그래도 행복한 기분인 걸 어쩌랴. 아내도 잔소리를 멈추고 흥얼흥얼 콧노래로 노래를 따라 했다.

사랑해선 안 될 게 너무 많아
그래서 더욱 슬퍼지는 것 같아
그중에서 가장 슬픈 건

날 사랑하지 않는 그대

내 곁에 있어 달라는 말 하지 않았지

하지만 떠날 필요 없잖아

보이지 않게 사랑할 거야

너무 슬퍼 눈물 보이지만

어제는 사랑을 오늘은 이별을

미소 짓는 얼굴로 울고 있었지

하지만 나 이렇게 슬프게 우는 건

내일이면 찾아올 그리움 때문일 거야

인생은 추억이 있어서 아름다운가 보다. 슬픈 추억, 행복한 추억, 기쁜 추억…. 나는 그러한 추억을 먹고사는 사람인가? 차를 주차장에 세우고, 아내와 팔짱을 끼고 집 안으로 들어서니 아들과 딸이 "아빠, 엄마" 하면서 뛰어나와서 우리를 껴안는다. "콘서트 재미있었어요?" 하면서 즐거워하는 아이들. 너희들도 나중에 자라서 오늘날의 모습을 아름다운 추억으로 간직하기를, 그리고 엄마 아빠와 같이 행복한 결혼 생활을 하기를…. 아, 나는 행복하다. 따뜻한 가족이 있어서 행복하고, 내가 사랑하는 가수의 콘서트에도 참석할 수 있으니 더욱 그렇다.

뒷날의 기록

2013년 JTBC의 〈히든싱어 2〉에 신승훈이 출연했다. 신승훈 출연 전까지는 항상 청중들이 정확하게 진짜 가수가 누구인지를 소리만 듣고 골라냈다. 그런데 놀랍게도 최종 라운드에서 불과 2표 차이로 진짜 신승훈이 탈락하고 신인 팝페라 가수로 활동 중인 장진호가 신승훈 닮은꼴 모창자로 최종 우승했다. 아무리 들어보아도 노랫소리가 신승훈과 똑같다. 어색할 수도 있었던 순간이었다. 그런데 신승훈은 장진호에게 따뜻한 축하의 인사를 건넸다. 방송 내내 모창자들을 배려하면서, 기분 나빠하기보다는 여유 있게 방송을 이끌었다. 이런 모습을 보니 지난 20여 년간 변함없이 팬들의 사랑을 받아온 그의 비결을 알 수 있을 것 같다

따뜻한 사람과 따뜻한 노래, 곽진언

♫

찬바람이 몰아치던 2014년 겨울 늦은 밤, 매서운 날씨와는 달리 따뜻함을 느낄 수 있는 계기가 있었다. 바로 케이블 음악 채널 엠넷의 오디션 프로그램 〈슈퍼스타K 6〉에 출연한 곽진언이라는 무명의 아마추어 가수를 통해서다. 곽진언이라는 가수를 알게 된 것은 그가 예선에서 부른 〈후회〉라는 자작곡을 듣고 나서부터다.

> 아무리 원한다 해도 안 되는 게 몇 가지 있지
> 죽도록 기도해봐도 들어지지 않는 게 있지
> 열심히 노력해봐도 이뤄지지 않는 게 있지
> 아무리 원한다 해도 안 되는 게 몇 가지 있지

그중에 하나

떠난 내 님 다시 돌아오는 것

아쉬움뿐인 청춘으로 다시 돌아가는 것

사랑하는 우리 엄마 다시 살아나는 것

그때처럼 행복하는 것

사랑하고 사랑받았던 그 시절은 지나갔지만

아마도 후회라는 건 아름다운 미련이어라

곽진언은 눈을 지그시 감고 통기타를 치면서 노래를 부른다. 자신이 직접 작사·작곡한 노래다. 가사를 음미해보면 곽진언의 진실한 마음이 노래로까지 연결된다. 과장하지 않고 담담한 모습이다. 인생을 묘사한 한 편의 시를 읽는 듯한, 음유시인을 보는 듯한 느낌이었다.

그 모습을 보면서 나는 김광석을 떠올렸다. 둘의 목소리는 좀 다르지만 분위기가 너무 비슷하다. 기타 하나 메고 부르는 노랫소리는 나의 가슴을 울린다. 자신만의 독특한 세계, 그리고 따뜻한 마음을 진솔하게 노래로 옮기는 두 사람의 재주를 느낄 수 있다. 약간 촌스럽고, 말을 천천히 용건만 간단히 하는 것까지 비슷하다. 이 모습을 본이후부터는 계속해서 〈슈퍼스타K 6〉를 챙겨보게 되었다.

〈슈퍼스타K〉와 나, 그리고 아내

원래 〈슈퍼스타K〉를 알게 된 것은 내가 연구년 동안 홍콩에 가서 지낼 때였다. 홍콩에서 오랫동안 교수를 하다가 국내로 들어와 모교 교수로 부임했는데, 홍콩과 사뭇 다른 국내 대학의 열악한 환경 속에서는 행정 일까지 하느라 연구에 몰두할 시간이 없었다. 그러던 참에 연구년을 맞아 홍콩의 홍콩시립대학교City University of Hong Kong에서 방문 교수로 지냈다. 아들이 고등학교 2학년이라서 함께 갈 수 없었기 때문에 다른 가족들은 한국에 남고 홍콩에는 혼자 갔다. 힘든 상황을 이해해준 아내가 나를 잠시 해방시켜준 것이다. 다른 일이 없으니 정말 열심히 공부를 하면서 지낼 수 있었다. 거의 매일 책을 읽다가 잠자리에 들었다.

그러던 어느 날 아내에게 전화가 걸려왔다. 그리고 갑자기 〈슈퍼스타K 2〉라는 한 번도 본 적도 없고 관심도 없었던 케이블 방송 프로그램에 대해 이야기하는 것이었다. 재미교포인 존 박이라는 아마추어 가수가 그 프로그램에 출연했는데 노래를 정말 잘하고 잘 생겼다면서 나보고 꼭 인터넷으로 챙겨 보라고 했다. 그런 이야기를 30분 동안 국제전화로 되풀이했다. 혼자서 초라하게 살고 있는 남편에 대한 관심은 거의 없었다. 존 박은 허각이라는 다른 아마추어 가수와 다음 주에 결승에서 대결한다고 했다. 그래서 인터넷을 통해 결승에 오르기까지 허각과 존 박이 불렀던 노래를 찾아 들었다. 둘 다 노래도 잘하고 가창력은 비슷한 것 같았다. 그런데 아내에게 존 박은 한국어 가사로 노래를 부르면 발음 때문인지 가사전달력이 떨어진다는 이야기를 했다가 한참 동안 바가지를 긁혔다. 이렇게 나는 '기적을 노래하라'는 구호를 내세우는 〈슈퍼스타K〉라는 프로그램을 처음으로 알게 되었다.

한국에 돌아온 후 본 2011년 〈슈퍼스타K 3〉에서는 울랄라세션과

버스커버스커라는 두 그룹이 결승에서 맞붙었다. 위암 4기라는 위급한 상황에서 자신이 죽더라도 후배들에게 먹고살 길을 마련해주기 위해 출연을 결심했다는 울랄라세션 리더 임윤택의 말은 모든 사람들을 울렸다. 울랄라세션이 방송 중에 부른 〈서쪽 하늘〉, 〈미인〉, 〈달의 몰락〉 등의 노래는 기성 가수들의 노래들을 제치고 음원 차트에서 1위를 차지했다. 압도적인 실력으로 〈슈퍼스타K 3〉의 우승을 차지한 2년 후인 2013년 2월 임윤택은 눈을 감았다. 무대에서 노래 부르다가 죽고 싶다는 소망을 이룬 셈이다. 2위를 차지한 버스커버스커도 감미로운 노래 〈여수 밤바다〉가 인기를 얻으면서 화려한 성공을 거두었다. 3위를 차지한 투개월의 여자 멤버 김예림도 신비한 목소리로 나의 마음을 흔들어놓았다.

그다음 2012년 〈슈퍼스타K 4〉에서는 밴드 딕펑스를 꺾고 로이킴이 우승을 차지했다. 로이킴을 응원하는 아내와 딸 덕분에 결승전에는 방청권을 구해 직접 구경까지 갔을 정도다. 조용하게 마음을 울리는 따뜻한 로이킴의 노래를 들으면 훈훈하고 행복한 향기가 느껴진다. 로이킴이 〈봄봄봄〉이란 노래를 발표하자 아내와 딸이 너무 자주 들어서 한동안 집과 차에서 그 노래만 수없이 반복해서 들어야 했다. 예선전 라이벌 미션에서 로이킴과 정준영이 함께 불렀던 박력 넘치는 〈먼지가 되어〉도 한동안 참 많이 들었다.

2013년 〈슈퍼스타K 5〉에서는 미국에서 날라온 재미교포 박재정이 우승을 차지했다. 아버지의 농장일을 도우면서 열심히 가수의 꿈을 키워온 젊은 친구다. 그의 삶의 궤적이 아름답게 느껴졌다. 그의 순수한 소망이 이루어질 수 있기를 바란다.

이렇게 설명을 하니 내가 음악을 아주 잘 아는 사람인 것 같지만 사실 나는 음악을 잘 모른다. 노래도 잘 못 부르는 음치다. 그리고 방송을 제때 챙겨볼 만큼 시간적 여유가 있지도 않다. 워낙 모임이 많고 해야 할 일도 많으니 방송이 시작하는 밤 11시까지 집에 들어가는 날도 별로 없다. 그럼에도 직업이 교수라서 그런지 한 가지에 관심이 생기면 열심히 연구를 하는 편이다. 그래서 드디어 2014년 〈슈퍼스타K 6〉에 이르게 되었다.

곽진언과 김필, 그리고 임도혁의 앙상블

곽진언과 김필, 그리고 임도혁. 이 3명의 아마추어 경연 참가자가 예선전에서 콜라보레이션 미션으로 함께 부른 이치현과 벗님들의 노래 〈당신만이〉는 완벽한 화음이 무엇인지를 잘 보여주었다. 중저음의 부드러운 목소리 곽진언, 개성 있고 카리스마 넘치는 상남자 김필의 화려한 음색, 성악가 못지않은 풍부한 성량과 여성처럼 아름다운 목소리를 가진 임도혁이 뭉쳐서 함께 부르니 노래가 살아 있는 듯했다. 또한 서로의 장점이 잘 어우러져서 더 큰 감동을 느낄 수 있었다. "눈부신 햇살이 비춰주어도 이젠 무슨 소용있겠어요. 이토록 아름다운 당신만이 나에게 빛이 되는 걸." 노래 뒷부분에 곽진언이 편곡해 넣은 아리랑 가락까지 더해져 정말 완벽한 하모니를 보여주었다. 그다음 날부터 가는 곳마다 이 노래를 들을 수 있었다. 노랫소리는 라디오에서 커피숍에서 서점에서, 그리고 음식점에서도 들려왔다. 음원 차트에서도 한동안 독보적인 1등이었다.

〈슈퍼스타K 6〉의 예선전. 콜라보레이션 미션 〈당신만이〉(위)와 라이벌 미션 〈걱정말아요 그대〉(아래)를 함께 부르는 모습이다. 라이벌 미션을 함께 했던 김필과 곽진언은 결승전에서도 맞대결을 하게 된다.

그러나 곽진언에게도 고비는 있었다. 중저음은 잘 부르지만 그에 비해 고음은 잘 소화하지 못한다는 심사위원들의 평가가 있었다. 그후 둘 중 하나가 탈락하는 라이벌 미션에서 곽진언과 김필은 다시 만났다. 이번에는 들국화의 노래 〈걱정말아요 그대〉를 함께 불렀는데 정말 용호상박의 대결이었다. 둘 모두 눈을 지그시 감고 열창을 했다. 그리고 심사위원들은 한참 동안 논쟁을 벌인 끝에 김필을 승자로 선택했다. 김필이 탑Top 10 무대에 진출하고 곽진언은 집으로 돌아가게 된 것이다. 둘 다 너무 잘해서 심사위원들 사이에서도 의견이 엇갈렸다면서 아쉽다는 말을 덧붙였다. 김필은 폭넓은 음역을 소화할 수 있을 뿐만 아니라 무대 매너나 자신감, 카리스마 등에서도 뛰어난 가수

잠시 멈추고 돌아보는 시간이 필요한 순간

다. 그렇지만 눈여겨보던 곽진언이 탈락하니 실망이 컸다.

그러나 실망도 잠시, 곽진언은 그 후 패자부활전을 통해 탑 11으로 생방송 무대 진출이라는 막차에 올라탈 수 있었다. 드디어 최후의 11팀이 대결하는 생방송 무대에 서게 된 것이다. 원래는 탑 10인데, 우열을 가리기 힘든 2명을 모두 합격시켜 탑 11이 된 것이다. 이 장면을 손에 땀을 쥐고 지켜봤다. "그대여, 아무 걱정하지 말아요. 우리 함께 노래합시다"* 하는 노래 가사랑 정말 잘 어울리는 결말이었다.

이때부터 나는 생방송이 시작하는 매주 금요일 밤 11시까지는 꼭 집에 들어가 아내와 함께 앉아서 생방송을 지켜봤다. 이제까지는 거의 대부분 나중에 녹화된 방송을 봤었는데 이번에는 생방송을 놓칠 수 없다는 생각이 들었다. 생방송 대결에서는 심사위원들의 심사점수와 시청자 투표점수를 합해서 꼴찌를 차지한 한 팀(또는 두 팀)이 매주 탈락하게 된다. 따라서 매번 대결이 살얼음 같은 승부였다. 김필은 '마성의 보이스'라는 칭찬을 받으며 거의 매주 1등을 차지하면서 승승장구했다. 곽진언은 그 정도까지 각광을 받지는 못했다. 시인과 촌장의 〈가시나무〉, 10cm의 〈안아줘요〉, 이문세의 〈옛 사랑〉 등을 불렀는데, 1등을 차지하지 못했어도 나는 그의 개성 있고 부드러운 목소리가 좋았다.

곽진언의 노래는 감동과 사색을 가져다준다. 화려함은 없지만 가식이 없어 솔직하다. 요즘 노래들에서 찾아볼 수 없는 진심이 담겨 있다. 그가 부르는 〈소격동〉을 들으면서 소격동에 가보고 싶다는 생각

---

* 　　김필과 곽진언이 함께 부른 들국화의 노래 〈걱정말아요 그대〉의 가사다.

이 들었다. 소격동이 어떤 곳인지 잘 몰라서 대신에 내가 어린 시절을 보낸 충청북도 청원군의 시골 마을이 떠올랐다. 〈소격동〉을 작사·작곡한 서태지에게 소격동은 아마 내 고향과 같은 느낌을 주는 곳이지 않을까 싶다. 곽진언이 자신만의 스타일로 재해석해 부른 〈소격동〉의 가사 한 마디 한 마디가 내 마음에 와닿았다. 20대의 젊은 가수가 이런 감성으로 노래를 부른다는 것이 믿어지지 않았다. 잔잔하게 옛 추억이 떠올랐다. 먼 예전에 잃어버리고 다시 돌아갈 수 없는 어린 시절의 추억과 따뜻한 사랑의 기억이. 그가 부른 〈안아줘요〉라는 노래를 들으면서는 20여 년 전 아내와 데이트하던 기억이 떠올랐다. 아내를 처음 안았을 때 심장이 두근두근 뛰던 느낌이 생생했다.

곽진언을 통해 진심이 녹아 있는 음악이 얼마나 소중한 것인지 느낄 수 있었다. 노래를 들을 때 '잘 부른다'라는 느낌이 드는 가수는 많다. 그런데 노래를 듣고 '노래가 아름답다'라는 생각을 하는 경우는 많지 않다. 하지만 곽진언의 노래는 아름답다. 누구의 목소리인지 거의 구분할 수 없는 노래들이 넘쳐나는 요즘, 그의 노래를 들으면 나도 모르게 행복과 사랑이 느껴진다.

"마음이 따뜻한 사람이 되고 싶어요."

준결승전에서는 예선에서 〈당신만이〉를 함께 불렀던 김필과 임도혁, 그리고 곽진언이 살아남아 서로 대결을 했다. 셋 중 누가 우승해도 납득할 만한 출중한 실력들이었지만 시청자 투표에서 많은 표를 얻지 못한 임도혁이 안타깝게 탈락했다. 그리고 드디어 김필과 곽진언이

잠시 멈추고 돌아보는 시간이 필요한 순간 ──

대결할 결승전의 막이 올랐다. 각자 두 곡을 부르는데, 김필이 먼저 불렀다. 잘생긴 그가 노래 부르는 모습도 멋지지만 노래도 참 잘한다.

그리고 마지막 차례에서 곽진언이 부른 노래가 〈자랑〉이었다. 생방송 기간에 합숙을 하는 바쁜 틈에도 악상이 떠올라서 가사를 쓰고 직접 만든 노래란다. 의외였다. 결승전쯤 되면 자신의 최고 능력을 뽐내기 위해서 악도 쓰고 안 추던 춤도 추면서 과장을 하기 마련이다. 한때 기성 가수들이 나와 경연하는 프로그램을 좋아했는데, 나중에는 등장하는 가수들마다 너무 악을 써서 고음을 내거나 과장된 모습을 보이는 것이 싫어져서 그만 본 적이 있었다. 그런데 곽진언은 반대로 결승전에서 오히려 모든 가식을 벗고 화려한 밴드의 반주나 코러스도 다 빼버렸다. 그리고 가만히 앉아서 기타 반주 하나만으로 시를 읊었다. 별다른 기교도 없었고 목청도 높이지 않았다. 그냥 시인이 조용히 시를 읊조린 것뿐이었다. "나는 이런 사람이에요"라고 이야기하는 것 같았다. 나의 귀에 조용히 속삭이면서.

요즘 내가 겁이 많아진 것도
자꾸만 의기소침해지는 것도
나보다 따뜻한 사람을 만나서
기대는 법을 알기 때문이야
또 말이 많아진 것도
그러다 금세 우울해지는 것도
나보다 따뜻한 사람을 만나서
나의 슬픔을 알기 때문이야

결승전의 곽진언. 통기타를 치면서 노래를 부르고 있다. 어려운 생활을 헤쳐온 청년이라 세상 풍파를 다 초월한 듯한 따뜻한 마음이 느껴진다.

마음이 따뜻한 사람이 되고 싶어요

나의 품이 포근하게 위로가 될 수 있도록

사랑을 나눠줄 만큼 행복한 사람이 되면

그대에게 제일 먼저 자랑할 거예요

마음이 따뜻한 사람이 되고 싶어요

나의 품이 포근하게 위로가 될 수 있도록

사랑을 나눠줄 만큼 행복한 사람이 되면

그대에게 제일 먼저 자랑할 거예요

그가 읊는 시를 들으면서 '노래로 마음을 전한다는 것이 바로 이것이구나'라는 생각을 할 수 있었다. 노래를 다 듣고 나니 감동이 밀물처럼 밀려 들어왔다. "마음이 따뜻한 사람이 되고 싶어요. 나의 품이 포근하게 위로가 될 수 있도록. 사랑을 나눠줄 만큼 행복한 사람이 되면, 그대에게 제일 먼저 자랑할 거예요." 화면에 그를 쳐다보는 백지영 심사위원의 얼굴이 비친다. 입은 미소를 머금고 있었지만, 눈에는 눈물이 맺힌 것 같았다. 이승철 심사위원은 "사랑 노래가 곽진언 씨의 목소리를 타고 나오니 예술이 되는 것 같다"라고, 윤종신 심사위원은 "그냥 자신을 노래하네요"라고 했다. 그리고 세 심사위원이 모두 99점이라는 최고점을 주었다. 김범수 심사위원도 97점을 주었다. 〈슈퍼스타K〉 역사상 최고 점수가 탄생하는 순간이었다.

자랑이라는 것은 거창한 무언가를 이루고 나서 남들에게 알아달라고 또 인정해달라고 뽐내는 것이 아닌가? 나도 그동안 자만심에 가득 차서 물적으로 또는 외형적으로 이룬 온갖 것들을 뽐내고 잘난 체하면서 살아왔다. 나는 잘 기억하지 못하지만 틀림없이 남에게 상처를 준 적도 많을 것이다. 그런데 곽진언은 남들에게 위로가 되고 사랑을 나눠주는 것을 자랑한다. 이런 감동적인 노래가 어떻게 20대 청년의 손끝에서 탄생할 수 있을까? 나보다 더 정신적으로 성숙한 것 같다. 더 많이 배우고 철들고 겸손해야 한다는 것을 느낀다. 마음이 따뜻한 사람이 드문 요즘 사회에서 곽진언의 노래는 정말 가장 큰 자랑이 어떤 자랑이 되어야 하는지 가르침을 주지 않았을까 생각해본다. 나도 모르게 마음이 따뜻해지는 것을 느낄 수 있었다. 2014년에 세월호 침몰을 비롯해서 유달리 가슴 아픈 사건들이 많이 일어나서 그런지, 그의 노래는 모든 사람들에게 따뜻한 위로가 되는 것 같았다.

좋은 사람, 좋은 노래

이렇게 해서 대결은 끝났다. 이 노래로 인해 시청자 투표에서 곽진언에게 몰표가 쏟아졌을 것이다. 투표가 진행되는 사이에 김필과 곽진언이 함께 내가 좋아하는 가수 유재하의 유작 〈사랑하기 때문에〉를 불렀다. 둘이 함께 부르니 서로의 장점이 합쳐져서 노래가 더 감미로웠다. 그대들 모두를 사랑하게 되었다. 중년 아저씨인 내가 이런 감정을 느낄 정도인데, 젊은 친구들 특히 남성 가수를 좋아하는 젊은 여성 팬들은 어느 정도일지 궁금하다.

우승자가 발표된 후 다른 경연자들의 축하를 받으면서 곽진언은 눈물을 글썽거렸다. 공부를 너무 못해 학교를 그만두고 집에서 홈스쿨링을 통해 엄마와 함께 공부했다는 그의 어린 시절도 소개되었다. 얼마 전 몽고 사막 한가운데서 자란 두 어린 남매 가수 악동뮤지션이 독창적이고 참신한 노래들을 부르며 인기를 끌었는데, 그들과 비슷한 삶을 살아온 셈이다. 그래서 이처럼 세파에 때묻지 않은 고운 심성을 가질 수 있었던 것인지 궁금하다.

우승 후 한 인터뷰에서 곽진언은 "음악도 좋지만 좋은 사람이 되는 게 더 멋진 일이 아닐까요? 좋은 사람으로서 좋은 음악을 하면서 예쁜 아기도 낳고 그렇게 살고 싶습니다"라고 이야기했다. 정말 순수한 모습이다. 부디 나중에 어느 연예기획사에 소속되어 프로 가수의 길을 가게 되더라도 지금까지 곽진언이 가졌던 순수한 마음을 잃지 않기를 바란다. 그리고 함께 대결한 김필이나 임도혁 등도 모두 성공해서 새 세대를 대표하는 훌륭한 가수로 성장하길 바란다.

사라 브라이트만과
〈오페라의 유령〉을 말하다

♩

음악의 '음' 자도 제대로 모르고, 집에 있는 오디오란 라디오와 테이프, 시디플레이어 겸용의 조그마한 뮤직박스가 전부였던 유학 시절, 한 친구가 〈타임 투 세이 굿바이Time To Say Goodbye〉라는 타이틀의 시디를 선물했다. 거기에는 생전 처음 들어보는, 전혀 알지 못하는 여인의 노래가 담겨 있었다. 그래서 알게 된 가수가 바로 사라 브라이트만Sarah Brightman이다. 지금은 고물상에서나 찾아볼 수 있음직한 조잡한 뮤직박스였지만, 그래도 그 오디오를 통해 흘러나오는 사라 브라이트만의 목소리는 남들과는 다른 그 무엇이 있었다. 부드러우면서도 강렬한 느낌, 뭔가 모르게 마음을 잡아당기는 목소리였다. 듀엣으로 같이 노래를 부른 성악가 안드레아 보첼리의 청아한 목소리를 완전히 압도하는 듯한 풍부한 성량은 유명한 남성 테너 3인조플라시스 도밍고·호세 카레라스·루치아노 파파로티밖에 모르던 나에게 그녀의 이름을 단단히 각인시켜주었다. 그러나 그것도 잠시, 음악 감상이라는 고상한 취미를 즐길 시간적·정신적·금전적 여유가 전혀 없었던 생활 때문에 그녀의 시디는 몇 개 안 되는 다른 시디들과 함께 박스 속에 담겨 나의 생활에서 잊히고 말았다.

상당한 시간이 흘러, 우리 가족이 마침내 홍콩에 자리를 잡고 함께 살게 되고 나서도 몇 년이 지난 후였다. 아내가 "우리 집에도 오디오가 있어야 하지 않겠어요?"라고 이야기를 꺼냈다. 나는 전혀 관심이 없었다. 음악 감상이라는 것은 우리 같은 사람들 하고는 전혀 상관없는 고상하고 여유 있는 사람들 이야기가 아니던가? 내가 이렇게 무덤덤한 반응을 보이니 아내가 직접 나섰다. "아이, 하여튼 참 재미없는 남자라니까." 그래서 한동안 어떤 오디오의 조합이 좋으니 안 좋으니 하며 이곳저곳 물어보더니, 자신의 봉급을 사용해 할부로 오디오를 구매하겠다고 선언했다. 그리하여 마침내 집에 오디오가 나타났다. 2개의 체리색 스피커에 앰프와 시디플레이어로 가장 기본형만 갖춘 오디오였는데, 가격은 내가 생각했던 오디오의 가격을 훨씬 더 초과했다.

이 오디오를 이용해 음악을 듣기 위해 그동안 묵혀놓았던 시디박스를 꺼냈는데, 그때 다시 사라 브라이트만을 만났다. 새 오디오로 〈타임 투 세이 굿바이〉를 들으니 어떻게 음악이 그렇게 다를 수가 있을까? 생생하고, 또렷하고, 신비롭고…. 음이 부드럽게 조화를 이루어 파도처럼 나의 귀로 다가온다. '아, 이래서 사람들이 음악 감상을 하는구나.' 대학교 때 한두 번 어디선가 얻은 공짜 표를 들고 수준 미달의 클래식 발표회에 갔다가 꾸벅꾸벅 졸은 경험이 있는 나로서는, 한 수준 높은 예술을 진짜로 접하는 최초의 경험이었던 것이다.

〈타임 투 세이 굿바이〉의 탄생

그 후 나는 철저히 그녀의 팬이 되었다. 그녀가 '팝페라의 여왕'이니, '크로스오버 음악의 대가'라는 별칭으로 불린다는 것도 알게 되었으며, 〈타임 투 세이 굿바이〉가 전 유럽의 음악 차트에서 수십 주 동안 1위를 차지했던 대단한 인기 곡이라는 것도 알았다. 그녀는 1960년 영국에서 태어났으며, 별다른 고등교육을 받지 못했다. 런던에서 밴드 활동을 하다가, 여러 뮤지컬에서 단역 또는 조연 배우로 약간의 성공을 거두기도 했다. 그러다가 불과 24세의 나이로 그녀는 당시 최고의 뮤지컬 제작자로 명성을 날리던 (〈지저스 크라이스트 슈퍼스타〉나 〈캣츠〉 등을 만든) 앤드루 로이드 웨버를 만나 결혼하게 된다. 이 결혼은 그녀의 이름을 세계로 알리는 계기가 되었다. 앤드루가 사라를 위해 〈오페라의 유령The Phantom of the Opera〉이라는 뮤지컬을 만들어 그녀에게 선물했기 때문이다. 그 오페라의 사운드트랙 중에서도 특히 〈밤의 음악The Music of the Night〉이라는 곡은 앤드루가 사라의 생일선물로 작곡한 곡이라고 한다.

　그녀의 장점을 가장 잘 살릴 수 있도록 만들어진 이 뮤지컬은 대성공을 거두었다. 전 세계에서 무려 6천만 명 이상의 관객을 끌어모았으며, AP통신은 20세기를 통틀어 가장 성공한 쇼로 이 뮤지컬을 뽑았을 정도다. 이 뮤지컬 덕분에 여주인공 크리스틴 역할을 맡았던 사라는 무명에서 전 세계에 이름을 떨치는 스타로 떠오르게 되었고, 앤드루는 돈방석에 올라앉았다. 그는 지금도 영국에서 열 손가락 안에 드는 재산가라고 한다. 그러나 행복도 잠시, 앤드루와 사라는 결혼 6년 만에 이혼을 했다. 그 이후 사라는 프랑크 피터슨이라는 성악의 대가에게서 '벨칸토 발성법'이라는 클래식 창법을 공부했다. 그리하여 탄생한 작품이 바로 〈타임 투 세이 굿바이〉다.

파워풀한 사라의 목소리

사라에 대해 알게 된 후 그녀의 대표작이라고 할 수 있는 〈오페라의 유령〉 시디를 구입해 감상했다. 그녀의 목소리는 여전히 아름다우면서도 힘이 넘쳐흘렀고, 다른 소프라노들과 구별되는 그 무엇을 가지고 있었다. 팬텀 역을 맡아 열연한 마이클 크로퍼드의 목소리도 독특했다. 그러나 내 느낌은 그것으로 끝이었다. 어려운 영국식 억양British accent의 노래만 듣다 보니 가사가 잘 전달되지도 않았고, 줄거리도 모르는 뮤지컬의 음악만 따로 빼서 들으니 별다르게 큰 감동이 느껴지지도 않았다. 오히려 〈오페라의 유령〉보다는 그녀의 네 번째 독창앨범 〈클래식Classics〉이 더 좋았다. 이 시디에 포함되어 있는 푸치니의 오페라 중 〈공주는 잠 못 이루고Nessum Dorma〉를 들으니 사라만의 독특한 음색을 더 잘 느낄 수 있었다.

그녀보다 목소리가 더 아름다운 소프라노는 여럿 있다. 그러나 사라는 그녀만의 독특한 카리스마가 있다. 그녀는 이 독특한 카리스마

사라 브라이트만 시디의 자켓 사진. 〈타임 투 세이 굿바이〉가 포함된 사라의 첫 번째 앨범뿐만 아니라 다양한 명곡들이 담겨 있다.

로 청중을 사로잡는다. 그녀의 목소리는 때로는 가늘고, 때로는 아름답고, 때로는 무섭고, 때로는 연약하다. 그리고 전반적으로 목소리 자체에 힘이 넘친다. 바로 이것이 사람을 끌어당기는 그녀만의 마력인 것이다. 그녀가 이제까지 낸 4개의 독창앨범(〈오페라의 유령〉을 뺀)은 현재까지 전 세계에서 약 천만 장이 팔려서, 대단한 성공을 거두었다고 한다.

그러던 어느 날 차를 타고 홍콩의 거리를 지나가는데 길 옆에 세워진 큰 입간판에 사라의 사진이 있는 것이 아닌가? "여보, 저것 봐!" 내가 황급히 옆에 앉은 아내를 불렀다. "왜 그래?" "저것! '2004 Sarah Brightman HK concert'라고 크게 써 있는 것 안 보여?" "응, 그러네. 당신 보러가고 싶어요?" 이래서 다음 날 아내가 퇴근하면서 콘서트

표 2장을 사가지고 왔다. 사라가 홍콩에서 여는 콘서트는 단 하루뿐이고, 그 후 그녀는 한국으로 날아갈 예정이었다. 콘서트 날, 콘서트 장소인 홍콩 컨벤션센터로 모여드는 수많은 사람들에 우리는 공연이 시작되기 전부터 놀랐다. "여보, 사람들 정말 많다." "사라 브라이트만을 당신만 좋아하는 줄 알았는데, 팬이 무척 많네. 당신이 변종인 줄 알았더니 아닌가봐!" 내가 사라의 음악을 너무 많이 들으니, 아내가 조금 질투를 하나 보다. 요즘은 내가 오디오를 크게 틀어놓고 그녀의 노래를 듣고 있으면 시끄럽다고 일부러 달려와서 음악을 끄는 심술까지 부린다.

어쨌든 이런 대화를 하면서 꼬리에 꼬리를 문 사람들을 따라 들어간 콘서트는 정말 대단했다. 우리는 단지 사라가 나와서 노래만 10여 곡 부를 것이라고 생각했는데 아니었다. 사라의 콘서트는 사라와 8명의 백댄서, 그리고 약 10명의 지휘자 및 오케스트라, 마지막으로 보이지는 않지만 무대 뒤에 숨어 있을 다른 많은 사람들이 창조해내는 종합 쇼였다. 사라는 아름다운 노래를 부르며 관객들의 머리 위에서 그네도 타고, 갑자기 솟아오른 아찔한 무대 위에 올라가기도 하고, 환상적인 드라이아이스 속에서 갑자기 나타나기도 하면서 우리를 즐겁게 해주었다. 시간이 어떻게 지나가는지 느끼지 못할 정도였다.

그녀는 〈라 루나La Luna〉, 〈아베마리아Ave Maria〉, 〈하렘Harem〉, 그리고 (전남편이 지은) 〈자비예수Pie Jesu〉 등의 여러 곡을 불렀고, 〈오 사랑하는 나의 아버지O Mio Babbino Caro〉와 〈공주는 잠 못 이루고〉의 아리아도 불렀다. 막이 내린 후 4회에 걸친 앙코르 끝에 사라가 마지막으로 부른 곡이 바로 〈타임 투 세이 굿바이〉다. 사람들이 모두 일어서서 박

잠시 멈추고 돌아보는 시간이 필요한 순간

수를 치면서 같이 불렀고, 그녀가 손을 흔들며 작별을 하자 관객들도 역시 작별의 손을 흔들었다. 모두들 사라의 매력에 푹 빠진 것이다. 예술에는 국경이 없다더니, 비록 홍콩에서였지만 나의 마음과 다른 관객들의 마음은 그 순간 하나가 되었다.

〈오페라의 유령〉을 관람하다

사라의 콘서트에 갔다온 이후, 그녀의 대표작 〈오페라의 유령〉에 대한 나의 궁금증은 더 부풀어올랐다. 마침 〈오페라의 유령〉이 영화로 제작되어 홍콩에서도 상영되었다. 원래 더 일찍 영화로 만들어질 계획이었으나, 사라와 앤드루가 이혼해서 제작이 10년 이상이나 지연되었다고 한다. 그리고 마침내 조엘 슈마허를 감독으로 해서 2004년에 영화 〈오페라의 유령〉이 완성된 것이다. 당시 나는 바쁜 일정으로 따로 시간을 낼 수 없었기 때문에, 극장 개봉이 끝난 후 발매된 디브이디DVD를 구입해 시청했다. 그리하여 이 오페라가 대략 어떤 내용이라는 것을 알게 되었다.

그렇지만 이 작품에 대한 나의 기대가 너무 높았던 탓일까? 영화는 약간 실망스러웠다. 무대 장치나 화면 등은 대단했으나, 영화가 너무 평면적이어서 배우에게서 감정 전달이 쉽게 이루어지지 않았다. 다시 이야기하면 배우가 왜 저렇게 연기를 하는지는 이해가 갔지만, 감정이입이 잘 되지 않아 손에 땀을 쥐고 정신없이 영화를 보게 하는 몰입도는 떨어졌다. 크리스틴 역을 맡은 17세의 어린 에미 로섬은 순진하고 연약한 분위기의, 보호해주고 싶은 느낌이 들게 하는 여인이었다. 아직 연기 경험이 없어 연기력은 부족했지만, 아름답고 평화로운 목소리는 장차 연기력이 뒷받침된다면 상당히 성장할 수 있을 것이라는 가능성을 느끼게 해주었다. 사실 영화를 본 후에도 이 작품의 내용이 명확하게 이해되지 않았는데, 가스통 르루의 원작소설을 축약한 책을 읽고 나서야 그 궁금증은 해결되었다.

그러고 나서 한참 지난 후의 일이다. 한국의 직장으로 옮겨 오기로 하고, 가족을 먼저 한국으로 떠나보낸 뒤 홍콩에서 1년간 외롭게 혼자서 살고 있는 나에게 어느 날 저녁 아내에게서 전화가 왔다. "Hello!" "여보, 나야." "왜?" "당신, 〈오페라의 유령〉 보고 싶지 않아요? 브로드웨이 팀이 한국에 와서 6월부터 공연을 한대. 지금 예매를 하면 7월 중순쯤에는 볼 수 있을 거야." "그래? 그럼 예매해요. 7월 초에 내가 한국에 가서 약 일주일간 머무르니, 그때 당신이랑 같이 보면 되겠네." 이래서 우리는 7월 14일, 난생 처음으로 예술의 전당 오페라극장에 들어섰다. 일찍 도착한 후 밖에서 뮤지컬 시작 시간을 기다리면서 문 앞에 앉아 있다 보니, 관객들의 절대다수가 잘 차려입은 20~40대의 여성들이라는 걸 깨달았다. '역시 예술에 대한 관심은 여자가 남자보다 월등히 높구나!'

저녁 7시 30분, 드디어 불이 꺼지고 기대하던 막이 올랐다. 한 달 전에 예매를 했는데도 불구하고 표가 이미 많이 팔린 상태여서 나와 아내는 1층에 앉기 위해 서로 떨어진 좌석에 앉아야만 했다. 그만큼 이 뮤지컬의 인기는 대단했던 것이다. 내 앞과 옆에 앉은 여성 일행은 음악에 정통한 사람들인 것 같았다. 뮤지컬이 시작되기 약 10분 전부터 "누구의 음악이 어떻고, 이 뮤지컬이 어떻고, 이 가수는 어떻고" 등의 고차원적인 대화를 한다. 그런데 뮤지컬이 시작하자마자 걸려온 전화를 받고서 용건을 듣더니, "지금 내가 뮤지컬을 보고 있거든. 나중에 다시 전화할게"라며 답까지 하고 나서야 전화를 끊는다. 역시 음악에 대한 지식이 많다는 것이 반드시 음악을 제대로 감상할 줄 알 만큼 교양 수준이 높다는 것을 의미하지는 않는다는 걸 새삼 깨닫는다.

팬텀의 마력에 빠지다

낡은 오페라하우스의 경매 장면에서 시작해, 하늘로 올라가는 샹들리에와 크리스틴의 주연 여배우 데뷔, 음악천사의 방문 등 뮤지컬은 재미있게 진행되었다. 드라이아이스가 펼쳐진 호수 위로 반짝이는 수많은 촛불들, 그 위로 노를 저어가는 두 주인공의 모습은 정말 낭만적인 수준을 넘어서 환상적이었다. 역시 생동감과 박진감에서 뮤지컬은 영화보다 한 수 위였다. 그러나 샹들리에가 올라가거나 떨어지는 장면만은 영화에 비해 긴장감이 좀 떨어졌다.

팬텀 역으로 열연한 브래드 리틀은 사라 브라이트만과 함께 오리지널 영국판에 출연했던 마이클 크로퍼드와는 조금 달랐다. 크리스틴과 팬텀이 배를 타고 노를 저어서 팬텀이 사는 곳으로 가면서 팬텀이 부르는 노래, "Sing, my angel of music! Sing, my angel! Sing for me! SING!" 하고 절규하듯 외치는 장면에서는 팬텀의 집념이 느껴졌다. 그리고 크리스틴이 팬텀의 가면을 벗기자 화가 난 팬텀이 얼굴을 가리며 외치는 "Damn you! Curse you!" 대목에 이르면 팬텀

뮤지컬 〈오페라의 유령〉. 아름답고 환상적인 장면들이 연결되어 시간 가는 줄 모르게 뮤지컬에 집중하게 된다. 세계 최고의 뮤지컬로 손꼽히는 걸작이다.

의 흥분한 목소리와 가파른 숨결이 직접 들려왔다.

오페라하우스의 옥상에 올라서 사랑의 약속을 하는 크리스틴과 라울, "Love me. That's all I ask of you!" 하면서 행복한 연인들이 사라지자 숨어서 지켜보던 비통한 표정의 팬텀이 나타난다. "크리스틴… 크리스틴…" 목이 메어서 말을 잇지 못하는 팬텀, 나는 팬텀의 입장이 되어 주먹을 불끈 쥐고 다리에 힘을 꽉 주며 무대를 응시했다. 그러다가 팬텀은 복수의 절규를 했다. 자신의 힘을 다 바쳐 크리스틴을 가르치고 정상의 자리에 올려놓았건만, 크리스틴은 자신을 배반하고 다른 사람에게 가버린 것이다. (이 장면은 마치 앤드루가 자신과 사라의 관계를 예언하면서 각본을 쓴 것 같다는 느낌이다. 무명의 사라는 앤드루와 결혼한 후 그의 가르침을 받고 그녀를 위해 그가 만든 작품에 출연해서야 비로소 유명해졌는데, 그녀는 유명해지자마자 그를 떠났으니 말이다.)

"It will be the war against both of you!" 팬텀 역의 브래드 리틀이 마지막으로 소리친다. 엄청난 힘이 느껴지는 목소리다. 이에 비해 시디에서 들은 마이클 크로퍼드의 목소리는 강렬하기보다는 마귀의 숨결처럼 간사한 느낌이 들었다. 그는 브래드 리틀보다 침착했으며, 더 경험이 많다는 것이 느껴졌다. 그는 영리하고 전지전능한 팬텀이었는데, 브래드 리틀은 보통 사람인 우리들처럼 화내고, 잘 흥분하고, 질투하는 팬텀이다. 이렇게 강렬하게 자신의 캐릭터를 표현하는 것이 그의 독특한 캐릭터인가? 아니면 관객의 주의를 자신에게로 끌기 위한 약간의 오버 액션인가? "SING!" 하는 팬텀의 외침에 답하는 크리스틴도 이에 화답하듯이 "아아아…" 하면서 등장했는데 대단히 실망스러웠다. 사라의 강렬하며 떨리지 않는 곧은 소리에 비해, 크리스틴 역을 맡은 가수의 소리는 음역대가 사라처럼 높지도 않았고 소리도 곧지 못해서 간헐적으로 떨리는 것을 느낄 수 있었다.

드디어 뮤지컬의 클라이맥스가 다가왔다. 마담 지리의 도움과 결사적인 추적을 통해 라울이 팬텀과 크리스틴을 발견하지만, 팬텀은 라울의 목에 올가미를 걸어 묶어버린다. 그리고 자신과 결혼하지 않으면 라울을 죽이겠다고 크리스틴을 협박한다. "This is the choice. This is the point of NO RETURN!" 절망감과 원한 속에 악만 남은 광폭한 팬텀의 협박에 크리스틴은 천사 같은 목소리로 "Pitiful creature of darkness. What kind of life have you known…?" 하고 노래를 부르며 울면서 팬텀에게 키스를 한다. 이에 갑자기 마음이 바뀐 팬텀, 크리스틴의 따뜻한 사랑의 키스는 복수심과 증오에 불타던 팬텀의 마음을 녹인다. 팬텀은 웃으면서, 아니 울면서 크리스틴과 라울이 함께 떠나도록 허락을 한다. 홀로 남아 사랑하는 여인을 떠나보내며 눈물을 흘리는 팬텀. 마치 추억의 명작 영화 〈카사블랑카〉에서 사랑하는 여인 일자 란드잉그리드 버그만 분를 떠나보내는 리처드 블레인험프리 보가트 분의 모습을 보는 듯하다. 나의 마음이 미어진다. '팬텀, 안 돼. 크리스틴을 보내면 안 돼.'

크리스틴과 라울처럼 행복하게

그렇게 뮤지컬은 막을 내렸다. 아내가 먼저 벌떡 일어나서 박수를 친다. 모두 3번에 걸쳐 무대의 막이 다시 올라가고, 박수는 계속되었다. 아쉬움을 달래면서 예술의 전당을 나와 마을버스에 탔다. 뮤지컬을 보고 나온 사람들이 버스에 한가득이었다. 아내와 함께 뮤지컬에서 받은 감동에 대해서 이야기하며 버스를 내리자마자 두 무리로 나누어 서 있는 6명의 젊은 남자들이 눈에 들어왔다. "야, 이 XX야!" "아니, 이게 어디서 까불어!" 술에 취한 남자들이 시비가 붙었나 보다. 아름다운 꿈은 왜 꼭 빨리 깨는 걸까? 나는 꿈에서 현실로 돌아왔다.

주말 동안 시디를 듣고, 다시 디브이디도 꺼내 보면서 뮤지컬과 비교해 생각해보았다. 전체적으로 뮤지컬에서 라울은 파묻혀서 전혀 보이지 않았으며, 크리스틴 역의 캐스팅이 적합했는지 확신할 수가 없었다. 목소리 자체도 사라와 비교할 수 없을 것이다. "칼롯타 역을 맡은 배우가 나이는 들었지만 크리스틴의 목소리로는 더 어울리지 않나?" 이것이 아내의 평가였다. 팬텀 역의 브래드 리틀은 다른 배우들보다 수준이 한 단계 더 높았다. 마이클 크로퍼드와는 다르지만, 그래도 쌍벽을 이룰 만한 배우라는 느낌이 든다.

이렇게 나의 〈오페라의 유령〉에 대한 사색은 끝났다. 가만히 앉아서 다시 〈타임 투 세이 굿바이〉를 꺼내 들으며 사라 브라이트만에 대해 생각해본다. "그녀가 지금 이 뮤지컬을 다시 본다면 행복할까?" 아내가 묻는다. "글쎄?" 나는 아내가 왜 이런 질문을 하는지 이해하지 못했다. "크리스틴 다이에는 자신을 진심으로 사랑하는 라울과 평생을 살았으니 정말 행복했겠지? 사라 브라이트만이 지금 행복한지는 잘 모르지만 나는 행복해. 사랑하는 당신이랑 이렇게 아름다운 뮤지컬도 볼 수 있으니…" 아내의 대답이 걸작이다. 그렇게 생각하니 나도 정말 행복하다. 명예나 부보다 더 소중한 것은 진실한 사랑이다. 이제 반년만 더 참으면 내년부터 우리 가족이 다시 함께 모여 행복하게 살 수 있다. 나도 서울로 직장을 옮겨올 것이기 때문이다. 그날을 위해, 홍콩으로 다음 주에 돌아가서 외롭더라도 힘차게 살아야겠다.

뒷날의 기록

2013년 겨울 다시 〈오페라의 유령〉을 관람했다. 그리고 돌아오는 길에 한국 배우들이 부른Korean Casting 〈오페라의 유령〉 시디를 구입했다. 대부분의 한국 배우들도 정말 노래를 잘 부른다. 한국의 예술 수준이 이제 정말 세계적이라는 것을 느낄 수 있었다. 앞으로 한국판 공연들을 더 찾아봐야겠다는 생각을 해본다.

브래드 리틀은 한국인 아내를 만나 결혼해, 한국에서 교수와 공연기획자로서의 새 삶을 시작했다고 한다. 그의 인생 2막이 행복하기를 바란다.

엔니오 모리코네와 〈미션〉,
그리고 〈넬라 판타지아〉

♫

20여 년 전 한참 젊은 20대 초반의 대학 시절, 1학년 초부터 3년간 사귀었던 첫사랑이 있었다. 그녀와 만난 첫해인 1986년 같이 보러갔던 영화가 〈킬링 필드〉를 감독했던 롤랑 조페가 만든 〈미션Mission, 선교〉이었다. 영화가 끝난 후 그녀는 나에게 〈미션〉의 영화음악이 담긴 카세트테이프를 선물했다. 교수가 되겠다며 열심히 도서관에 앉아서 공부를 시작하던 대학 3학년 때 우리는 헤어졌다. 공부하느라 정신없다 보니 여자친구에게 신경을 쓸 만큼 여유가 없어서였을까?

그녀와 헤어진 후에도 그녀가 나에게 선물로 준 〈미션〉 영화음악 테이프를 가끔씩 들을 기회가 있었다. 영혼을 순화시키는 아름다운 음악을 들으면, 그 음악이 흐르던 영화 속의 장면과 영화를 볼 때 느껐던 그때의 감동이 다시금 떠오른다. 거대한 이구아수폭포의 모습에서 느껴지는 대자연의 경이스러움, 그 자연 속에서 벌어지는 인간의 추악한 모습들. 신은 이 아름다운 자연을 창조한 후 자신을 닮은 모습으로 인간을 창조했는데, 우리 인간들은 어떻게 해서 이처럼 아름답지 못한 모습으로 자연을 더럽히면서 세상을 살아가는지 안타깝다. 지금은 다 잊어버렸지만, 그 당시에는 음악을 들으면서 첫사랑 생각도 좀 했던 것 같다.

영화 〈미션〉의 감동과 사색

영화는 남아메리카의 어느 밀림 속에 사는 원주민 과라니족 사람들의 모습과 함께 시작된다. 그들을 선교하기 위해 파견된 가브리엘제러미 아이언스 분 신부는 원주민들과 함께 평화로운 공동체를 건설한다. 전직 노예상인 출신의 회개한 죄인 로드리고 멘도자로버트 드니로 분도 이에 동참한다. 그러던 중 스페인과 포르투갈의 협약에 따라 과라니족이 사는 지역은 스페인의 영토에서 포르투갈의 영토로 넘어가게 된다. 노예를 인정하지 않는 스페인과 달리 포르투갈은 노예를 인정할 뿐만 아니라 많은 원주민들을 포로로 잡아 노예로 팔아넘기고 있었다. 이 공동체에도 곧 노예상인들이 습격해온다. 해당 지역을 관할하는 주교는 두 신부에게 스페인 식민지 지역으로 돌아올 것을 명령하지만, 두 신부는 가족과 같은 과라니족과 함께 남기로 결정한다. 그리고 갈등한다.

사랑을 가르치면서 평화의 마을을 개척해온 가브리엘 신부는 노예

영화 〈미션〉. 종교를 넘어 인간에 대한 고
뇌를 표현한 불멸의 명작이다. 많은 감동
과 여운을 남겨주는, 꼭 봐야 할 영화다.

상인들도 용서하자며 기도와 무저항을 선택하고, 멘도자 신부는 평
화를 위협하는 자들에게는 용서가 아니라 싸워야 한다며 나선다. 멘
도자 신부는 싸움을 하기 위해 전사들을 이끌고 떠나기에 앞서 가브
리엘 신부에게 축복을 부탁한다. 그러자 가브리엘 신부는 다음과 같
이 이야기한다.

"아니요. 만약 그대의 의견이 옳다면 신의 축복이 필요 없을 것이
오. 반대로 그대의 의견이 틀렸다면 내 축복은 아무 소용없는 일일
것이오. 만약 그대의 의견처럼 무력을 사용하는 것이 옳다면 이 세상
의 어느 곳에도 사랑이 설 곳이 없을 것입니다. 그럴지도 모르지요,

그러나 만약 그렇다면 나는 사랑이 없는 세상에서 살아갈 힘이 없소. 로드리고, 난 당신을 축복할 수 없소."

마을 사람들도 각각 이 두 신부의 의견을 따르는 사람들로 갈라진다. 그리고 결국은 모두 죽거나 포로가 되어 노예로 팔려 가게 된다. 서로 다른 길을 택한 두 신부도 결국 안타까운 죽음을 맞이한다. 십자가에 못 박혀 폭포에서 떨어져 죽는 모습은 너무나도 비장했다.

1750년경 일어난 실화를 바탕으로 했기에 영화는 많은 것을 생각하게 한다. 이 영화는 단순한 종교영화가 아니다. 무조건적인 사랑이 옳은 것인지, 힘에는 힘으로 저항하는 것이 옳은 것인지 나에게 진지한 고민의 시간을 안겨주었다. 그래서 더욱 긴 여운이 남는다.

가브리엘 신부는 마치 권력과 힘에 맞서서 평화를 외쳤던 간디를 떠오르게 한다. 1982년 영화 〈간디〉에서, 간디로 분한 벤 킹즐리가 "절망을 느낄 때 나는 기억한다. 역사를 돌아보면 항상 진실과 사랑이 승리해왔다는 것을. 독재자나 살인자가 있었고, 그들이 세상을 지배하는 것처럼 보일 때도 있었지만 결국은 무너졌다는 것을. 언제나 이것을 명심하라"고 이야기하는 것을 들으면서 간디의 무한한 사랑에 존경의 마음이 샘솟았다. 그리고 결국은 사랑이 이긴다고 생각했다. 역시 인도에서 자신의 모든 것을 바쳐 가난한 이웃을 위해 헌신한 마더 테레사 수녀님의 일대기를 생각하면서도 사랑을 생각했다.

그러나 그 반대로 앙코르와트의 고장 캄보디아에서 벌어졌던 참혹한 살육의 현장 킬링 필드를 직접 방문하면서, 사랑이 아니라 무한한 분노를 느끼며 절망했었다. 이념을 위해 전 국민의 1/4가량을 가장 잔인한 방법으로 학살한 살인자에게 눈곱만큼의 사랑이나 용서의 마음을 느낄 수가 없었다. '신이여, 천벌을 내리소서!'가 내 마음이었다. 이때의 내 마음은 아마 멘도자 신부의 마음과 같았을 것이다. 이러니 무엇이 옳은 것인지 판단하기가 쉽지 않다.

〈가브리엘의 오보에〉의 여운

이처럼 〈미션〉이라는 영화가 단순한 종교영화였다면 이 영화가 불후의 명작으로 사람들의 마음속에 깊이 남아 있지 않았을 것이다. 그리고 영화 속의 마지막 장면과 함께 항상 떠오르는 것이 바로 엔니오 모리코네Ennio Morricone가 작곡한 주옥같은 영화음악이다. 〈가브리엘의 오보에Gabriel's Oboe〉라고 불리는 주제음악을 들으면, 고요하고 슬픈 소리가 나의 마음을 휘감아온다.

　거친 밀림과 배고픔, 고된 여행으로 지친 상태에서 두려움에 떨고 있는 가브리엘 신부가 바위틈에 걸터앉아 꺼내 부는 청아한 오보에 소리는 모든 것을 말해준다. 어떻게 이렇게 음악 한 소절이 백 마디 말보다 많은 이야기를 전달해줄 수 있는지 신비롭기만 하다. 가브리엘 신부가 부는 아름답고 구슬픈 오보에 소리가 밀림 속에서 울려 퍼지면서, 가브리엘 신부를 죽이려고 활시위를 당기던 원주민들이 이를 듣기 위해 하나둘 모여드는 모습에서 죽음을 이긴 평화의 승리와 사랑의 힘을 연상하게 된다. 가장 아름다운 영화음악은 영화를 압도하는 것이 아니라 영화의 줄거리를 가장 잘 살려주는 음악이라고 하던데, 바로 이 음악이 그렇다.

　엔니오 모리코네는 1928년 로마에서 출생했다. 1960년대 마카로니

웨스턴이라고 불리던 이탈리아 서부영화, 세르조 레오네 감독의 〈황야의 무법자〉의 영화음악을 작곡하면서 세상에 명성을 알렸다. 휘파람 소리가 멋진 이 음악은, 1970년대와 1980년대 중·고등학교 시절 남학생들이 학교에서 영화의 주인공 클린트 이스트우드의 멋진 총잡이 폼을 흉내내면서 휘파람을 따라 불고 하던 것으로 한창 유행했었다. 영화의 제목을 모르는 사람들도 음악 자체는 많이 들어봤을 것이다. 나도 그때 휘파람을 불려고 집에서 혼자 연습을 하던 기억이 난다. 휘파람도 제대로 불 수 없어서 절망하곤 했지만 말이다.

엔니오 모리코네는 그 이외에도 〈시네마 천국〉, 〈시티 오브 조이〉, 〈러브 어페어〉, 〈원스 어폰 어 타임 인 어메리카〉 등 여러 주옥 같은 영화음악들을 작곡했다. 현대 작곡가 중 최고로 칭송받는 그가 자신의 작품들 중에서 개인적으로 가장 좋아하는 작품이 바로 〈미션〉의 음악들이라고 한다.

이 〈미션〉의 대표곡 〈가브리엘의 오보에〉에 가사를 붙여서 사라 브라이트만이 부른 곡이 바로 〈넬라 판타지아Nella Fantasia, 내 환상 속으로〉다. 한국에서는 잘 알려지지 않았으나, 2010년 KBS 2TV의 프로그램 〈남자의 자격〉에서 이경규 등이 참여한 아마추어 합창단이 박칼린의 지휘로 부르면서 갑자기 유명해졌다. 〈가브리엘의 오보에〉의 아름다운 선율에 반한 사라 브라이트만이 엔니오 모리코네에게 수차례에 걸쳐 편지를 보내 간청해, 가사를 붙일 것을 허락받았다고 한다. 키아라 페르라우라는 사람이 작사를 해서, 1998년 사라의 싱글 앨범 〈에덴Eden, 실제 발음은 '이든'이지만 한국에서는 모두 '에덴'으로 읽는다〉에 처음 수록되어 세상에 알려지게 되었다.

내 환상 속에서 모두들

정직하고 평화롭게 사는 세상을 봅니다

나는 떠다니는 구름처럼

항상 자유로운 영혼을 꿈꿉니다

깊은 내면까지 박애로 충만한 영혼을

내 환상 속에서 밤조차도

어둡지 않는 빛나는 세계를 봅니다

나는 떠다니는 구름처럼

항상 자유로운 영혼을 꿈꿉니다

깊은 내면까지 박애로 충만한 영혼을

환상 속에서 좋은 친구처럼

편안하고 따뜻한 바람이 불어옵니다

나는 떠다니는 구름처럼

항상 자유로운 영혼을 꿈꿉니다

깊은 내면까지 박애로 충만한 영혼을

이처럼 가사 또한 주옥같이 아름답다. 아마 엔니오 모리코네는 이 아름다운 음악에 어울리지 않는 가사가 붙어 선율과 영화를 욕되게 할까 봐 이 곡에 가사를 붙이는 것을 싫어하지 않았을까? 사라 브라이트만의 목소리는 마치 새가 지저귀는 것처럼 아름답고 서정적이다. 배경에 깔리는 오보에의 은은한 선율과 잘 조화를 이룬다. 그렇다고 하더라도 사람들이 이 음악의 배경인 〈미션〉을 잊어버리면서 〈넬라 판타지아〉만 알게 되지 않을까 서운한 생각도 든다. 그 배경에 숨겨진 이야기를 모른다면 음악을 듣고 느끼는 감동이 반으로 줄어들기 때문이다.

〈남자의 자격〉 하모니 편

〈남자의 자격〉 하모니 편을 보게 된 것은 아내가 재미있다고 적극적으로 권해서였다. 합창대회에 출전한다면서 지원자들을 모아 오디션하는 것부터 시작해서, 마지막 거제도에서 열린 합창대회의 무대에 오르는 모습까지, 모두 정규방송이 끝난 후 인터넷을 통해 보았다. 이경규·김국진·김태원 등 나이가 지긋이 든 40~50대 방송인과 몇몇 젊은 배우들이 어떤 '미션(임무)'을 달성하기 위해서 노력하는 것이 〈남자의 자격〉의 주제다. 과장하지도 않고 허식을 부리지도 않는다. 그냥 자연스러운 일상생활에서 행동하는 모습을 보여준다.

하모니 편은 합창단을 조직해서 합창대회에 출전하는 것이 미션이었다. 방송국 주변의 노래를 좋아하는 여러 사람들이 모여 같이 땀 흘리면서 연습을 한다. 그 사이에 경쟁도 벌어지지만, 서로 잘 모르는 사람들이 노래와 함께 점점 마음을 열고 소통해간다.

다른 참가자들은 노래를 좋아하는 사람들이고 어느 정도는 음악에 조예가 있는 사람들이었지만, 프로그램의 본래 멤버들은 대부분 악보를 보고 읽지도 못하는 초보자들이다. 나이에 맞지 않는 어려운 율동 때문에 쩔쩔매는 음치·박치 이경규나 김태원도, 고된 연습에 바닥난 체력으로 비틀거리는 이윤석도 그 모습 그대로 화면에 나온다. 아무리 힘들어도 모두 열심히 하고 싶은 일을 하기 위해 노력한다. 자

〈남자의 자격〉하모니 편. 거제도에서 열린 전국합창경연대회에 참가하는 미션을 완수한 합창단원들. 공연을 마치고 모두들 기쁨의 눈물을 흘려 시청자들을 감동시켰다.

신의 본 모습을 숨긴 채 아름다운 모습의 선남선녀 가면을 쓰고 화면에 등장하는 것이 아니다. 그리고는 마침내 미션을 완수한다. 초보자들이 모여서 불과 두 달 동안 연습을 하고 합창대회에 출전하는 것. 대회에서 몇 등을 하는지는 관심대상이 아니다. 미션은 대회에 출전하는 것이었고, 각고의 노력 끝에 음악의 '음' 자도 모르는(이건 나도 똑같다) 오합지졸들이 모여서 하나가 되어 기적과 같은 미션을 달성한 것이다.

이 하모니 편은 사회에 상당한 반향을 불러일으켰다. 쉬운 말로 '대박'이 난 것이다. 아무런 자극적인 내용 없이, 단지 사람들이 모여 노래 연습을 하고 대회에 출전하는 것만으로 큰 인기를 얻은 것이다. 왜 그럴까? 단원들은 MT를 가서 모두 한마음이 되어 밤 12시까지 박칼린의 무서운 지휘하에 연습에 열중한다. 나야 밤 12시까지 책상에 앉아서 일하는 것이 습관화되어 있지만, 서로 다른 직업을 가진 아마추어 합창단이 MT까지 가서 밤 12시까지 노래를 부르리라고는 예상하지 못했었다. 그렇게 힘든 과정을 거쳐 출전한 대회였기에 대회를 마치자 모두들 기쁨의 눈물을 흘렸다.

이것이 인간이 살아가는 모습이다. 인간이 살아가는 모습과 목표를 달성하기 위해 열심히 노력하는 따뜻한 스토리가 담겨 있었기 때문에 아무런 자극적인 내용이 없더라도 시청자들이 열광했던 것이다. 억지로 짜낸 과장된 몸짓이 아니라 꾸밈없는 진실 앞에 전 국민이 감동했다. 최선을 다해 도전해 자신의 한계에 이르는 모습이 바로 시청자들을 감동시켰다. 엄청난 돈을 쓰고, 유명한 배우가 나온다고 해서 프로그램이 성공하는 것은 절대 아니다.

폴 포츠의 〈원 찬스〉

폴 포츠Paul Potts라는 영국의 성악가가 있다. 2007년까지 작은 휴대전화 가게 소속 외판원 일을 했다. 그가 찢어진 낡은 양복을 입고 〈브리튼스 갓 탤런트〉라는 영국 오디션 프로그램의 무대에 섰을 때, 심사위원들이나 관객들은 아무도 그에 대해서 기대를 하지 않았다. 키 작고, 뚱뚱하고, 못생긴 얼굴에 자신 없는 태도, 수많은 병치레로 허약한 보잘것없는 모습이었다. 그러나 그가 푸치니의 오페라 〈투란도트〉 중의 아리아 〈공주는 잠 못 이루고〉를 부르기 시작하자 청중들은 모두들 감동해서 기립박수를 보내게 된다. 그는 그가 가진 단 한 번의 기회one chance에서 멋지게 성공한 것이다. 폴 포츠가 노래 부르는 모습은 유튜브를 통해 전 세계로 퍼졌고, 그는 일약 스타가 되었다. 그가 녹음한 음반의 이름이 바로 단 한 번의 기회 〈원 찬스〉다. 이 짧은 두 단어에는 폴 포츠의 모든 스토리가 함축되어 있다. 폴 포츠의 음반 〈원

찬스〉에도 〈넬라 판타지아〉가 담겨 있다.

나는 유명한 성악가나 비평가들이 폴 포츠의 음악성이 수준 미달이라고 비판하는 것을 언론을 통해 몇 차례 접할 수 있었다. 물론 전문가들이 보기에는 그의 음악성이 부족할 수도 있다. 그러나 나를 포함한 대중은 그런 것에 상관하지 않는다. 꿈을 실현하기 위해 어려운 형편 속에서도 열심히 노력하고, 마침내 그 꿈을 이루어내는 스토리에 사람들은 감동한다. 〈남자의 자격〉 하모니 편에서 이종 격투기 선수 서두원이 합창대회를 마치고 울면서 "노래하는 것이 평생 꿈이었다. 평생 한 번도 못 해보고 죽을 수도 있었는데 이제 꿈을 이뤘다"라고 이야기한 것도 이와 똑같다. 노력하는 인간의 휴먼 스토리가 위대한 음악성보다 더 아름다운 것이다.

〈남자의 자격〉 합창단도 마찬가지다. 전문가들이 보기에는 〈남자의 자격〉 합창단의 수준은 아마추어일 것이다. 합창대회에서 장려상을 수상했지만, 그 상은 합창단의 유명세 때문에 일부러 준 것일 수도 있다. 그렇지만 그런 상은 휴먼 드라마와 아무 상관이 없다. 음악을 넘어서는 하모니와 휴먼 드라마에 바로 사람들이 감동하는 것이다. 합창단이 상을 받았다고 해서 감동한 사람들은 아마 거의 없었을 것이다. 또는 그 반대로 상을 못 받았다고 합창단을 비난할 사람도 없을 것이다.

진실된 노력은 아름답다. 꿈을 담은, 진실을 담은 노력이 있다면 결과는 중요하지 않다. 그 과정 자체가 바로 휴먼 스토리이며, 그 아름다운 스토리에 사람들은 눈물 흘리며 감동하는 것이다. 합창단 단원들도 그들이 이룬 가시적 성과 때문이 아니라 스스로의 노력이 담긴 결실에 감동했기 때문에, 합창을 마치고 대기실로 돌아가 모두 흐느껴 운 것이다. 시간이 지나면 아마 합창단이 불렀던 〈넬라 판타지아〉 노래는 잊힐 것이다. 그러나 〈남자의 자격〉 합창단의 어울림과 눈물, 그리고 꿈을 달성하기 위한 노력은 쉽게 잊히지 않을 것이다.

"여러분, 사랑합니다."

다시 엔니오 모리코네의 음악으로 되돌아가보자. 그의 음악은 주옥같이 아름답다. 〈원스 어폰 어 타임 인 아메리카〉의 음악도 아름답고, 〈러브 어페어〉의 피아노 선율도 서정적이다. 그중에서도 내가 특히 사랑하는 음악은 1989년 개봉했던 주세페 토르나토레 감독의 〈시네마 천국〉 음악이다. 이탈리아 시골 시칠리아의 작은 마을에서 토토는 어릴 때부터 영화관 영사기사 알프레도와 우정을 나누면서 자란다. 시골 성당과 영화관이 그의 삶의 터전이었다. 귀여웠던 토토도 점점 자란다. 사랑의 열병을 앓았지만 첫사랑은 떠나가고 만다. 고향을 떠나 영화감독으로 성공을 한 중년의 토토가 알프레도의 장례식에 참석하기 위해 고향으로 돌아온다. 추억이 담긴 영화관이 철거되는 모습을 보며 토토를 비롯한 마을의 중년층은 회상에 잠기지만, 마을의 젊은이들에게는 철거 모습이 한낱 재미있는 구경거리일 뿐이다. 중년이 되어 다시 만난 첫사랑의 연인도 이제는 아득하기만 하다. 그가 떠나왔던 과거는 현재 그의 생활과 단절된 곳이었다. 토토는 알프레도가 마지막으로 그에게 남긴 선물을 들고 로마로 돌아온다. 그 선물은 필름이었다. 필름을 돌려보니 어렸을 때 영화가 상영되기 직전 성당의 신부가 검열을 하고 잘라버린, 배우들의 키스 장면들이 연결되어 나온다. 토토는 그 장면을 보면서 눈물을 흘리며 회상에 잠긴다.

이 장면에서 흐르는 잔잔한 음악이 바로 엔니오 모리코네의 작품이다. 이 음악을 들을 때면 눈물을 흘리며 회상에 잠기던 주인공의 모습이 눈에 선하다. 토토의 꼬마 모습에서 성장하는 사춘기 모습까지 모두가 주마등처럼 머리를 스쳐 지나간다. 추억은 아름다워라. 그리고 추억은 나를 울린다. 마지막의 긴 여운은 마치 수십 년 된 낡은 일기장을 꺼내 읽는 듯하다. 딱지치기·구슬치기·자치기를 하며 놀던 추억, 여름이면 개천에서 홀홀 옷 벗고 물장구치며 목욕하고 원두막에 앉아 서리한 수박을 나누어 먹던 옛 친구들, 썰매 타다가 얼음이 꺼지며 논두렁에 빠졌던 일, 어쩌다 읍내에 나가 자장면 한 그릇이라도 먹게 되면 세상에서 제일 행복해하던 나. 그때는 잘 몰랐던 아름다운 모습들을 이제야 깨닫게 되는 듯한 느낌이다. '그래, 나에게도 그렇게 순수했던 시절이 있었지.' 세파에 시달리면서 타락한 나를 정화시켜주는, 아름다운 영혼을 가진 영화가 아닐까 한다.

갑자기 가슴이 뭉클해진다. 〈남자의 자격〉에서 박칼린이 합창단원들에게 남긴 말처럼, 모두에게 "사랑합니다"라고 말하고 싶어진다. 〈미션〉의 가브리엘 신부가 꿈꾸던 것처럼, 역시 세상은 사랑이 넘치는 곳인가 보다. "꽃의 향기는 10m를 가고, 술의 향기는 100m를 가지만, 사람의 향기는 끝도 없이 퍼진다"라고 한다. 나도 좀 더 순수하고, 좀 더 향기를 풍길 수 있는 사람이 되어야겠다.

어렸을 때부터 시골에서 시외버스를 타고 여행과 등산을 다니는 취미가 있었다. 그래서 많은 곳을 방문해보았지만 아직도 못 가본 곳이 많다. 지금도 1년에 한두 번은 꼭 여행을 떠난다. 나의 거의 유일한 취미다. 갈 때마다 느끼지만 한국 곳곳에는 참으로 아름답고 볼 만한 곳, 해볼 만한 것들, 재미있는 이야기들이 숨어 있다. 풀 한 포기, 돌 하나, 집 한 채가 정말 새롭고, 이 동네와 옆 동네가 또 다르다. 동네마다 정이 넘치고, 아름다운 추억이 될 일들이 벌어진다. 앞으로 더 많은 곳을 방문해서 남은 여생 동안 한국의 구석구석을 한 번이라도 찾아가 보려고 한다. 여행을 하면서 틈틈이 써온 글들을 모아보았다. 각 도에서 최근 방문한 곳에 대한 여행기를 한 편씩만 골랐다. 바쁜 걸음을 멈추고 여행을 한다면 행복한 일들이 가득 기다리고 있을 것이다.

PART
3

◇◇◇◇◇

감성을 찾아 떠나는
여행 수업

산과 바다가 어우러진
아름다운 고장, 강원도 삼척

아침에 좀 일찍 출발했어야 했는데 조찬회의가 있어서 늦게야 서울을 떠났다. 아내가 늦게 출발했으니 시간을 아껴야 한다고 점심으로 먹을 김밥을 요리해서 챙겨 나왔다. 그래서 열심히 운전을 하면서 처가 틈틈이 입에 넣어주는 김밥을 받아먹었다. 수십 년 전 학창시절 소풍 가던 날 김밥을 싸주시던 어머님 생각이 떠오른다. 그때는 김밥을 먹을 수 있는 날은 바로 소풍날뿐이었다. 오늘도 마치 소풍을 가는 듯해, 어린 시절 그때처럼 흥분되기도 한다.

꿀맛 같은 사랑표 김밥을 먹으면서 운전해서 영동고속도로를 지나다가 중앙고속도로로 접어들었다. 제천IC를 벗어나서는 아내가 운전대를 잡았다. 차는 영월, 사북을 거쳐 태백으로 접어들었다. 그리고 동쪽으로 크게 방향을 바꿔 태백산맥을 넘는다. 서울에서 출발하면 이 길보다 강릉을 거쳐 속초로 내려가는 것이 30분 정도 시간이 덜 걸리는데, 이 길을 가본 적이 없어서 한번 가보자고 택한 것이다. 태백산맥을 넘는 고개를 지나니 아래로 내려다보이는 경치가 아찔하다. 여기부터가 행정구역상 삼척시 도계읍이다. '도계유리나라'라고 쓰인 큰 건물을 지나쳤는데, 이때만 해도 이 건물이 무엇을 의미하는지 몰랐다. 여기까지 약 3시간 걸렸다.

30분 정도 더 차를 운전해 가자 드디어 오늘의 처음 목적지인 대이리 군립공원 주차장에 들어섰다. 이 지역은 원래 석회암 지대이기 때문에 동굴이 많이 있는데, 그중 관광객들이 탐방할 수 있도록 대금굴과 환선굴이 개발되었다. 대금굴은 모노레일을 타고 올라가야 하는 산 위에 있으며, 굴 규모도 작아 적은 인원만 관람을 할 수 있기 때문에 쉽게 보기 힘들다. 따라서 사전예약제로만 운영되고 있다. 아내가 인터넷을 검색해보더니 출발 일주일 전쯤에 예약을 했다. 이 예약시간에 맞추려고 차 안에서 김밥을 먹어가면서 서둘러 온 것이다.

땅속의 비경, 환선굴과 대금굴 관람

주차장에서 조금 올라가니 길이 대금굴 가는 길과 환선굴 가는 길로 나뉜다. 환선굴 가는 길로 환선굴을 지나서 2시간 정도 쭉 더 올라가면 백두대간 종주 시 거쳐 가는 능선길이 나온다는 안내지도를 보았다. 우리는 왼편 시냇물을 건너서 잘 만들어놓은 통나무 길을 따라 모노레일 정거장으로 들어섰다. 길 양편에 쭉쭉 뻗은 아름드리 소나

잠시 멈추고 돌아보는 시간이 필요한 순간

무들이 서 있다. 겨울이라서 그렇지 여름이라면 더 멋질 것이다. 주차장에서 모노레일 역까지 약 10분 걸렸다. 예약된 시간이 오후 1시인데, 딱 10분 전에 겨우 모노레일 역에 도착할 수 있었다.

모노레일을 타고 10분 정도 비탈길을 따라 올라서 대금굴에 들어섰다. 모노레일을 타고 굴에 올라간다는 것도 독특했지만 굴 내부도 상당히 독특했다. 수만 년 동안 자연적으로 생성된 굴속에 들어서니 우선 엄청나게 큰 물소리가 귀를 울려온다. 우렁찬 물소리를 내면서 떨어지는 8m 높이의 비룡폭포에서 나는 소리였다. 길은 폭포 위로 올라가서 이어졌는데, 떨어지는 물줄기가 대단하다. 동굴 깊숙이 자리 잡고 있는 수심이 9m나 된다는 거대한 호수로 백두산 천지를 닮았다고 해서 이름 붙여진 천지연 등은 정말로 보기 힘든 장관이었다.

1시간 걸리는 여정을 함께하면서 여러 볼거리나 배경들을 자세히 설명해주는 해설사가 있어 굴을 더 자세히 이해할 수 있었다. 바위틈에서 많은 물이 솟아올라 시내물이 되는 것을 보고, 굴이 있을 것이라고 추측해서 탐사를 통해 발견했다고 해설사가 설명한다. 그러고 보니 아까 주차장 입구까지 오는 길 옆 계곡의 시내는 꽁꽁 얼어붙어 있었는데, 오히려 공원 안으로 들어오니 계곡에 물이 흐르고 있었다. 동굴 속에서 엄청난 물이 솟아나는데, 동굴이 따뜻하니 이 물이 얼지 않고 밖으로 나가 산속 개울에서는 물이 흐르다가, 오히려 한참을 하류로 내려가다가 추운 외부 공기에 얼어붙는 것이리라.

다시 모노레일을 타고 동굴을 출발해 아래쪽 모노레일 역으로 돌아오다 보니, 역 옆에 공원을 조성해놓은 것이 보인다. 추운 날씨인데 물을 뿌려서 얼음이 마치 조각한 것처럼 멋진 형상이 보였다. 눈꽃이

대금굴 모노레일 역 앞에 만들어진 눈꽃이 보인다. 물줄기를 하늘로 뿌려서, 바람의 방향에 따라 물이 떨어지는 방향이 달라지므로 눈꽃이 만들어졌다. 산비탈 급경사 길을 올라가는 환선굴 모노레일을 타고 올라가면 환선굴 입구가 나온다. 환선굴은 국내 최대 규모를 자랑하는 엄청난 규모의 동굴이다.

라고 부를 수 있을 것 같다.

이번에는 환선굴 방향으로 향했다. 여러 식당들이 위치한 곳을 지나니 바로 환선굴로 올라가는 모노레일 역이 보였다. 이곳에서 모노레일을 타고 약 5분 올라가든지, 또는 걸어서 50분 정도 올라가면 환선굴이 있다. 시간을 아끼기 위해 모노레일을 타기로 했다. 이 모노레일은 대금굴 가는 것보다 훨씬 크다. 30도가 넘는 급경사 오르막길을 순식간에 올라간다. 환선굴은 예약제로 운영되는 대금굴과는 달리 자유 입장이 가능한 곳이다.

환선굴은 대금굴과는 전혀 다른 모습이다. 동굴의 규모도 큰데 국내 최대 규모라고 한다. 폭이 한 번에 10명 이상의 사람이 팔을 벌려서 서도 될 정도로 넓다. 대금굴이 석회동굴이라서 종유석이나 석순을 자주 볼 수 있는 데 비해 환선굴은 석회동굴인 부분도 있었지만 자연 그대로의 바위가 더 많았다.

'참회의 다리'라는 이름이 붙은 다리를 건너는데, 처음에는 왜 이

잠시 멈추고 돌아보는 시간이 필요한 순간

름이 참회의 다리인지 몰랐다. 그런데 다리 위에 올라보니 아래가 수십 미터 낭떠러지다. 아내가 무섭다고 내 손을 꼭 잡는다. 아내를 끌고 간신히 다리를 건넜다. 나도 간담이 서늘하다. 그다음에 나의 주의를 끈 것은 '옥좌대'라는 이름이 붙은 특이한 형태의 암석이었다. 오랫동안 물이 떨어져서 마치 은하수 같은 모습으로 땅바닥에 퍼진 둥근 모습이다. 계란을 바닥에 깨뜨려 펼쳐놓은 것 같기도 하다. 굴 내부에서는 사진 촬영을 할 수 없어 아쉬웠다.

맛있는 회와 삼척 김치의 깊은 맛

대금굴로 향하는 모노레일은 수시로 운행하고, 예약 없이 줄 서서 탈 수 있다. 동굴 관람을 마치고 나와 약 5분 정도 기다렸다가 모노레일에 올랐다. 급경사 길을 내려가는데 차체는 항상 평행을 유지하고 있었다. 주변 경치를 구경하고 사진을 찍으니 순식간에 아래에 도착했다. 주차장에 도착하니 동굴을 보고 나오는 데 딱 4시간 걸렸다. 오후 5시에 출발해서 40분 만에 삼척 시내에 도착해 숙소에 짐을 풀었다.

조금 후에 삼척에 사시는 지인인 전 선생님을 만났다. 이분의 안내로 약 20분간 차를 몰아 황영조 선수 생가가 있는 마을이 위치한 초곡항에 있는 조그마한 횟집에 들어섰다. 회를 시켜 먹는데, 이곳에서는 독특하게 큰 김치를 회와 함께 내놓는다. 김치를 먹어보니 색다른 맛이다. 그리고 김치 속에 다양한 생선들까지 들어 있다. 생선들을 먹어보니 '가자미식해' 비슷한 맛이 난다. 주인아주머니에게 물어보니 '삼척 김치'라면서 설명해주신다. 생선을 넣어 삭히고, 바닷물에 배추

를 절여서 만드는 삼척 지방 전통 방식의 김치란다. 이제는 삼척에서
도 대부분 시중 김치를 사 먹지만, 아직도 전통 방식으로 만들어서
손님들 상에 낸다는 아주머니. 깊고 개운한 김치 맛과 싱싱한 회를
맛있게 먹다가 배가 한참 부른 다음에서야 일어섰다.

바닷가 해변도로를 신나게 달려서 숙소로 돌아왔다. 오른편 망망
대해에는 고깃배들이 켜놓은 듯한 조그마한 불빛만이 반짝거린다.
숙소 주차장에서 전 선생님 내외분과 아쉬운 작별을 했다. 오늘 하루
를 참 알차게 보낸 느낌이다.

해신당 공원의 해학

둘째 날, 삼척 시내에서 30분 정도 남쪽으로 달려서 해신당 공원에
도착했다. 아름다운 바다가 내려다보이는 산 중턱에 삼척에 전해 내
려오는 설화를 바탕으로 한 조그만 공원을 만들어놓았다. 삼척의 어
느 어촌에 결혼을 약속한 애랑이라는 처녀와 한 총각이 있었다. 애랑
이 해산물을 채취하도록 앞바다에 있는 조그마한 바위섬에 내려놓
고 총각은 항구로 돌아와 다른 일을 했다. 그런데 갑자기 풍랑이 심
해져서 섬으로 배를 띄울 수 없게 된다. 총각은 밤새 애를 태우며 풍
랑이 잦아들기를 기다렸지만 애랑은 죽고 만다. 그래서 그 바위섬을
'애바위'라고 부른다.

그런데 그 뒤 마을에서는 고기를 잡기 위해 배를 띄워도 고기를 잡
을 수 없었다. 이에 화가 난 어느 어부가 술에 취해 바다를 향해 소변
을 본 후 고기를 잡으러 나가자 배 가득 고기를 잡을 수 있었다고 한

다. 그래서 애랑의 넋을 달래기 위해 애바위를 건너다보는 산 위에 남근을 깎아서 매달고 정성스럽게 제사를 지내게 되었다는 것이다. 전체적으로 재미있고 아기자기하게 전시물들을 잘 만들어서 볼 만한 것들이 많았다. 과거 어민들의 생활상을 알 수 있는 박물관까지 있었다. 19금 전시실도 있었는데, 외설스럽다기보다는 해학적인 웃음을 자아낸다. 바닷가 산책길도 운치 있게 잘 만들어놓았다.

'동양의 나폴리', 장호항과 케이블카

약 1시간에 걸쳐 관람을 마치고, 5분 거리 장호항을 내려다보는 언덕 위에 위치한 케이블카로 향했다. 휴가시즌에는 사람들이 무척 많을 텐데 지금은 겨울이니 사람들이 그렇게 많지 않아 도착하자마자 케이블카를 탈 수 있었다. 왕복과 편도 모두 가능한데, 우리는 왕복표를 샀다. 케이블카는 5분 동안 바다를 건너 우리를 내려놓았다. 바람이 많이 불어서 케이블카가 약간 흔들린다는 느낌이 들었지만 어지럽지는 않았다. 바다 위에서 보는 경치도 좋은데, 정거장의 경치도 아주 좋다. 케이블카 정거장 주변을 둘러본 후 다시 바다를 건너서 돌아오는데, 하늘 위에서 내려다보는 항구의 경치가 다른 곳에서는 구경하기 힘든 모습이다. 정신없이 사진을 찍다 보니 벌써 케이블카에서 내릴 시간이다. 시간이 너무 빨리 지나 아쉽다.

　장호항에는 어선이 몇 편 정박되어 있다. 항구 주변에는 횟집들이 가득하다. 항구 아래쪽으로 조그마한 바위섬이 있다. 파도가 몰아치는 바닷가를 산책하면서 장호항 부근을 살펴보았다. 경치가 아름답

케이블카가 지나는 장호항의 모습. 장호항 안쪽은 여름이면 투명 카누나 스노클링, 수영 등을 즐기는 사람들로 가득하다. 조그마한 다리를 건너가면 산 위로 보이는 정자로 올라가서 아래 경치들을 둘러볼 수 있다.

고 파도가 잔잔해서 여름이면 많은 관광객이 몰려들어 투명 카누의 노를 저어가면서 바다 구경도 하고 스노클링도 하는 곳이다. 물이 투명하고 다양한 색을 자랑해서 '한국의 나폴리'라고 삼척시에서는 적극 홍보하고 있다. 그렇지만 지금은 겨울철이라 관광객이 많지 않다. 그래도 아름다운 모습을 잘 느낄 수 있었다. 방파제가 있는 곳도 지나 항구 제일 안쪽으로 들어가다 보면 왼편에 조그마한 다리가 보인다. 다리를 건너 보이는 섬으로 올라가 전망대에서 주변을 둘러봤다. 기암괴석이 가득 찬 멋진 모습이다. 다리를 내려와 좀 더 바닷가 쪽으로 가면 길이 끝난다. 거기서 오른편으로 공원이 조성되어 있어서, 그 앞 바다에 펼쳐진 멋진 경치를 좀 더 감상할 수 있도록 되어 있다.

점심 식사를 마치고 근처에 위치한 레일바이크 역에서 레일바이크를 탔다. 산과 계곡을 끼고 달리는 철길에 마련된 정선 레일바이크와는 달리 삼척 레일바이크는 해변을 달리는 1시간 코스다. 한쪽은 바닷가 모래사장이지만, 다른 한쪽은 마을을 지나기도 하고 솔숲 터널을 지나기도 한다. 형형색색 불빛이 가득한 굴을 지나기도 한다. 힘이 들어 허벅지가 뻐근해질 때쯤 중간에 잠깐 쉴 수 있는 휴게소도 마련되어 있었다. 음료수를 마시면서 갈증 난 목을 축였다. 겨울이지만 날씨가 그렇게 춥지 않아서 다행이었다. 반대편 역에 도착해서 수시로 운행하는 무료 셔틀버스를 타고 출발지로 되돌아왔다.

죽서루와 삼척시장

어제 저녁을 먹으러 들렀던 초곡항 근처에 위치한 황영조 기념관에 방문했다. 젊은 사람들은 잘 알지 못하겠지만, 나는 아직도 1992년 스페인 바로셀로나 올림픽 때 황영조 선수가 마라톤에서 금메달을 따던 순간을 기억한다. 일제강점기 시절 일장기를 달고 뛰었던 손기정 선수 이후 최초로 한국 선수가 마라톤에서 금메달을 딴 감격스러운 순간이었다. 2위가 일본 선수였기 때문에 더 기억이 난다. 그래서 그때의 느낌을 다시 한 번 되살리기 위해 기념관을 방문한 것이다. 그때의 감동이 다시 생생하게 떠오른다.

어젯밤 달린 바닷가 길을 따라 삼척 시내로 돌아왔다. 어제는 밤이라서 잘 알지 못했는데, 오늘 낮에 보니 맹방 해수욕장에서 끝없이 펼쳐진 모래밭이 인상적이다. 한국에 이렇게 넓고 긴 모래사장이 또 있는지 궁금하다. 모래밭 가운데 서서 보면 좌우 양편으로 모래밭이 끝없이 펼쳐져 있다. 그리고 해수욕장 뒤로는 솔숲이 있고, 그 솔숲에는 산책길이 조성되어 있었다. 추운 겨울 바닷가이니 수영을 하는 사람은 없었지만, 여름이 되면 이 넓은 백사장에 많은 사람들이 모여들 것이다. 계속해서 바닷가로 밀려드는 파도를 구경하다가 다시 차

죽서루의 기둥은 자연석 위에 나무를 깎아 올렸다. 그래서 기둥들의 높이가 제각각이다. 자연과 인공이 조화된 아름다운 모습이다. 죽서루 바로 아래 절벽 밑으로는 오십천이 흐르고 있다.

에 올랐다.

삼척 시내로 접어들어 관동팔경의 제1루로 유명한 죽서루竹西樓로 향했다. 죽서루를 멀리서 바라볼 때는 왜 이 누각이 보물 제213호로 지정되었는지 잘 몰랐다. 다른 누각들과 별로 다르지 않은 모습이었다. 그런데 언덕을 올라 가까이 다가가 보니 여러 가지 독특한 점을 알 수 있었다. 우선 누각 아래가 바로 절벽이다. 오십천이라는 태백산맥에서 흘러온 시내가 바다로 흘러드는 지점에 누각이 위치한다. 지금은 주변에 건물이 많이 들어서서 덜해졌겠지만, 예전에는 여름에 이곳에 앉아 있으면 아래를 내려다보는 경치가 좋을 뿐만 아니라 바람이 솔솔 불어서 시원했을 것이다. 누각 바로 옆에는 쉽게 찾아보기 힘든 검은색 대나무인 오죽烏竹이 있었다.

누각 아래로 가서 누각을 올려다보니 누각의 기둥도 범상치 않다. 자연 그대로의 암석 위에 나무를 깎아 맞추어 기둥을 올렸다. 그러니 기둥들마다 높이가 조금씩 다르다. 자연과 인공의 조화를 이루어 누각을 만든 선조들의 지혜를 느낀다. 고려 시대 말에 누각이 처음 세워졌고, 조선 시대 초기에 개축되어 현재까지 전해온다고 한다. 원래는 5칸짜리 누각이었는데, 후대에 양 끝에 1칸씩을 늘려서 현재는 7칸으로 된 누각이라는 설명을 읽었다. 누각에 올라보니 여러 선인들의 글씨들이 벽을 장식하고 있었다.

누각 옆에는 큰 바위들이 무리 지어 있었다. 그중 하나의 바위에는 큰 구멍이 뚫려 있었다. 용이 뚫고 지나가서 생겼다는 전설이 있는 용문바위다. 이 굴을 통과하면 용이 된다는 전설이 있다는 이야기를 인터넷에서 읽은 적이 있어서, 나도 한번 굴을 통과해봤다. 용은 되지 못했지만 마치 용이 된 듯 기분이 좋다.

20분 정도에 걸쳐 죽서루 관람을 마치고 바로 옆에 있는 삼척시장으로 향했다. 삼척에 온 김에 인사를 드리려고 삼척에 사시는 권 선생님께 전화를 드렸더니, 여기까지 왔는데 그냥 가면 안 된다고 잠시 후 삼척항에 있는 어떤 식당에서 만나 저녁을 먹자고 하신다. 아내는 시장을 둘러보다가 싱싱한 문어도 사서 삶고, 반찬도 이것저것 샀다. 내일 아침으로 먹자면서 수수부꾸미와 떡도 샀고, 시장에서 만들어 파는 순두부도 샀다. 쇼핑한 짐을 삼척 시내에 있는 숙소에 내려놓고 삼척항으로 향했다.

영화 〈외출〉의 배경이 된 삼척

저녁으로 삼척에서 유명하다는 곰치국을 먹었다. 못생긴 생선인 곰치를 이용해서 만든 국이다. 우리는 처음 이름을 들어본 생선인데 식당 안에는 손님이 한가득하다. 맛있게 식사를 하고 권 선생님의 안내를 받아 삼척항에서 연결되는 해안도로를 따라 북쪽으로 행했다. 영화배우 배용준, 손예진이 함께 찍은 영화 〈외출〉에 등장하는 호텔을 옆에 끼고 고개를 넘어 조금 더 가니 길가에 차를 세우라고 하신다. 겨울이라 벌써 날이 어두워져서 잘 보이지는 않지만, 길 양편에 노변주차장이 있고, 넓은 전망대가 있었다. 그 전망대 아래로 안내를 받아 내려가니 '마린데크'라는 카페가 있었다. 시에서 직접 운영하는 곳이란다. 커피를 마시면서 눈앞에 펼쳐진 망망대해를 바라본다. 오후보다 바람이 좀 세차게 불어서 파도가 세게 몰아친다. 마린데크 바로 밑이 바다이기 때문에 몰아치는 파도가 바로 눈앞으로 튀어 오르는 것 같다. 한참 동안 파도를 내려다보면서 생각에 잠기기도 하고, 권 선생님과 여러 대화도 나누었다.

홍콩과기대에서 학생들을 가르치던 2005년의 어느 날, 한국에 가기 위해 홍콩공항에서 비행기 탑승시간이 되기를 기다리고 있었다. 그런데 서울행 비행기 게이트 앞에서 비행기 시간을 기다리고 있는 사람들의 90%가 20~50대 정도로 보이는 홍콩 여자들이었다. 홍콩의 경우 원래 평일 비행기 승객은 사업상 목적에서 여행을 하는 남자들이 더 많은데 드문 일이었다.

그러다가 그중 몇 사람들이 게이트 앞에 서서 가지고 있던 큰 현수

잠시 멈추고 돌아보는 시간이 필요한 순간

막을 편다. 현수막에는 한글로 '배용준 씨 사랑해요'라고 적혀 있었다. 그러자 기다리고 있던 많은 사람들이 그 현수막을 보고 박수를 치고 환호를 한다. 서로 이야기하는 소리를 들으니 틀림없는 홍콩 사람들인데, 배용준 씨를 사랑한다는 한국말을 읽을 수 있다는 것을 보니 참 대단한 팬들이라는 것을 느낄 수 있었다. 그날 밤 한국에 와서 뉴스를 보니, 배용준 씨가 영화 〈외출〉을 찍는데 콘서트 장면에 관객으로 출연할 엑스트라가 부족하자 외국에 있는 팬클럽들에게 부탁을 했단다. 그 콘서트 촬영이 다음 날 있기 때문에 일본을 비롯한 아시아 각국에서 수천 명의 여성 팬들이 한국으로 입국하고 있다는 소식이었다. 내가 본 서울행 비행기를 가득 매운 홍콩 팬들도 다 그런 이유에서 함께 모여 한국으로 온 것이었다.

이처럼 문화의 힘은 정말 대단하다. 잘 만든 영화나 드라마 하나, 인기 있는 배우 한 사람이 국가 경제의 발전에 끼친 영향이 얼마나 클까? 이 경험 덕분에 홍콩에서 영화 〈외출〉이 상영될 때, 극장을 가득 채운 여성 팬들 틈에 끼어서 나도 같이 관람했던 기억이 지금도 생생하다. 그 영화의 배경이 된 도시가 바로 삼척이다. 영화로 인해 영화가 종영한 후 수많은 외국 여성 관광객들이 삼척을 찾아 영화에 등장한 곳들을 순례했다고 한다.

맛있는 커피를 마시고 마린데크에서 나와 권 선생님과 작별했다. 지금 헤어지면 언제 다시 만날 수 있을까? 숙소로 돌아와 삼척시장에서 산 문어를 안주로 술 한 잔을 했다. 오늘도 일정이 바빠서 피곤했는지 밤 10시가 조금 넘어서 눕자마자 바로 잠이 들었다.

삼척의 바닷가를 따라

오늘은 삼척을 떠나는 날이다. 어제 삼척시장에서 산 음식들로 아침식사를 한 후 숙소 체크아웃을 했다. 첫 번째 일정으로 어제 권 선생님과 함께 간 삼척항에 다시 들렀다. 아내가 항구에서 이집 저집을 돌아다니면서 한참 흥정을 하더니 게를 샀다. 주변 식당에서 게를 쪄준다고 한다. 꽃게가 쪄지기를 기다리는 50분 동안 항구 옆 가게들을 돌아보다가 말린 가자미도 사고 다른 반건조 생선도 샀다. 꽃게도 받아서 함께 집에서 가지고 온 아이스박스에 넣어 차 트렁크에 실었다.

어제 저녁에 간 길을 따라, 언덕 위에 서 있는 호텔 옆을 지나 산모퉁이를 도니 우리가 가는 길의 오른편이 바닷가다. 낚시질을 하는 사람들이 많다. 파도가 쳐서 길 바로 옆 바위에 부딪히니 하얀 물보라가 일어난다. 어제 이 길을 갈 때는 깜깜해서 잘 보지 못했는데 환한 낮에 보니 환상적인 풍경이다. 3분 정도 달리니 어제 차를 멈추었던 마린데크가 있는 곳이 나타난다. 길 오른편으로 큰 전망대가 있고, 야외음악당도 있고, 여러 조각들이 전시되어 있었다. 다시 차를 세우고 전망대 위에서 멀리 바다를 둘러보았다. 오늘은 날씨가 좋아 하늘은 눈이 시리도록 푸르고, 그 아래 망망대해가 끝없이 펼쳐진다. 어제 이곳에 왔을 때는 밤이라 멀리까지 볼 수 없었는데, 지금 낮에 보니 더 멋지다. 바로 이 전망대 아래가 어제 커피를 마신 마린데크다.

다시 차를 몰아 5분 정도 북쪽으로 가니 멀리 언덕 위에 큰 리조트 건물이 보인다. 오래전이긴 하지만 지난번 삼척에 왔을 때는 보지 못했던 건물이다. 새로 생긴 리조트 주차장에 차를 세우고 앞에 보

그리스 산토리니를 모티브로 만들었다는 리조트 건물 옥상에서 동해 바다를 내려다봤다. 아름답고 평화로운 모습이다. 다음으로 간 이사부사자공원에는 사자를 주제로 한 많은 목상들이 있다. 이곳에서 바라보는 바다 경치도 일품이다.

이는 옥상으로 연결된 길을 따라 옥상에 올랐다. 옥상 위에 큰 광장이 자리 잡고 있었는데, 이름이 산토리니 광장이다. 그리스의 유명한 관광지 산토리니 섬을 모티브로 만든 곳이다. 광장에서 보이는 종탑을 배경으로 사진을 찍었다. 옥상 위에서 내려다보는 경치가 훌륭하다. 겨울이라 추워서 야외에서 차를 마실 수는 없지만 한여름이면 이곳에 사람들이 가득할 것이다. 옥상 광장의 여러 시설물들도 잘 되어 있었다. 건물 반대편 끝까지 옥상을 따라 내려갔다가 발견한 바닷가 언덕 위 카페에 들어가서 따뜻한 차를 마셨다.

　다음에 차를 멈춘 곳은 이사부사자공원이다. 신라 장군 이사부가 울릉도를 정복할 때 '사자 조각상'을 만들어 "항복하지 않으면 이 맹수를 섬에 풀어놓겠다"고 위협해 항복을 받아서 복속시켰다는 전설에 기초해 만든 테마공원이다. 어제 권 선생님이 가보라고 추천해주신 곳이다. 조그마한 언덕 위에 위치한 공원에 오르니 공원 곳곳에 사자를 테마로 한 다양한 목상들이 자리 잡고 있었다. 아이들이 있으면 더 재미있어 할 것 같다.

공원 전망대에 오르니 앞 바다와 해안선이 시원하게 눈에 들어오고 카페가 자리 잡고 있었다. 공원 전망대 내에서 전시된 도계유리마을에서 만든 유리공예 제품도 구경했다. 10년쯤 전 이탈리아 베니스에 위치한 유리공예마을에서 본 전시품 못지않은 멋진 제품들이다. 아내에게 예쁜 유리 브로치와 목걸이를 선물했다. 아름다운 삼척 여행의 추억이 담긴 기념품이다. 직원에게 설명을 들으니, 그저께 태백에서 대금굴 오는 중간에 지나쳤던 도계유리마을에서 이런 장식품들을 제작하고 직접 체험도 할 수 있다고 한다. 예전과는 달리 이제 한국에도 정말 다양한 체험을 할 수 있는 곳이 많이 생겼다는 생각이 든다.

여행의 끝

점심 식사 후 서울로 돌아오는 길, 고속도로를 씽씽 달리면서 아내와 함께 대화를 나눴다. "이번 여행 어땠어?" "오랜만에 예전에 알던 분들을 뵈니 옛날 생각이 많이 나네요. 그리고 삼척 바닷가와 대금굴도 무척 좋았어요." "나도 그랬는데." "그 맛있는 김치에 싼 싱싱한 회 다시 먹고 싶은데…." 이러면서 대화를 나누다 보니 서울에 생각보다 빨리 도착했다.

저녁은 게찜, 식구들이 모두 둘러앉아서 말 한마디 없이 조용히 게를 나눠 먹었다. 맛있는 것을 먹고, 멋진 것을 보고, 정다운 사람들도 만났던 이번 여행. 해외 유명 관광지 못지않게 모든 것을 잘 갖춘 한국의 숨겨진 관광지를 돌아보며 마음과 몸이 새로워진 느낌이다.

석기 시대부터 고려와 조선, 그리고 일제강점기까지, 경기도 강화

아침에 출발한 차는 올림픽도로를 따라서 서편으로 달렸다. 1시간 반 만에 김포를 지나 육지와 강화도를 연결하는 초지대교를 건너 강화도에 접어들었다. 집에서 약속 때문에 서울 시내 중심가로 가려고 해도 차가 막히지 않을 때 1시간이 보통이고 막히면 2시간도 걸리는데, 1시간 반이면 강화도를 올 수 있으니 강화도가 참 생각보다 가까운 곳에 있었다. 그럼에도 불구하고 강화도를 처음 와봤다. 그러니 참 가깝고도 먼 곳이라고 할 수 있다.

강화도에 들어오자마자 처음 들른 곳은 초지진이다. 강화도에는 역사적인 곳들이 많다. 강화도를 방어하기 위해 여러 군사시설들이 강화도에 설치되었는데, 총 5개의 진鎭과 7개의 보堡가 있었다고 한다. 진은 현재의 대대급 병력이 주둔하는 시설이며, 보는 현재의 중대급 병력이 주둔하던 시설이다. 조선이 멸망한 이후 이런 시설들은 오랜 시간 동안 버려져 있었지만, 현재 용진진, 덕진진, 그리고 초지진의 3개 진과 광성보의 1개 보를 복원했다.

초지진에 올라 복원된 성곽 위에서 아래 바다를 내려다봤다. 서울 쪽에서 흘러온 한강과 황해도 쪽에서 흘러온 임진강이 만나서 바다로 흘러들어 오는 입구에 강화도가 위치해 있다. 그래서 강화도의 입지가 중요한 것이다. 조선 시대까지 도로가 발달하지 않아 내륙으로 물자의 수송이 매우 어렵던 우리나라에서는 물자의 수송이 대부분 배를 통해 이루어졌다. 따라서 전국 각지에서 출범한 배들이 물자를 싣고 강화도에 들렀다가 한강을 통해 한양서울까지 간 것이다. 또한 한양을 침범하려던 외국 세력도 한양에 가기 위해서는 우선 강화도를 손에 넣어야만 했다. 따라서 강화도에서 역사적인 사건들이 많이 일어났던 것이다.

초지진과 정족산성, 그리고 병인양요

강화도와 육지 사이에 있는 조그만 바닷길의 제일 남쪽 부분에 초지진이 위치해 있다. 병인양요 때 조선을 침공한 프랑스군, 신미양요 때 침공한 미국군, 운양호 사건 때 침공한 일본군과 싸움이 벌어졌던 곳이다. 그래서 초지진 밖에 우뚝 서 있는 멋진 소나무와 그 주변 성곽에는 당시 포탄의 흔적이 지금도 남아 있다. 치열한 싸움의 결과 우리 병사들이 장렬히 전사했다고 우리 교과서에는 기록되어 있지만,

아마도 현실은 구식 무기를 든 조선 병사들이 신식 무기를 든 서양과 일본 병사들에게 일방적으로 학살당한 현장이 아닐까 하는 생각이 든다. 세상이 변했는데도 기득권 지키기에 급급해서 나라 문을 걸어 잠그고 살던 당시의 무능한 집권층 때문에 우리 국민들이 희생된 것이며, 나중에는 나라까지 빼앗기게 되었던 것이리라.

초지진은 작은 규모이기 때문에 5분 정도면 다 둘러볼 수 있다. 그리고 다시 차를 몰아 10분 만에 도착한 곳이 전등사 동문주차장이다. 주차장에 차를 세우고 음식점들 사이에 난 계단을 잠시 걸어 오르니 10분 만에 정족산성의 동문에 도착한다. 정족산에 위치한 성이라서 정족산성이라고도 부른다. 옛 이름은 삼랑성이었다고 한다. 전등사는 삼랑성 내부에 위치해 있다.

동문을 통과하니 양헌수 장군 승전비가 서 있다. 1866년 병인양요 당시 초지진과 강화읍성까지 아무런 인명피해 없이 점령한 프랑스군은 약 160명의 병력으로 정족산성으로 행군한다. 그때 약 500명의 병력으로 성을 지키고 있던 양헌수 장군은 성 안에서 군사들을 모두 엎드리게 해서 성 밖에서 눈에 띄지 않게 숨긴다. 그러다가 프랑스군 선발대 12명이 바로 성벽 아래까지 도달하고 본대도 성벽 가까이로 행군해오자 일제히 일어나서 소총을 발사해 6명을 사살하는 전과를 올린다. 이에 조선군의 철저한 방어에 놀란 프랑스군은 강화도에서 철수한다. 그 덕분에 강화도를 지켜낼 수 있었던 것이다.

조선 조정은 당시 프랑스군의 철수를 조선의 승리라고 엄청나게 홍보하고 나라의 문을 더 단단히 걸어 잠그고 척화비까지 세웠다. 만약 그때 우리가 얼마나 약한지 깨닫고 조금이라도 방비를 갖추려고 노력했다면 그 뒤 허무하게 나라를 빼앗기지는 않았을지도 모른다. 오히려 조선군이 외세의 침략도 문제없이 다 물리칠 수 있다고 오판하게 만든 조그마한 교전이었을 뿐인데 말이다.

병인양요 이후인 1871년 벌어진 신미양요 때 역시 강화도를 침공한 미군을 물리쳤다고 엄청 자랑스럽게 홍보했지만, 실제로는 미군 3명이 전사하는 동안 조선군 수백 명이 참혹하게 죽었다. 상대가 안 되는 싸움이었던 것이다. 그 뒤인 1875년 일본 군함 운양호가 강화도에 상륙해 벌어진 전투에서도 조선군은 엄청난 피해를 겪었지만 일본인은 단 한 명의 사망자도 없었다. 이 패전의 결과 일본과 강화도 조약을 체결해서 비로소 쇄국정책이 끝나고 개국이 이루어지는 것이다.

전등사 대웅전에 숨겨진 이야기

이런 이야기를 이번 여행에 함께한 아들 원이에게 설명해주었다. 어린 시절 상당한 기간 외국에서 자란 원이였기에 한국사를 잘 모를 것이라고 생각했는데, 그래도 대강의 이야기에 대해서는 알고 있었다. 이야기를 하던 중 당시 허세를 부리던 조선의 집권층들이 한심하다는 생각이 들다가, 현재 우리나라도 국제정세가 얼마나 어려운 상황인지를 깨닫지 못하고 허세를 부리고 있는 것은 아닌지 하는 안타까운 생각도 들었다.

동문에서 전등사까지는 잘 닦여진 아름다운 길을 조금만 걸으면 된다. 울창한 아름드리나무들 사이로 전등사가 보이기 시작한다. 오른편 계단을 걸어 오르면 대웅전으로 오르는 문 역할을 하는 대조루

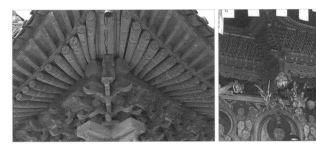

전등사 대웅전의 네 모서리 기둥 위편에는 벌거벗은 나부상 또는 원숭이상이 서 있다(왼쪽). 대웅전 안을 들여다보면 부처님 상 위에 있는 닫집 모습이 화려하다(오른쪽). 용과 하늘을 나는 극락조가 보인다.

의 아래를 통과하게 된다. 그 아래를 지나면 보물 제178호로 지정된 대웅전이 정면에 보인다. 대웅전 앞마당에 연등이 가득 걸려 있어서 대웅전의 모습을 사진으로 남길 수 없었다. 앞마당 왼편에는 수령이 400년 된 큰 느티나무가 자리 잡고 시원한 그늘을 제공해주고 있었다. 1621년 조선 광해군 때 지어진 건물이니 지은 지 400년이 된 셈이다. 건물의 기단은 자연석을 쌓아올렸고, 지붕의 곡선이 전통적인 한옥보다 더 크다. 그래서 양 끝 처마가 전통적인 건물보다 좀 더 하늘 높이 솟아 있는 모습이다.

이 건물에는 재미있는 이야기가 전해진다. 건물 처마의 네 귀퉁이를 보면 발가벗은 인물이 쪼그리고 앉아 두 팔로 지붕을 받치고 있는 조각상이 있다. 다른 건물에서는 찾아볼 수 없는 독특한 모습이다. 대웅전을 건축하던 당시의 건축기술자 도편수가 아랫마을의 주막집 주모와 정분이 났다. 그래서 공사대금으로 받은 금액을 주모에게 맡겼는데, 공사가 끝날 때쯤 주모가 돈을 챙겨 사라져버렸다. 이에 화가 난 도편수는 그 여인의 모습을 닮은 4개의 나체 인물상을 만들어 법당의 네 귀퉁이에 올려 지붕을 받치게 했다. 항상 부처님의 설법을 듣고 개과천선하라는 의미였다고 한다.

그렇지만 근거가 있는 이야기는 아니다. 또한 나부상이 아니라 흰 원숭이의 상이라는 주장도 있다. 부처는 전생에 흰 원숭이로서, 생전에 번뇌가 많은 원숭이들을 잘 살 수 있도록 가르쳤다고 한다. 그래서 원숭이를 사람에 비유해서, 대웅전을 찾아온 사람들이 부처님의 말씀을 듣고 번뇌를 잊고 마음의 평화를 찾으라는 의미에서 원숭이상을 조각해놓은 것이라고 해석하기도 한다.

대웅전 내부를 돌아보니 불상 위에 있는 닫집 장식이 상당히 화려하다. 부처님이 계신 공간을 나타내는 장식이다. 닫집 중앙에는 아래로 고개를 내민 용 2마리가 보이고, 그 양편으로 상당히 큰 크기의 극락조 2마리가 하늘을 나는 모습이다. 부처님 상을 받들고 있는 받침대에도 여러 정교한 조각들이 있어서 한번 볼만하다.

전등사 범종과 정족산 사고

대웅전 서편에 위치한 보물 제179호 약사전도 둘러봤다. 대웅전과 같은 시기에 건축된 것으로 보이는 건물이다. 대웅전 앞마당에는 보물 제393호로 지정된 범종도 있다. 천 년 전인 중국 송나라 때 동종인데, 북송 시절 하남성 숭명사에 있던 것이라고 한다. 이 종이 대웅전에 오게 된 사연에도 숨겨진 이야기가 있다. 일제강점기 말 일본은 가정에서 사용하던 수저 등 철로 된 물건들뿐만 아니라 사찰의 종까지도 전쟁물자로 빼앗아간다. 전등사의 범종도 마찬가지로 일본에게 빼앗겼다. 해방 후 전등사 주지스님이 빼앗긴 종이 혹시 조선 땅에 남아 있을까 해서 인천 항구를 뒤지다가 군기창고 뒷마당에서 이 종을 발견했다. 일본군이 점령한 중국 땅에서 빼앗아 조선까지 가져온 종이었던 것이다. 주지스님은 전등사 종을 되찾지는 못했지만 이 종을 찾아 전등사로 옮겨온 것이다. '이렇게 해서 중국 종이 전등사에 오게 된 것이 아마 부처님의 뜻이 아니었을까?' 하는 생각이 든다.

전등사 뒤쪽으로 몇 분만 걸으면 정족산 사고史庫를 만날 수 있다. 조선 왕조의 기록인 왕조실록을 보관하던 곳이다. 1660년 현종 때 건립되어 사용되었다. 원래 조선에서는 충주와 성주, 그리고 전주에 사고를 지어 왕조실록을 보관했는데, 임진왜란 때 전주 사고를 제외한 다른 두 곳이 모두 불타버렸다. 그래서 전쟁이 끝난 후 유일하게 살아남은 전주 사고에 보관된 실록을 다시 필사해서 강화도, 오대산, 태백산, 묘향산(후에 무주 적상산으로 옮김)의 네 곳에 나누어 보관했다. 이때 강화도에 처음 설치되었던 사고가 화재로 불에 타자 다시 지은 것이 정족산 사고다. 정족산 사고에서 보관하던 책들은 현재 서울대학교에 설치된 규장각으로 옮겨 보관되고 있다. 정족산 사고가 내가 근무하는 서울대학교와 이렇게 연결되어 있다는 것이 신기하다.

그렇지만 오늘 방문한 사고 건물은 평범한 사대부 집안의 외모와 별로 다르지 않았다. 1930년대까지 서 있던 건물이 이후 이유를 모르지만 폐허가 되었고, 현재의 건물은 최근에 들어 다시 지은 것이기 때문이다. 그래서 별로 큰 감흥을 느낄 수 없었다. 관람을 마치고 다시 산을 내려와 산 아래 식당가에서 점심 식사를 했다.

아름다운 섬 석모도와 보문사

천천히 길을 달려 석모도로 접어들었다. 강화도의 서편에 있는 작은 섬 석모도는 원래 서해낙조로 유명한 곳이었다. 강화도에서 배를 타고 들어와서 낙조를 보고 숙박을 하는 장소였는데 2017년도에 석모대교라는 큰 다리가 생겼다. 그래서 편히 갈 수 있게 된 것이다. 석모도로 넘어가니 눈앞에 큰 산이 서 있다. 그래도 평지가 상당히 있는 강화도에 비해 산으로 된 섬이다.

석모도에 접어들자마자 우회전을 해서 달렸다. 전등사 주차장을 출발한 지 약 50분 만에 도착한 곳이 석모도 수목원이다. 수목원은 그렇게 큰 규모가 아니라서 1시간 정도면 천천히 둘러볼 수 있었다. 인공적으로 심은 나무들보다는 자연 그대로의 나무들을 살려서 만든 수목원이라서 외관이 화려하지는 않았다. 그래도 자연의 아름다움과 평화로움을 잘 느낄 수 있었다. 아이리스원이나 꽃나리원 등의 이름을 가진 작은 정원에는 꽃들도 아름답게 피어 있었다.

석모도 수목원에서 보문사 입구까지는 약 20분 정도 걸렸다. 수목원을 나와 섬의 서편으로 향하니 차들이 길게 늘어서 있다. 운전을 하느라고 잘 볼 수는 없지만, 차 오른편으로 멋진 바다 경치가 눈 아래 펼쳐진다. 펜션이나 카페들도 길가에 가득하다. 길게 늘어선 차들을 따라 천천히 달리다가 줄지어 왼편으로 회전해서 보문사 주차장에 차를 세웠다. 2개의 주차장에 차들이 다 가득해서 주차하기 위해 한참을 기다려야 했다. 관음보살이 머무르시는 성스러운 곳^{관음성지}으로 유명한 곳이니 사람들이 많이 몰리는 것이다.

석모도 보문사의 오백나한(왼쪽)은 천인대라고 불리는 거대한 바위 위에 마련한 것인데, 각 나한의 모습이 조금씩 다르다. 보문사 뒤로 10분 정도 경사가 급한 계단을 올라가면 독특한 모양의 눈썹바위 아래 새겨진 마애석불좌상을 만날 수 있다(오른쪽).

차를 내리니 급경사의 언덕길이 눈앞에 보인다. 길과 길 주변 상가에도 사람들이 가득했다. 사람들을 따라 5분 정도 올라가니 보문사에 도착했다. 대웅전과 석실, 와불전 등을 둘러봤다. 천인대라고 불리는 곳에 있는 오백나한이 독특했다. 천인대는 길이가 40m에 이르는 거대한 바위다. 법회 때 수많은 사람들이 둘러앉아서 설법을 듣는 장소로 사용되었는데, 넓어서 천 명이 앉을 수 있다고 해서 천인대라는 이름이 붙여졌다고 한다. 이 천인대의 한가운데 탑을 만들고, 그 주변에 모양이 다른 500명의 나한부처님의 제자들상을 만들었다. 오백나한들의 얼굴이나 얼굴에 그린 그림, 손 모습이 모두 다르다.

절에서 다시 계단을 10분 정도 걸어 올라가면 바위 절벽에 새겨진 마애석불좌상을 만날 수 있다. 10여 명의 신도들이 석불좌상 앞에서

기도를 드리고 있었다. 1928년에 조성된 높이 9m가 넘는 거대한 불상이다. 인체의 비율이 조화로운 불상은 아니지만, 자연에 있는 바위를 그대로 살려서 조성한 것이니 이해할 수 있다. 불상 위를 하늘로 튀어나온 바위가 덮어주고 있는데, 이를 눈썹바위라고 한다.

불상을 올려다보다 고개를 돌려 서쪽을 내려다보니 멋진 경치가 펼쳐진다. 눈 바로 아래 보문사와 보문사를 둘러싼 울창한 숲이, 그 너머에는 바닷가에 있는 몇몇 건물과 갯벌이, 그리고 다시 그 너머 푸른 바다가 펼쳐져 있다. 이곳에서 서해 낙조를 보면 최고겠지만 아직 낙조시간은 아니다. 잠시 쉬면서 땀을 식힌 후 다시 보문사를 거쳐 주차장으로 내려왔다.

석모도의 저녁과 대룡시장

주차장을 나와 예약해놓은 숙소로 차를 몰았다. 오후 5시가 되기 조금 전이었다. 체크인을 하고 잠시 쉬다가 숙소를 나와 석모도 온천에 도착했다. 보문사에서 내려다보는 바로 서편 아래쪽 바닷가에 위치한 야외 온천으로, 옷을 입은 채 목욕을 즐기는 곳이다. 입을 옷이 없으면 온천에서 옷을 빌릴 수 있다. 온천에서 아들과 함께 따뜻한 물에 몸을 담그고 서해 바다를 바라봤다. 오늘 좀 걸어서 생긴 피로가 말끔히 풀리는 느낌이다. 봄이지만 저녁 무렵이 되자 바람이 차가웠는데, 따뜻한 탕 안에 있으니 바람을 잊을 수 있었다. 휴일이라서 사람이 얼마나 많은지 탕 안이 비좁을 정도였다. 낮에는 아마 사람이 이렇게 많지 않았을 텐데, 저녁 무렵이라 사람들이 더 몰리는 것 같다.

교동도에 위치한 대룡시장의 모습. 30년쯤 전 옛 모습이 그대로 남아있다. 북한 땅에서 한국전쟁 때 피난 온 사람들이 거주하는 마을이라고 한다.

낙조를 볼 때까지 기다리기에는 시간이 너무 오래 걸릴 것 같아, 목욕을 빨리 마치고 밖으로 나왔다. 저녁 식사를 하는 중 유리창 너머로 빨갛게 노을이 보인다. 그 모습을 보면서 천천히 식사를 마쳤다. 숙소에 돌아와 다시 원이와 이런저런 이야기를 하다가 잠이 들었다.

다음 날 아침, 가볍게 식사를 하고 출발했다. 석모도를 빠져나와 북쪽으로 차의 방향을 돌려 가다가 교동도 방향으로 좌회전을 하니 군 검문소가 있다. 이곳은 북한과 가까운 접경지역이라 신분증을 확인한 후에야 떠날 수 있었다. 교동도는 강화도의 서편, 석모도의 북쪽에 위치한 조그마한 섬이다. 이곳에 대룡시장이 있다. 섬 북쪽 황해도에서 살던 주민들이 한국전쟁이 발발하자 배를 타고 남쪽으로 피난와서 정착한 곳이다. 원래 다리가 없어서 배를 타고 강화도로 나가야하는 고립된 지역이었기 때문에 1960년대나 1970년대의 옛 모습들이 거의 그대로 남아 있다. 그러다가 2014년 말에 교동대교가 개통되어 이제 손쉽게 방문할 수 있게 되었다. 숙소에서 대룡시장까지는 1시간 정도 걸렸다.

시장은 돌아보는 데 20분도 채 걸리지 않을 정도로 조그마하다. 그렇지만 "없을 것 빼놓고 있을 것은 다 있다"는 말이 실감날 정도로 아기자기하다. 이발관과 미용실, 시계방도 구경하고, '쥐를 잡자'는 옛 포스터도 봤다. 정말 예전 모습 그대로다. 아내가 이번 여행에 함께 왔다면 장도 좀 보았을 텐데, 남자 둘이서는 시장을 둘러봐도 별로 살 것이 없다. 옛날 모습 그대로인 다방에 들러서 차를 한 잔 마셨다. 원이가 "예전에는 이런 곳에서 차를 마셨나요?" 하고 신기해한다.

강화역사박물관과 고인돌

교동시장만 벗어나도 교동도의 모습은 보통 시골마을과 다르지 않다. 그런데 교동시장만 옛 모습을 그대로 간직하고 있으니 신기하다. 교동도를 다시 돌아 나오는 데는 시간이 얼마 걸리지 않았다. 강화도의 북쪽에 위치한 강화평화전망대까지 30분 만에 도착했다. 이 전망대는 북녘 땅이 불과 2km 떨어져 있는 곳에 위치해 있어 북녘 모습을 볼 수 있는 곳이다. 산과 마을을 희미하게 볼 수 있었다. 이곳에서 강화역사박물관까지는 15분 정도 걸렸다.

역사박물관에서는 강화도의 역사와 관련된 여러 전시물들을 볼 수 있었다. 역사박물관 입장권으로 바로 옆에 위치한 자연사박물관도 관람할 수 있다고 직원이 친절하게 설명해주었는데, 자연사박물관은 다음 기회에 오기로 했다. 역사박물관에서 전시물을 보면서 어제 원이에게 설명해주지 못한 고려 시대의 역사에 대해 이야기해주었다. 원나라몽고의 침공을 받자 고려가 강화도로 수도를 옮기고 항전을 하다가 강화도가 함락된 이야기다. 고려 조정은 항복했지만 무신정권의 중심세력이었던 삼별초는 이에 굴하지 않았고, 본거지를 진도와 제주도로 옮기면서 항전을 계속했으나 몽고군과 고려 연합군에 의해 토벌된다. 아들과 역사 공부를 하는 교육 여행인 셈이다.

역사박물관 앞에는 커다란 고인돌이 자리 잡고 있었다. 역사박물관에서 어떻게 두 돌을 수직으로 세우고 그 위에 거대한 돌을 올려놓을 수 있었는지 알 수 있었다. 평지에 두 구멍을 파고 통나무를 이용해서 옮겨온 받침돌을 구멍에 넣어 돌을 세운다. 그리고 세로로 세운 두 돌 주위에 흙을 쌓아 언덕을 만든다. 언덕 위에 수평으로 큰 너럭바위를 올려놓은 후 흙은 제거하면 고인돌이 완성된다. 이런 작업을 하기 위해서는 대략 500명 정도의 힘센 장정이 필요하다고 한다. 이 정도의 인력을 동원하려면 상당한 권력을 가진 지배자가 존재했다는 것이다. 신석기 시대부터 청동기 시대까지 고인돌이 만들어진 것으로 보이니, 그 당시 이미 강화도에는 상당한 숫자의 사람들이 거주했다는 것을 의미한다. 섬이라서 해산물이 풍부하고, 상대적으로 평평한 지역이 많아 농사를 지을 수도 있었으니 사람들이 모여서 살 만하다.

아름다운 고려산 진달래를 찾아

점심 식사를 한 후 마침내 고려산을 향해 나섰다. 지난주에 고려산 진달래 축제의 모습이 TV에 보도되는 것을 보고 강화도 여행을 오기로 했던 것이다. 인터넷으로 정보를 확인해보니 축제 중에는 역사박물관 주차장에 주차를 하고 백련사까지 40분 정도 산길을 걸어 올라가야 한다고 설명이 되어 있었다. 그렇게 계획을 하고 왔는데, 이번 주는 축제가 끝난 후라서 백련사까지 차를 몰고 올라갈 수 있었다. 백련사 조금 아래쪽 길 한편에 차들이 가득 주차되어 있는 곳에 줄 맞춰서 차를 세웠다. 그리고 5분 정도 걸으니 백련사다.

이곳에서 절 왼편 급경사 계단을 올라가거나 절 오른편 완만한 차량통행로를 따라 올라가면 길이 합쳐진다. 우리는 계단이 이어진 길을 따라 걸었다. 20분 정도 걸으니 능선에 도착한다. 헐떡이는 숨을 고르느라 잠시 쉬었다가 다시 길을 따라 걸었다. 다시 10분 정도 걸으니 고려산 정상이 보인다. 정상은 군사시설이라 출입금지 구역이며, 진달래 군락지는 정상 바로 아래쪽 능선으로 펼쳐져 있었다. 그런데 금년에 더위가 빨리 찾아와서 그런지, 축제가 끝난 지 일주일밖에 지나지 않았는데도 불구하고 벌써 진달래꽃이 많이 떨어졌거나 시들어 있었다. 사진에서 보던 정말 멋진 경치보다는 약간 못한 느낌이었다. 그렇지만 오늘의 모습도 충분히 멋졌다.

나무로 만들어진 계단을 따라 진달래 군락지 능선을 따라 걸었다. 진달래는 약간 시들었지만 철쭉은 아직 싱싱하게 피어 있었다. 백련사를 출발해서 능선 끝까지 오는 데 40분 정도 걸렸다. 전망대에서 물을 마시면서 앉아서 잠시 휴식을 취했다. 젊었을 때는 이 정도 거리면 별 힘들이지 않고 올라올 수 있었는데, 이제 나이가 들다 보니 힘이 많이 든다. 물을 한 모금 마시고 나서 주변 경치를 둘러보니 산 아래까지 전망이 탁 트여 있다. 바람이 솔솔 불어와서 땀을 식혀주었다.

다시 백련사까지 돌아내려 오는 데 30분 정도 걸렸다. 사찰을 돌아보고, 사찰 내부에 위치한 찻집에서 잠시 차를 마시면서 쉬었다. 다시

잠시 멈추고 돌아보는 시간이 필요한 순간

한 번 진달래가 활짝 핀 축제 시기에 찾아와서 붉은색 양탄자로 뒤덮인 아름다운 산의 모습을 봐야겠다고 생각했다.

강화도를 떠나면서

차를 몰고 강화 읍내로 들어섰다. 생각보다는 작은 규모다. 다음 목적지인 성공회 강화성당은 읍내에 자리 잡고 있었다. 주차장에 차를 세우고 작은 언덕을 걸어 올라 성당으로 들어갔다. 영국 선교사가 1900년에 세운 건물로, 마치 절처럼 보이는 성당이다. 동양과 서양의 문화가 결합됐다고 할 수 있다. 백두산 목재를 가져와 지었다고 한다. 건물 위에 천주성전이라는 한문 이름이 걸려 있어서 성당이라는 것을 알 수 있다. 다만 미사가 진행 중이라서 내부를 볼 수 없어서 안타까웠다. 인터넷 검색으로 내부 사진을 찾아보는 것으로 만족해야 했다.

강화성당 바로 옆에 용흥궁이 있다. 강화도는 조선 철종1849~1863이 왕이 되기 이전 살던 곳이다. 조선 시대 후기 헌종이 아들 없이 사망하자, 당시 집권하고 있던 안동 김씨 세력이 허수아비 왕으로 세운 사람이 바로 철종이다. 철종은 왕이 될 당시 왕족이기는 하지만 조부가 역모로 인해 귀양 가서 몰락한 집안 출신이었다. 조부와 큰형이 역모에 관련되어 죽었다. 그러니 철종은 자신을 왕으로 옹립하기 위한 행렬이 강화도에 왔을 때, 자신을 잡아 죽이려고 온 줄 알고 산으로 도망가서 숨었다고 한다. 원래 초가집에서 어렵게 살았는데, 철종이 왕이 된 후 기와집으로 고쳐 지은 집이 현재의 용흥궁이다.

용흥궁과 강화성당 옆에 고려궁지가 위치해 있다. 고려 시대 수도

성공회 강화성당의 독특한 모습. 마치 절처럼 보이는 성당으로, 백두산 목재를 가져와 만들었다고 한다. 동양과 서양의 문화가 결합된 셈이다.

가 강화도였던 시절의 궁터다. 원래 계획은 이곳까지 방문하는 것이었는데, 고려산 등산을 마치고 나니 피곤해서 아쉽지만 다음을 기약하기로 했다. 이곳 고려궁지에는 외규장각이 위치해 있는데, 이곳은 왕실 관련 서적을 보관하던 곳이다. 앞에서 설명한 병인양요 당시 강화도를 떠나기 전 프랑스군은 이곳에 보관 중이던 조선왕실의궤를 약탈해 배에 싣는다. 의궤란 왕실의 주요 행사를 그림으로 그려 기록한 책이었다. 다행스럽게도 당시 약탈된 총 296권의 책이 프랑스 국립도서관에 보관되어 있었다. 2000년대 들어 이 책의 존재를 알게 된 우리나라에서 책을 돌려달라고 요청했으나 프랑스는 이런 요청을 거절한다. 오랜 협상 끝에 이 책이 지금은 임대 형식으로 한국으로 돌아와 있다. 이런 이야기들이 숨어 있는 곳이 바로 고려궁지다.

읍내에서 이른 저녁 식사를 마치고 강화도를 떠난다. 아들과 여행과 역사에 대해 이야기하면서 차를 모니 금방 서울로 돌아올 수 있었다. 일요일이지만 서울 가는 길은 막히지도 않는다. 등산을 하고 차를 몰아 돌아오려니 약간 피곤하기는 했지만, 그래도 거리가 멀지 않으니 참을 만했다. 이제는 제법 날이 길어져서, 아주 깜깜해지기 전에 집에 도착할 수 있었다.

아름다운 벚꽃 길을 둘이 걸어요, 경상도 산청과 하동

서울에는 아직도 찬바람이 불지만 지방은 벌써 봄소식이 들려온다고 한다. 봄맞이를 하러 여행을 떠났다. 다행스럽게도 지난주 우리를 괴롭혔던 황사와 미세먼지도 거의 사라졌다. 아침에 출발해서 부지런히 차를 몰아 남쪽으로 내려갔다. 대전에서 차는 경부고속도로를 벗어나서 통영대전고속도로로 접어들었다. 낮 12시가 조금 넘어 드디어 생초IC를 통해 고속도로를 빠져나왔다. 경상남도 산청군에 접어든 것이다. 이번 여행의 목표는 지리산의 북동쪽 모퉁이에 위치한 경남 산청군과, 산청군의 남쪽이면서 지리산의 남동쪽 모퉁이에 위치한 하동군이다.

전 구형왕릉에 전해오는 이야기

첫 번째 여행지는 전傳 구형왕릉이다. 주차장에 차를 세우고 경사진 언덕길을 100m쯤 걸어 올라가니 멀리서 무덤이 보인다. 돌로 만든 독특하게 생긴 무덤이다. 경사진 언덕에 위치하고 있는데, 총 7층으로 마치 석탑 모양처럼 돌을 쌓아올렸다. 높이가 7m라고 한다. 이 돌덩어리를 낮은 돌담이 원형으로 감싸고 있다. 처음 보는 신기한 모습이라서 좌우 양편으로 돌아보면서 무덤을 살펴보기도 하고 사진을 찍었다. 바위의 색이나 이끼를 보면 만들어진 지 오랜 시간이 흘렀다는 것이 느껴진다.

구형왕릉이라고 전해오지만 정확한 것이 아니라서 전해오는傳(전할 전) 구형왕릉이라는 명칭으로 불린다. 가야 연맹의 맹주였던 금관가야의 10대 왕인 구형왕은 서기 521년에 즉위했다. 그렇지만 신라의 계속적인 위협 때문에 나라를 지킬 수 없었다. 그래서 전쟁에 패하자 신라에 항복하고 별궁인 태왕궁에 은둔했다. 사망 직전 "나라를 구하지 못한 몸이 어찌 흙에 묻힐 수 있겠느냐? 내 몸을 차라리 돌로 덮어달라"고 유언했고, 그래서 돌로 무덤을 만들었다고 한다. 구형왕의 3대 후손이 김유신 장군이다.

그러나 사실 이 돌덩어리가 정말 구형왕릉인지에 대해서는 다른 의견도 많다. 앞의 이야기야 『삼국사기』에 나오는 기록이지만, 구체적으로 조선 시대 중기가 되어서야 현재 산청에 있는 돌무더기가 구형왕릉이라는 이야기가 전해온다는 기록이 처음으로 등장하기 때문이다. 구형왕릉 앞에 석물이나 비석이 서 있지만, 이는 모두 최근에 만

구형왕릉. 경사진 언덕에 돌로 쌓은 7m 높이의 돌무더기가 쌓여 있다. 다른 곳에서 보기 힘든 독특한 모습이다.

든 것이다. 또한 경상도 지방에는 이와 유사한 형태의 탑들이 일부 존재하고, 구형왕릉이나 이 옆에 있는 왕산사(구형왕릉을 지키기 위해 만들어졌다는 이야기가 전해 내려오는 사찰) 터를 발굴 조사했을 때도 특별한 유물이 나오지 않았다고 한다.

구형왕릉을 돌아보는 데는 20분 정도면 충분했다. 널리 알려진 곳이 아니라서 관광객은 아내와 나밖에 없었다. 그렇지만 난생처음 보는 독특한 모습을 볼 수 있었던 나름대로 의미 있는 시간이었다.

동의보감촌과 대원사를 돌아보다

구형왕릉에서 얼마 떨어지지 않은 동의보감촌에 도착해서 점심 식사를 했다. 구형왕릉과는 달리 주차장에 차들이 가득했다. 자연식으로 가득한 식사를 마치고 동의보감촌을 돌아봤다. 이곳은 조선 시대 명의로 유명한 허준 선생이 저술한 책 『동의보감』을 모티브로 만든 테마파크다. 허준 선생이 산청 출신도 아니고, 또 그의 스승이라고 드라마에 등장한 유의태는 실존 인물도 아니다. 그런데도 지리산 자락의 이곳 경남 산청에 자연에서 채취할 수 있다는 약초나 식물이 많다는 것에 착안해 동의보감촌을 만든 지자체의 창의성이 번뜩인다.

이곳은 한의학박물관, 기체험장, 한방테마공원 등의 여러 시설을 갖추고 있었다. 이곳에서 숙박도 하면서 기 체험이나 한방치료 체험도 하고 예쁘게 잘 가꾸어진 정원이나 산책로를 걷기도 하면 더 좋을 텐데, 여행 일정이 바쁘다 보니 그럴 여유가 없었다. 아쉽지만 전시물들을 한 번 돌아보는 것으로 만족해야 했다. 동의보감촌 내에는 잘 만들어진 공원에서 뛰놀고 있는 어린이들도 많았다. 이들을 바라보는 부모님들의 흐뭇한 모습이 눈에 선하다. 이마를 대고 소원을 빌면 소원이 이루어진다는 귀감석이라는 엄청난 크기의 바위는 모습이 독특했다. 아내가 동의보감촌 앞 몇몇 상가를 돌아보더니 약초로 만든 차를 몇 통 샀다.

다음 행선지는 대원사 계곡이었다. 먼 거리는 아니지만 산속의 길을 구불구불 돌아가야 하니 40분 정도 걸렸다. 산속으로 들어서자 엄청난 규모의 계곡이 눈에 들어온다. 지리산 자락에서 흘러내리는 물이 모여서 지나가는 계곡이다. 계곡의 폭이 100m쯤은 될 듯한데, 집채만 한 바위덩어리들이 계곡을 가득 덮고 있다. 심산유곡 지리산 골짜기로부터 흘러내려오는 청정한 물이다. 그 주변을 아름드리나무들이 빽빽이 둘러싸고 있다. 오늘처럼 자동차를 몰고 그냥 지나치기 아까운 모습이다.

대원사 입구에 있는 주차장에 차를 세웠다. 주차장 바로 아래가 계곡이다. 계곡을 마주보는 언덕 위로 절 건물들이 배치되어 있다. 일반적인 절들과는 달리 비구니라고 불리는 여자 스님들이 수도하는 절이다 보니 다른 절들에 비해 아담하고 정갈한 모습이었다. 작은 정원

동의보감촌은 명의 허준 선생이 저술한 책『동의보감』을 테마로 해서 만든 공원이다. 여러 박물관과 체험시설들이 있다. 다음으로 들렀던 대원사는 비구니 사찰이어서 그런지 다른 절들과 비교할 때 아담하고 정갈한 모습이다.

이나 대나무 숲에서도 절제된 아름다움을 느낄 수 있었다. 작은 절이라 금방 돌아볼 수 있었다. 건물 뒤편에 있는 엄청난 규모의 장독대를 보니 빙그레 웃음과 함께 입안에 침이 돌았다. 역시 여자 스님들이라 음식이나 장을 많이 담아놓는 듯하다. 저 음식을 한 번 얻어먹을 수 없으니 안타깝다.

대원사에 있는 문화재는 보물 제1112호 다층석탑이다. 1.5층 건물 높이가 될 듯한 8층인지 9층쯤 되는 독특한 석탑이다. 신라 시대 선덕여왕 시절에 세워졌다고 한다. 그런데 이 다층석탑이 위치한 곳은 스님들이 수도하는 곳이라서 일반인들은 출입을 금한다는 표지판이 붙어 있었다. 그래서 먼발치에서 탑을 볼 수밖에 없었다. 이 석탑은 철분이 많이 함유된 화강암으로 만들어져서, 돌 표면에 철분이 흘러나와서 멀리서 보면 녹이 슨 쇳덩어리가 하늘을 향해 우뚝 솟아 있는 듯하다. 기단부에 조각도 많이 되어 있다는데 직접 볼 수 없어 안타까웠다.

남사예담촌의 옛 담과 정취

대원사에서 나와 근처 계곡에 위치한 마을에 있는 찻집에 잠시 들렀다. 호젓한 야외 테이블에서 계곡의 물소리를 들으면서 전통차를 마셨다. 졸졸졸 흐르는 물소리를 들으니 마음이 가라앉고 정화되는 느낌이다. 대도시의 차량 소음과 바쁜 일상에서 벗어나서 가끔은 이런 조용한 곳에서 여유를 즐기고 싶다. 아내는 내가 시골 출신이라서 그렇다고 이야기하지만, 아내도 역시 이곳의 분위기가 호젓하고 평화롭다고 동감한다. 지금은 봄철이라서 상대적으로 수량이 적은데도 이렇게 물이 많은데, 여름이면 아마 저 넓은 계곡을 가득 덮을 정도로 물이 콸콸콸 흘러내릴 것이다. 그런 계절에 저 물에 발을 담그고 앉아서 시원한 술 한 잔 나누면 무릉도원이 따로 있을까?

약 40분간 차를 달려 5시가 되기 조금 전 남사예담촌에 도착했다. 남사예담촌은 18세기부터 20세기 초까지 약 200년의 시간 동안 만들어진 40여 채의 한옥들이 모여 있는 마을이다. 안동의 하회마을이나 경주의 양동마을처럼 전통 한옥마을로 유명하다. 원래 명칭은 남사마을인데 옛 담이 유명한 곳이라서, 옛 담을 변형해서 '예담'이라는 말을 더해 남사예담촌이 되었다고 한다.

오늘 우리도 이곳의 전통한옥에서 묵는다. 주차장에 차를 세우고 마을을 돌아봤다. 덩굴이 우거진 흙담이 우선 눈에 들어온다. 맨 아랫부분은 돌을 쌓았고, 그 위에는 흙과 돌을 함께 쌓았다. 담의 맨 위는 기와로 덮었다. 비가 올 때 바로 흙벽에 빗물이 들이치지 않게 기와를 덮은 것이리라. 담의 높이가 약 2m쯤 될 정도로 높다. 나귀를

남사예담촌은 조선 시대 후기부터 일제강점기 당시 만들어진 전통 한옥들이 모여 있는 마을이다. X자 모양으로 구부러져서 교차한 부부나무(왼쪽)와 전통의 멋이 느껴지는 옛 담장(오른쪽)이 유명하다.

타고 지나갈 때 담 안이 보이지 않도록 하기 위해 담을 높이 쌓았다고 한다.

담 너머로 멋진 매화나 벚꽃이 피어 있고, 담 너머에 있는 한옥의 윗부분이 조금 보인다. '한국의 미'라고 세계에 자랑할 만한 멋진 모습이다. 사진을 여러 장 찍었지만, 사진으로는 이 담장의 느낌을 고스란히 담을 수 없어 안타깝다. 마을에는 산청에서 자랑하는 멋진 매화나무들도 여럿 있는데, 매화가 활짝 핀 시즌이 이미 지나 꽃이 얼마 남지 않은 데다 시들어 있었다. 3월 중순에 다시 와야 그 멋을 제대로 느낄 수 있을 것 같다.

남사예담촌 내의 여러 건물에는 현재도 주민들이 거주하고 있었다. 그런데 대문을 잠그지 않고 열어두어 관광객들이 집 안을 돌아볼 수 있게끔 허락해주고 있었다. 건물에 직접 들어가 보니, 바깥채는 사용하는 건물이 아니라서 볼 수 있었는데 실제로 주민이 거주하는 안채는 들어가지 못하도록 문이 닫혀 있었다. 최씨고가, 이씨고가, 사양정사, 사효재 등 여러 건물들이 나름대로 독특한 멋을 자랑하고 있었다. 숙박시설뿐만 아니라 족욕체험장이나 아트숍 등도 있었다. 미로처럼 길이 이어지고 막힌 곳도 많아서, 한 골목을 들어가서 구경을 하다가 막히면 다시 돌아 나와서 다른 골목으로 들어가야 한다.

좁은 골목길을 따라 이리 돌고 저리 돌면서 구경을 하다 보니 시냇물 옆길로 나왔다. 그 길을 따라 걸어서 다시 차가 다니는 큰 길 방향으로 되돌아왔다. 그러다 보니 남사예담촌을 홍보하는 사진에서 많이 본 구부러져서 X자처럼 교차하는 모습의 두 나무가 있는 길이 눈에 들어왔다. 관광버스에서 함께 내린 듯한 많은 사람들이 줄 서서 그 모습을 사진에 담고 있었다. 그래서 사진을 찍기 위해 5분 정도 기다려야 했다.

두 나무의 수종은 회화나무로 수령은 300년이 넘었다. 선비나무 또는 부부나무로도 불린다. 나란히 마주서서 서로에게 빛을 더 잘 들게 하려고 몸을 구부리고 자랐다고 한다. 부부가 이 나무 아래를 함께 통과하면 금실 좋게 백년해로한다고 해서, 아내와 손을 잡고 나무 아래를 지나갔다. 이 나무를 다치지 않게 하기 위해서 나무가 있는 부분은 담이 중간에 끊어진다. 담을 쌓으면서도 나무를 살려서 쌓은 선인들의 생각에 고개가 끄덕여진다. 천천히 돌아도 1시간 정도면 마을을 다 돌아볼 수 있었다.

평안하고 행복한 여행길

오늘 숙박하는 한옥에 들어가 짐을 풀었다. 잠시 쉬었다가 나가서 저녁을 먹고 다시 들어왔다. 들어오는 길에 마을 앞 길가에서 파는 딸기를 사왔다. 서울에서는 상상할 수 없는 싼 값인데, 길에서 딸기를 파는 아주머니는 저녁때가 되어 이제 집에 갈 시간이라면서 떨이라고 한 바구니 더 딸기를 담아주신다. 숙소에 돌아와 딸기를 씻어 먹으니 입에서 살살 녹는다. 마치 달콤한 아이스크림을 먹는 듯하다.

조용한 방에 앉아 있으니 마음이 다 평안해진다. 아까 대원사 계곡에서 느꼈던 기분과 비슷하다. 서울에서는 미세먼지와 황사 걱정을 하면서 마스크를 착용하고 지냈는데, 지리산 자락에 위치한 이곳 산청의 공기는 깨끗하다. 가슴속까지 시원해지는 느낌이다. 밖에서는 거의 아무런 소리도 들리지 않는다. 문을 열어 하늘을 보니 별들이 가득 눈에 들어온다. 아! 행복하다.

오래전에 읽어서 정확히 기억이 나지는 않는데, 유홍준 선생은 『나의 문화유산답사기』에서 남사예담촌의 고택들에 대해 약간 비판적인 논조로 설명했던 것 같다. 작고 아담한 사대부의 전통 한옥들과는 달리 상당히 크고 과장되게 만든 한옥이라는 내용이었다. 나는 좀 다르게 생각한다. 물론 이곳 한옥들은 조선 중기까지 지어진 다른 한옥들과는 조금 다른 모습이다. 한 층의 높이도 더 높고 지붕의 곡선도 더 위압적이다. 처마에서도 부드러운 곡선미가 나타나지 않고 직선을 보인다. 유리를 사용한 건물도 있고, 전통 한옥에서는 볼 수 없는 둥근 창이 있는 건물도 있다. 그러나 크기가 크거나 모양이 좀 다르다고 해서 한국적이지 않은 것은 아니다. 조선 말이 되어 시대가 변하고 농업이나 상업도 발달해서 사람들이 금전적으로 여유가 생겼을 시점에 지어진 집들은 당시의 시대상을 반영한다. 시대가 변했는데 예전과 똑같은 작고 아담한 집에서 살아야 한다는 생각을 강요할 수는 없다고 생각한다. 다른 시대의 한옥과는 좀 다르지만, 그래도 이 한옥이 만들어질 때의 시대상과 건축양식을 잘 보여주는 건물이 아닐까 한다.

일찍 잠이 들어 아침까지 정말 푹 잘 잤다. 아침에 일어나서 어제 마을에서 산 떡과 딸기로 간단히 식사를 했다. 짐을 차에 싣고 나서 어제 걸었던 길과 같은 순서로 다시 한 번 마을을 한 바퀴 돌았다. 어제 잘 보지 못하고 무심코 넘어갔던 다른 모습들을 만날 수 있었다. 마을 한편으로 돌아서니 많은 비닐하우스들이 서 있었다. 어제는 신경 쓰지 않고 그냥 지나쳤는데, 오늘은 지나다 보니 비닐하우스 문이 열려 있는 곳이 있었다. 안을 들여다보니 딸기를 재배하는 비닐하우스다. 그런데 딸기를 땅에서 기르는 것이 아니라 화분처럼 만들어 공중에 걸어놓고 기르고 있었다. 수경재배 딸기인 것이다. 어젯밤과 오늘 아침에 딸기를 먹으면서 정말 맛있다고 느꼈는데, 그 독특한 맛의 비결이 바로 수경재배 때문이 아닌가 하는 생각이 들었다.

아쉬운 마음을 안고 남사예담마을을 떠나 시내 옆길을 따라 서쪽 방향으로 달렸다. 밤사이 벚꽃이 많이 피어 있었다. 남명 조식 선생의 유적지에 잠시 들렀다. 조선 시대의 유명한 유학자 조식 선생이 거처하던 곳이다. 이곳에는 조식 선생이 500여 년 전에 직접 심었다는 유명한 매화나무가 있다. 그러나 남사예담촌의 매화처럼 이미 꽃잎이 거의 다 떨어져 있어서 그 멋을 느낄 수 없었다. 매화나무 아래 떨어져 있는 꽃잎이 마치 눈 덮인 모습 같다. 잠시 건물들을 둘러보고 다시 차에 올랐다.

지리산 자락에 위치한 삼성궁의 독특한 모습

차는 지리산 자락을 향해 계곡을 따라 계속 올라간다. 길 옆 도로의 산과 마을들의 모습이 평화롭다. 길옆에는 벚꽃들이 아름답게 피어 있었다. 서울 근교였으면 벚꽃 축제라도 열릴 듯한 경치였다. 거림 계곡 방향으로 한참을 가다가 드디어 차량이 남쪽으로 방향을 돌리더니 큰 터널로 들어섰다. 잘은 모르지만 지리산 자락을 터널로 넘는 것이리라. 터널을 통과하고 나니 이제 하동군이다. 지리산 북동편에서 터널을 지나서 지리산의 남동쪽으로 순식간에 옮겨온 것이다. 다음 행선지인 삼성궁은 터널이 끝나는 곳에서 멀지 않았다.

삼성궁까지는 계속 오르막길이다. 삼성궁 주변에 있는 마을이 유명한 지리산 청학동이다. 지나가는 길 밖으로 서당 건물들이 많이 보였다. 청학동은 과거 문화를 고수하는 종교를 믿는 사람들이 함께 모여 사는 마을이다. 성인이 되면 옛 선비들처럼 상투를 트고 갓을 쓰고 도포를 입는다. 자녀들을 학교에 보내지 않고 서당에 보내는 것도 독특한 이 마을의 문화다. 서당에는 이 지역 학생들만 다니는 것이 아니라 외지에 있는 학생들도 체험활동의 일환으로 많이 참여한다고 알려져 있다.

청학동 마을 바로 위에 삼성궁이 위치하고 있다. 삼성궁이란 고조선 시대의 수도였던 소도의 모습을 상상해서 만든 작은 도시다. 단군신화에 나오는 환인, 환웅, 단군을 모신 궁전이라는 의미로 삼성궁三聖宮이라고 이름을 붙였다고 한다. 한풀선사라는 분이 다른 신자들과 함께 수십 년 동안 돌들을 쌓아올려 만든 궁전이다. 주차장에 차를

고조선의 수도인 소도의 상상 속의 모습을 재현한 삼성궁의 풍경. 지리산 자락에 돌들을 쌓아 거대한 도시의 모습을 꾸며놓았다. 길을 따라 왼편 언덕을 넘어가면 환인, 환웅, 단군을 모신 사당이 있다.

세우고 보니 앞에 파란색의 큰 새 동상이 눈에 들어온다. 주변 경관과 안 어울릴 정도로 동상이 커서 이상하다고 생각했는데, 가만히 생각해보니 이곳의 지명인 푸른 색의 학青鶴을 모티브로 만든 동상이다. 전설에서 신선들이 타고 다녔다는 학이다.

삼성궁으로 들어가는 입구부터 모습이 기묘하다. 지리산 자락에 흔한 수많은 돌로 큰 돌탑들을 쌓아올렸다. 문을 통해 들어서서 큰 광장으로 나서자마자 주변 언덕을 가득 둘러싼 수많은 돌탑과 돌산을 볼 수 있다. 사진으로는 그 기묘한 모습을 다 담을 수 없었다. 왼편으로는 계곡이 있는데, 그 계곡에도 돌을 이용해 댐을 쌓아 폭포처럼 물이 쏟아진다. 사슴을 형상화한 조형물도 있었다. 청학동 설화에는 사슴이 등장한다. 옛날에 어떤 나무꾼이 지리산에 올라 나무를 하는데 사슴을 보고, 사슴을 잡으려고 뒤를 쫓는다. 그런데 사슴이 계속 도망치다가 어느 굴속으로 들어갔다. 사슴을 따라 그 굴을 들어가 보니 굴 반대편에 큰 마을이 있고 사람이 살기 좋은 이상적인 지형이 있었다고 한다. 그 마을이 바로 청학동 마을이라는 전설이다. 중국에서 도원명이 쓴 '도화원기'라는 시에 등장하는 '무릉도원'의 한국판

쯤 되는 이야기다.

계속해서 사진을 찍으면서 언덕으로 향한 길을 따라 올라가니 갑자기 큰 광장처럼 넓은 곳이 나타난다. 그 가운데 큰 호수가 위치해 있다. 호수 건너편은 돌을 깎거나 쌓아서 멋진 궁전을 만들어놓았다. '정말 고조선 시대 사람들이 이렇게 살았을까?' 하고 궁금해진다. 아마 당시 사람들은 땅속에 굴을 파서 살거나 나무로 움집을 지어 살았을 가능성이 높다. 길을 따라 호수 건너편으로 돌아가서 전시물들을 구경했다. 길은 계속해서 산을 따라 이어져서, 오른편 산모퉁이를 돌아간다. 헉헉거리면서 산모퉁이에 올라 잠시 숨을 골랐다.

하동 금오산 전망대의 장쾌한 전망

산 너머를 돌아가니 여러 채의 집이 나온다. 신도들이 거주하는 곳인 듯하다. 그리고 그 가운데 바로 환인, 환웅, 단군을 모신 사당 건물이 있었다. 다듬잇돌과 맷돌을 활용해 많은 조형물을 만들어놓은 것도 보였다. 어렸을 때 살던 시골마을에서는 집집마다 가지고 있던 물건들인데, 지금은 우리 주변에서 쉽게 볼 수 없는 물건이다. 정원도 잘 가꾸어져 있었다.

삼성궁을 다 돌아보는 데 2시간이 약간 덜 걸렸다. 삼성궁 아래의 청학동 마을에 있는 식당에서 점심 식사를 했다. 한참 등산을 해서인지 허기가 지고 피곤했다. 삼성궁이 위치한 곳의 높이가 800m가 넘는다고 한다. 그러니 아마 1천m가 넘는 산에 올랐다가 내려온 셈일 것이다.

다음 행선지는 금오산 전망대다. 잘 알려진 곳이 아닌데, 인터넷으로 이곳저곳 찾다 보니 발견한 곳이다. 내비게이션으로 행선지를 입력하니 삼성궁에서 1시간이 더 걸리는 것으로 나온다. 같은 군인데 이렇게 오래 걸릴 수 있나 생각했는데, 실제로 차를 몰아보니 그럴 만하다는 생각이 든다. 우선 꼬불꼬불한 청학동 계곡을 빠져나가는 데 상당한 시간이 걸렸다. 그리고 금오산 근처에 도착해서 다시 금오산을 올라가는 데 한참 걸렸다. 금오산을 올라가는 도로는 1차선의 좁은 길이었다. 한참을 올라가는데 맞은편에서 미니버스가 와서 서로 간신히 비껴 지나갔다. 운전에 능숙하지 못한 사람이라면 차를 몰고 올라오기 힘든 위험한 길이다.

산 정상에 오르니 한편으로 군부대가 보인다. 군부대 쪽으로는 사진을 찍지 말라는 방송이 계속 흘러나왔다. 부대 반대편에 전망대가 있다. 텅 빈 주차장에 차를 세우고 전망대에 서니 산 아래의 한려수도의 모습이 한눈에 들어온다. 멀리 남해군뿐만 아니라 삼천포 등과 그 너머 남해 바다까지 발아래 좍 펼쳐져 있다. 장쾌하다는 말로만 이 모습을 표현할 수 있을까? 다만 뿌연 바다 안개 때문에 아름다운 경치를 사진에 생생하게 담을 수 없어 안타까웠다.

전망대 한편에 짚와이어가 있었다. 총 길이가 3km가 넘는 아시아 최장의 길이라고 한다. 짚와이어를 타기 위해 사람들이 줄지어 기다리고 있었다. 아까 산 정상에 거의 다 왔을 때 우리와 마주쳐서 비껴간 미니버스를 타고 올라왔던 사람들일 것이다. 자기 차례가 되면 비명을 지르면서 산 아래로 곤두박질쳐 내려간다. 나는 재미있을 것 같은데, 아내는 소리만 들어도 무섭다고 한다.

다시 산 아래로 내려올 동안에도 차 한 대 마주치지 않았다. 만약 휴가철에 사람이 많이 온다면 좁은 길에서 상당한 정체가 발생했을 것이다. 전망대로부터 약 1시간 조금 넘게 차를 달려 최참판댁 주차장에 도착했다. 하동 읍내를 지날 때부터 차가 막혀서 계속 앞차의 뒤만 보고 천천히 운전해왔다. 길 왼편은 섬진강이 흐르고, 섬진강 넘어서는 전남 광양이다. 길 주변은 흐드러지게 핀 벚꽃으로 가득 차 있었다. 어제와 오늘 날씨가 따뜻하니 갑자기 만개한 듯하다. 창문을 열고 상쾌한 바람을 맞으면서 운전을 하니 기분이 좋았다. 역시 봄은 상쾌하고 싱그럽다.

최참판댁의 평화로운 풍경

최참판댁으로 가는 길로 들어서니 그제야 정체가 덜하다. 하동에서 구례로 향하는 도로는 워낙 벚꽃으로 유명한 길이라, 매년 이맘때면 벚꽃구경을 하러 전국에서 사람들이 몰려든다. 우리가 이 길에 들어선 시간은 관광객들이 집으로 향할 일요일 오후 4시쯤이었는데도 이렇게 길이 막히니, 한낮이면 얼마나 차가 막힐까 상상이 안 됐다.

하동 최참판댁은 작가 박경리가 남긴 대하소설 『토지』의 배경이 된 하동 평사리에 위치한 저택이다. 실제 사람이 살았던 곳은 아니고, 소설이 워낙 유명해지니 소설에 나오는 등장인물들을 배경으로 나중에 만든 저택이다. 이곳에서 수차례에 걸쳐 드라마화됐던 〈토지〉도 촬영했고, 그 외에도 많은 영화나 드라마가 촬영되었다. 나도 어렸을 때와 청년 시절, 두 차례에 걸쳐 방영했던 드라마를 봤던 기억이 난다. 박

박경리 작가의 대하소설 『토지』의 배경인 최참판댁(왼쪽)과, 최참판댁 앞마당에서 내려다본 평사리의 평화로운 모습(오른쪽). 평사리 들판 한가운데 유명한 부부 소나무 두 그루의 모습이 보인다.

경리 작가가 젊은 시절 남편을 잃고 혼자서 자녀를 키우면서 살아온 만큼, 소설의 주인공도 남자가 아닌 최참판의 딸 서희다. 조선 시대 말부터 일제강점기를 거치면서 광복까지 우리 민족의 역사 속에서 어려움을 굳세게 헤쳐 나가는 서희의 모습이 소설 속에서 그려진다.

주차장으로부터 최참판댁까지 올라가는 길에는 가게들이 가득했다. 조금 올라가다가 가게에 들러 디저트와 함께 차를 마시면서 잠시 쉬었다. 그리고 박경리 문학관을 들러서 전시물들을 돌아봤다. 문학관 앞에는 마을을 내려다보는 박경리 작가의 실물 크기 동상이 서 있었다. 길을 따라 많은 관광객들과 함께 최참판댁 안으로 들어섰다. 잘 정돈된 정갈한 집이다. 아름다운 연못이 있는 정원 옆의 누마루에 잠시 앉아 쉬면서, 인터넷으로 『토지』의 줄거리를 읽어봤다.

내부 전시물들을 다 돌아보고, 대문을 통해 건물 앞으로 나왔다. 그러고 보니 아까 들어갔던 문은 옆문이었다. 대문 앞에는 큰 광장이 있었다. 그 광장에 서보니 아래로 마을이 보이고, 그 아래로 시원하게 펼쳐진 평원이 눈에 들어온다. 평원 가운데 위치한 큰 두 소나무가 보

잠시 멈추고 돌아보는 시간이 필요한 순간

인다. '평사리 부부 소나무'라고 이름 붙여진 유명한 나무다. 그림처럼 아름답고 평화로운 시골마을의 풍경이다.

아름다운 십리벚꽃길 밤의 정취

최참판댁에서 나와 오늘의 숙소인 쌍계사 근방으로 향했다. 다시 차가 막힌다. 화개장터로 이어지는 길은 화개장터에 가까워질수록 더 차가 막힌다. 저녁 6시가 다 되었는데도 이 정도다. 화개장터에서 쌍계사로 향하는 길은 2개가 있다. 쌍계사에서부터 시작해서 화개장터 앞에 있는 섬진강으로 합류하는 시냇물이 있는데, 이 시냇물의 양편에 길이 있는 것이다. 두 길 중에 더 유명한 벚꽃길이 서쪽 길이다. 즉 하동 쪽에서 오면 화개장터 앞 시냇물을 건너서 있는 길이다. 벚꽃이 십리에 걸쳐 심어져 있다고 해서 십리벚꽃길로 불린다. 그런데 벚꽃길 방향으로 길이 너무 막혀서, 그 길은 나중에 밤에 다시 구경하기로 하고 동쪽 길로 접어들었다. 이 길도 막히지만 서쪽 길에 비해 천천히 움직일 수 있다.

숙소에 들어가서 짐을 풀고 잠시 쉬었다. 그리고 쌍계사 근처의 식당으로 가서 저녁을 먹었다. 이 지역 특산인 벚굴도 먹었다. 벚굴은 섬진강과 남해 바다가 만나는 지역에서 자라는 굴이다. 벚꽃이 피는 시기에 가장 맛이 좋아 벚굴이라고 불리며, 강바닥에서 자란다고 해서 강굴이라고도 한다. 먹어보니 보통 굴보다 식감이 부드럽다.

저녁 식사를 마치니 밤 8시다. 마침내 서쪽 길을 따라 화개장터 방향으로 향했다. 화개장터가 가까워지니 다시 차가 막힌다. 편도 1차

하동 십리벚꽃길의 밤. 화려한 조명이 비춰진 아름다운 벚꽃나무들 아래로 차량과 사람들이 줄 지어 다닌다. 상행과 하행 각 1차선의 좁은 길 양편으로 벚꽃나무를 심어놓으니 네 줄의 나무들이 줄지어 서 있는 셈이다.

선으로 계곡 옆의 산비탈에 위치한 좁은 길인데, 이 길을 따라 양편에 심어져 있는 가로수가 바로 벚나무다. 즉 길을 둘러싸고 두 줄의 벚나무가 심어져 있는 것이다. 마치 터널처럼 벚꽃이 하늘을 덮어 장관을 이루고 있다. 특히 화개장터 근방에 이르니 길이 두 갈래로 갈라진다. 한 번에 두 차선이 지나갈 수 없는 좁은 곳이라 하행선과 상행선이 서로 수 미터의 높이를 두고 한 차선씩 두 길이 지나는 곳이다. 이곳에도 두 길 양편으로 벚나무를 심어놓았으니 벚나무가 네 줄이 된다.

　멋진 경치에 취해 천천히 차를 달렸지만 순식간에 화개장터에 이른다. 다시 차를 돌려 지나온 길을 가다 보니 임시주차장 표지판이 보인다. 화개중학교 옆 운동장이다. 화개중학교가 위치한 곳이 바로 길이 두 갈래로 갈리는 곳 근처다. 주차장에 차를 세우고 아름다운 벚꽃길을 걸었다. 조금 걸으니 형형색색의 조명을 비추는 곳이 있었다. 하얀 벚꽃에 노란색 파란색 등의 조명을 비추니 정말 화려하다. 차들은 이 시간에도 꼬리에 꼬리를 물어 길을 천천히 지나친다. 우리뿐만 아니라 수많은 사람들이 함께 길을 걷고 있다. 약 15분 정도 길을 걸으니 두 갈래 길이 합쳐지는 근처에 다다랐다. 여기에 천막으로 만든 가게나 포장마차들이 음료수나 간식을 팔고 있었다. 늦은 밤인데도 많은 사람들이 이 부근에 모여 밤과 벚꽃을 즐기고 있다. "여기는 정말 별천지네!" 하고 내가 한마디 하자, 아내가 "별천지가 아니라 꽃천지야"라고 답한다.

이곳 앞부분에 두 길을 연결하는 나무 전망대가 서 있었다. 전망대에 올라가서 아래를 바라보니 또 다른 멋진 경치가 펼쳐진다. 정신없이 카메라 셔터를 눌렀다. 한참을 그러다가 윗길을 따라 화개장터 방향으로 향했다. 중학교에 이르러 차를 타고 다시 십리벚꽃길을 달렸다. 숙소에 도착하니 밤 9시 30분이 넘었다. 1시간이 넘게 벚꽃길을 걸었는데도 지루한 것이 아니라 아쉽기만 하다.

쌍계사의 아름다운 꽃담

아침까지 잠을 푹 잤다. 그제에 이어서 어제도 피곤했나 보다. 오전 첫 번째 일정은 쌍계사 방문이다. 주차장에 차를 세우고 길을 따라 산길을 걸어 올랐다. 매표소 앞 다리를 건너는데, 좌우 두 계곡에서 흘러내려온 물이 합쳐지는 곳이다. 쌍계사의 이름이 바로 이 쌍계雙溪, 쌍을 이룬 계곡으로 정해진 이유다. 길을 따라 호젓한 길 양편으로 아름드리나무들이 가득하다. 상당한 급경사의 길이지만 시원한 바람이 불어 상쾌했다. 일주문을 지나니 왼편으로 울창한 대나무 숲이 눈에 들어온다. 절의 역사를 나타내는 듯하다. 계단을 따라 위로 올라가면 팔영루라는 큰 누각이 나온다. 팔영루 앞에 큰 구층석탑이 서 있다.

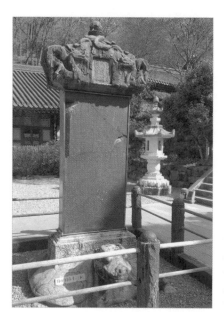

국보 제47호 진감선사 부도비. 신라 시대 말 대학자 최치원 선생이 직접 쓴 비문으로서, 우리나라 금석문 중에서 으뜸으로 여겨지는 비문이다. 높이가 3.63m나 되어 직접 앞에 서서 보면 위용이 주변을 압도한다.

월정사의 팔각구층석탑을 닮았는데, 최근에 세운 것이라고 한다.

계단을 올라 다시 팔영루 뒤로 들어서면 국보 제47호로 지정된 진감선사 부도비가 있다. 신라 시대 말 대학자 최치원 선생이 직접 쓰신 글자라고 하는데, 한자를 잘 모르지만 1,300년 묵은 그 글자의 모양만 봐도 범상치 않아 보인다. 우리나라 금석문돌이나 쇠에 새긴 글씨 중에 으뜸으로 여겨지는 글이다. 비석을 받치고 있는 용머리에서도 힘이 느껴진다. 진감선사는 신라 시대의 대스님이라고 한다. 이분이 쌍계사에서 돌아가시자 이분의 업적을 기려서 887년 세운 탑이 바로 이 부도비다. 전체 높이가 3.63m나 되는 대단한 크기다.

부도비 뒤에 있는 보물로 지정된 대웅전도 둘러봤다. 대웅전 뒤편으로 올라가면 대웅전 왼편 건물의 담을 볼 수 있다. 이 담이 유명한 꽃담이다. 대웅전을 효성각이라는 건물과 갈라놓는, 효성각을 둘러 싼 담장이다. 막돌과 흙을 함께 쌓았는데, 쌓는 중간에 기와로 아름 다운 무늬를 만들었다. 특히 꽃잎이 아름다운데, 꽃잎의 가운데는 도 자기로 꽃심을 만들어넣었다. 그 모습을 사진에 담고 싶었는데 빛이 담장의 중간에 그늘을 만드는 시점이라 선명한 사진을 찍을 수 없어 서 안타까웠다. 사진으로 담지는 못했지만 기와로 글자 모양을 만든 경우도 있었다. 대웅전 뒤에서 왼편 길로 약 5분 걸어 올라가서 보물 로 지정된 부도비를 만났다.

꽃비가 내리는 벚꽃길

쌍계사 구경을 마치고 내려오니 약 1시간 반 정도 시간이 흘렀다. 다 시 차를 몰아 십리벚꽃길로 향했다. 이번에는 낮의 모습을 보기 위해 서다. 월요일 오전 11시쯤이었는데 차가 조금은 막힌다. 화개장터까 지 갔다가 다시 돌아와서 하동중학교에 차를 세웠다. 그리고 어젯밤 걸었던 길을 다시 걸었다. 바람이 불어오자 벚꽃 잎이 날린다. "봄바 람 휘날리며~ 흩날리는 벚꽃 잎이~ 울려 퍼질 이 거리를~ 둘이 걸어 요~♬"노래가 절로 나온다. 장범준이 부른 〈벚꽃 엔딩〉의 가사다. 다 시 조금 걷다 보니 이제 다른 노래가 머릿속에 떠오른다. 정말 어렸을 때 들었던 김만수의 〈푸른시절〉이라는 노래다.

> 하늘과 땅 사이에 꽃비가 내리더니
> 오늘은 공원에서 소녀를 만났다네.

쌍계사부터 화개장터까지 이어지는 시냇물의 양편에 길이 있다. 이 두 길의 둘레에 아름다운 벚꽃나무가 빽빽하게 심어져 있다. 바람이 불면 벚꽃 잎이 날리며 꽃비가 되어 바닥으로 떨어진다.

　　요즘 젊은이들은 잘 모르는 노래일 것이다. 그런데 사실 이 노래를 들었던 나의 어린 시절에는 꽃비가 무엇인지 몰랐다. 벚꽃 같은 것이 없던 가난한 시골마을에서 꽃을 즐긴다는 것은 아마 사치스러운 이야기였을 것이다. 그런데 정말 수십 년 만에 꽃비라는 단어와 이 노래가 떠올랐다. 오십의 나이가 되어서야 꽃이 비처럼 내린다는 말이 무엇인지 알 것 같다. 아내가 바닥에 떨어져 한데 모아 있는 벚꽃 잎을 한 움큼 주위들었다. 손을 펼치니 바람에 따라 손에 쥐고 있던 꽃잎이 조금씩 날아간다. 꽃잎이 날아가다 우수수 땅으로 떨어지니 마치 비나 눈이 오는 듯한 모습이다. 길 오른편 아래로 있는 시냇가로 벚나무의 가지가 늘어진 모습도 아름답다.

　　한참을 걷다가 다시 어젯밤에 본 전망대 앞에 이르렀다. 다시 전망대 위로 올라가 사진을 찍었다. 어젯밤처럼 수많은 사람들이 전망대에 가득했다. 전망대에 오르니 멀리 시내 건너편 길의 모습도 보이고, 그 너머 지리산 자락의 모습도 눈에 잘 들어온다. 벚꽃뿐만 아니라 산과 물까지 다 함께 있으니 더 아름답다.

윗길을 따라 화개중학교 쪽으로 돌아오다 벚꽃 길의 유래에 대한 소개문을 보게 되었다. 1931년 일제가 처음 여기에 신작로를 개설하자, 마을 유지들이 힘을 합해 복숭아 200그루와 벚나무 1,200그루를 길 양편에 심었던 것이 오늘에 이르러 십리벚꽃길이 되었다고 한다.

활기찬 화개장터에서

차를 몰아 조금 떨어진 화개장터에 접어들어 천변 주차장에 간신히 차를 세웠다. 주차장들마다 차량들로 만원이다. 맛나는 재첩국으로 점심 식사를 하고 장터를 돌아보았다. 아내가 이것저것 잔뜩 쇼핑을 해서 내게 보따리를 안긴다. 전라도와 경상도 사투리가 모두 들려온다. 노래로도 유명한 화개장터는 섬진강을 사이에 두고 전라도와 경상도가 만나는 곳이다. 그래서 그런지 역사적으로도 유명한 곳이었다.

잔뜩 쇼핑을 한 후 팥죽을 마시면서 잠시 쉬었다. 그리고 마침내 서울로 출발했다. 서울로 가는 방향은 우리가 화개장터로 온 길과는 반대쪽인 전라도 구례 쪽으로 가는 길이다. 구례에 거의 다 도착할 때까지 반대편 하동 방면 길은 차들로 꽉 막혀 있었다. 이 길 양편으로도 멋진 벚꽃이 가득하다. 구례에서 비로소 고속도로에 올랐다. 2시간쯤 온 후 휴게소에서 잠시 쉬는데, 아내가 장터에서 산 김부각과 떡, 수수부꾸미를 먹으라고 내어놓는다. 배가 고프지 않았는데도 맛있게 잘 먹었다. 그리고 다시 2시간 후 드디어 집에 도착했다. 2박 3일간 강행군을 했지만, 정말 즐거운 시간이었다. 고생한 보람을 느낀다.

자연을 즐긴 궁중의 삶, 서울 창덕궁과 후원

화창한 어느 봄의 휴일, 일찍 집을 나서서 창덕궁昌德宮에 도착했다. 오전 9시 정각에 문을 연 매표소에서 표를 사서 창덕궁 안으로 들어섰다. 오늘의 목표는 창덕궁의 후원後園, 창덕궁의 북쪽 뒤편에 있다고 해서 뒤 후後, 동산 원園의 후원. 또는 비밀의 정원이라고 해서 비원秘園이나 금지된 정원이라는 뜻의 금원禁園으로 불리는 창덕궁에 부속된 정원이다. 창덕궁은 몇 차례 와 보았지만 후원은 처음 가본다. 후원은 사전예약제로 운영되기 때문에 예약을 미리 하지 않으면 방문할 수 없다. 그래서 아내가 일주일 전쯤 미리 예약을 했다. 예약을 한 후 일주일 내내 황사가 심해서 바깥 활동을 많이 하지 않았다. 그런데 그저께부터 어제 오전까지 비가 내려서 공기 속 먼지들이 다 깨끗

잠시 멈추고 돌아보는 시간이 필요한 순간

하게 사라졌다. 오늘은 하늘이 맑고 파랗다. 운수 대통이다. 이런 좋은 날 사랑하는 아내와 함께 소풍을 가는 셈이다.

창덕궁은 조선왕조에서 두 번째로 지어졌다. 조선을 창건한 태조 이성계는 경복궁景福宮을 건축해서 정궁正宮, 왕이 거주하는 주 궁궐으로 삼았다. 그 후 조선의 3대 임금인 태종이 1405년 경복궁 동쪽에 별궁別宮, 정궁 이외에 따로 지은 궁전으로 건축한 것이다. 경복궁의 동쪽에 있으므로 동궁東宮이라고도 불렀다. 주로 왕세자와 왕세자빈이 거주했으므로 왕세자를 동궁마마라고 부르기도 했다. 창덕昌德이라는 말은 '왕실의 덕德이 널리 퍼지라는昌盛(昌盛)' 의미다. 두 궁궐은 모두 임진왜란 때 불타버린다.* 전쟁이 끝난 후 선조가 재건에 착수해서 그의 아들 광해군 때인 1610년 창덕궁이 재건된다. 이에 비해 경복궁이 재건되는 것은 1872년, 그로부터 262년이나 지난 후인 조선의 마지막 임금 고종 때 이르러서다. 임진왜란 이후인 조선 후기에는 경복궁은 폐허 상태였으므로 창덕궁이 조선의 정궁 역할을 하게 된다.

창덕궁의 곳곳을 살피다

이런 내용들을 공부한 후 창덕궁의 정문인 돈화문敦化門을 통과해서 궁 안으로 들어섰다. 궁 안으로 들어오자마자 오른편에 있는 멋진 아

---

* 공식 기록에는 선조와 조정 대신들이 한양을 버리고 도망치자, 분노한 백성들이 그 직후 궁궐에 침입해 약탈하고 불을 지른 것으로 나와 있다. 그런데 일본군이 한양에 진입한 후 궁궐 모습을 보고 감탄했다는 몇몇 일본군 측 기록이 있으므로, 일본군이 진입하기 전 백성들이 먼저 불을 지르지는 않았던 것 같다. 몇몇 학자들은 일본군이 진입 후 직접 불을 질렀을 수도 있다는 주장을 하고 있다.

치형 다리 금천교를 건넜다. 금천이라고 부르는 산에서부터 시작해서 궁궐을 지나 흐르는 조그만 시내에 놓인 다리다. 태종 때 만들었으니 한국에서 가장 오래된 돌다리다. 다리 난간의 네 모퉁이에는 상상의 동물이 있다. 난간의 문양도 예쁘다. 다리 위에서 북쪽 난간 아래를 보면 다리 교각 맨 밑 가운데 부분에 거북상이 있었다. 다리 반대 방향인 남쪽 교각 맨 밑에는 해태상이 있었다. 거북상과 해태상의 바로 위에는, 다리 위에서 보면 잘 보이지 않지만 도깨비상이 부조되어 있다. 다리 하단부와 난간이 만나는 지점에는 여러 해태 또는 도깨비로 보이는 동물의 상이 있다. 규모가 작을 뿐 다리 하나도 유럽에 있는 몇몇 유명한 다리 못지않을 만큼 멋스러운 모습이다.

금천교를 이쪽저쪽에서 한참을 바라본 후 다리 정면에 보이는 문을 통해 안쪽으로 들어섰다. 큰 돌길이 정면 방향인 동쪽으로 뻗어 있다. 궁궐에 있는 길들은 가운데 부분이 높고 양옆 부분이 낮다. 가운데 부분의 높은 길로는 왕만 다닐 수 있었다. 길 왼편에 인정전이 있다. 인정전으로 들어가서 구경하고 다시 길로 나왔다. 인정전은 큰 행사가 열리던 식장으로 사용되던 곳이다. 경복궁의 근정전과 비슷한 역할이지만 규모는 좀 작다. 인정전 내부에 왕이 앉던 어좌가 있고, 그 뒤에 세상의 모든 것을 상징하는 해, 달, 5개의 산봉우리, 소나무, 물이 표현된 '일월오봉도' 병풍이 있다.

인정전을 나와서는 왕이 주로 집무를 보던 장소인 선정전을 돌아봤다. 다른 건물들의 검은색 기와와는 달리 선정전은 지붕의 기와가 파란색이다. 페르시아 지역으로부터 중국으로 수출된 회회청回回靑이라는 코발트블루 색깔을 내는 비싼 안료를 중국으로부터 수입해 와

금천교에 올라 향해 물이 흘러 내려오는 북쪽 편을 쳐다보았다(왼쪽). 금천교를 지나서 본 선정전의 모습(오른쪽). 코발트블루 색의 지붕이 아름답다. 지금은 흔한 색깔이지만 창덕궁이 건축되던 당시에는 파란색 안료의 가격이 금값과 맞먹을 정도로 비쌌다.

서 안료로 칠하고 구운 기와다. 안료의 값이 너무 비쌌기 때문에 호사스럽게 지었다고 당시 사관이 비판하는 글을 남겼다고 한다.* 그렇지만 지금 이 건물을 바라보면, 다른 건물들과 다른 지붕 색깔 덕분에 더 독특하고 아름다워 보인다. 지금은 파란색이나 다른 색들 모두 흔하니 그 귀함을 못 느끼지만, 당시에 파란색은 국내 다른 곳에서 볼 수 없는 색깔로서 회회청 안료의 가격은 금값에 비길 정도였다고 한다. 그러니 파란색 지붕이라는 것 자체가 얼마나 독특하고 부귀함이나 권위를 나타내는 상징이었을지를 짐작할 수 있다.**

선정전 동쪽 희정당은 왕이 거주하는 건물이었다. 화재로 소실된

---

* 　임진왜란 때 조선을 침략한 일본군 측 기록에서도 청기와가 있는 호사스러운 궁궐 건물의 모습을 언급하고 있다고 한다. 청기와를 가진 건물이니 바로 선정전을 가리키는 것일 것이다.

** 　회회청 안료는 청화백자를 만드는 데도 사용됐다. 하얀 백자에 청색의 그림을 그린 것이 청화백자(靑畵白瓷)다. 회회청 안료를 사용해야 했으므로 일반 백자에 비해 청화백자는 값이 월등히 비싸서 부자들만 가질 수 있었다. 청화백자를 만드는 데는 회회청 안료가 조금밖에 사용이 안 되지만, 지붕 전체를 덮는 기와를 만드는 데는 막대한 양의 안료가 사용됐을 것이다. 그러나 조선 후대로 들어오면 안료의 수입이 많아져서 가격이 하락했다고 한다.

것을 1920년에 다시 지었다. 그래서 내부에는 서양식 가구가 놓여 있고, 건물 앞에도 자동차가 희정당 바로 앞에 설 수 있도록 진입하는 도로와 비를 맞지 않고 자동차에서 왕이 내릴 수 있도록 출입문 위 지붕까지 있다. 첨단 시설이 갖춰진 건물인 셈이다. 건물의 외관도 다른 건물들과는 달리 화려하고 독특하다. 그 옆의 성정각도 빠르게 돌아봤다.

낙선재에 얽힌 헌종의 사랑 이야기

동편으로 조금 걸어서 낙선재로 들어섰다. 1847년 헌종이 경빈 김씨를 후궁으로 맞이한 후, 왕비보다 후궁 김씨를 더 사랑했던 헌종이 김씨를 위해 지은 건물이 낙선재, 석복헌, 수강재의 세 건물이다. 낙선재에는 헌종이, 석복헌에는 김씨가 거주했다고 한다. 왕궁 건물답지 않은 아담한 형태로 당시 양반 부잣집 건물과 크게 다르지 않다고 한다. 단청을 칠하지 않아 나무의 살결이 그대로 드러난다. 건물의 창살무늬는 청나라의 영향을 일부 받았다고 한다. 건물 앞으로 돌출한 누대 위의 마루(누마루라고 불리는)도 아름답다. 누마루 아래쪽을 보면 복잡한 문양이 조각되어 있다. 여름에 누마루에 올라 책을 읽으면 시원한 바람이 솔솔 스치고 지나갈 것 같다. 누마루에서 본 건물로 넘어가는 부분에는 둥근 무늬의 방문(만월문)이 있어 독특하다. 중국에서는 만월문을 종종 보았는데, 국내에서는 거의 보지 못했다. 건물 뒤편으로 가니, 언덕 비탈에 있는 작은 계단식 정원도 잘 가꾸어져 있었다. 아름다운 꽃이 화려하게 자태를 뽐내고 있다. 언덕 위 건물로

낙선재의 누마루와 창살무늬는 독특하고 아름답다. 특히 낙선재에는 만월문이 있는데, 국내 다른 곳에서 만월문을 본 기억이 없다.

가는 계단도 있다. 궁궐의 다른 건물들에 비해 훨씬 더 사람 사는 느낌이 나는 포근한 건물이다.

낙선재에는 재미있는 이야기가 숨어 있다. 24대 임금 헌종의 첫 번째 부인은 어린 나이로 숨을 거두었다. 조선의 궁의 법도에 따르면 왕비나 세자빈을 선정할 때 당사자(왕비의 경우면 왕, 세자빈의 경우면 세자)는 참여하지 못하는데, 헌종은 두 번째 부인을 고를 때 직접 후보자들을 만나봤다. 그들 중 경빈 김씨에게 첫눈에 반한 듯하다. 그런데 왕비의 결정권은 헌종이 아니라 이미 사망한 헌종의 할아버지인 23대 순조의 왕비이자 헌종의 할머니인 대왕대비에게 있었다.* 대왕대비는 김씨가 아니라 홍씨를 왕비로 뽑았으나, 재혼 후 3년간 아이가 없었다. 이에 헌종이 후사를 이어야 한다는 명목으로 미리 점찍어 두었던 경빈 김씨를 후궁으로 맞이하면서 후궁이 살 집을 새로 짓게 한 것이

---

* 헌종의 아버지인 효명세자는 헌종을 낳은 후 20대의 젊은 나이에 일찍 사망했으므로 왕위가 손자대로 내려온 것이다.

다. 엄격한 유교 윤리가 지배하던 조선 왕조에서는 전에 없던 놀랄 만한 일이다. 그리고 왕의 처소마저도 공식적인 왕의 숙소가 아니라 경빈 김씨 옆으로 옮겼다. 아마 당시의 고리타분한 학자들은 "윤리가 땅에 떨어졌다"고 뒤에서 왕을 비난했을 것이다. 세 번째 건물인 수강재에는 대왕대비를 모신다.

그러나 김씨를 맞은 후 불과 2년 만에 헌종은 아들 없이 사망해서 경빈 김씨와의 행복한 시절은 오래가지 못했다. 이런 이유에서 헌종의 정실 왕비가 둘이므로, 헌종의 무덤인 경릉(경기도 구리시 동구릉 내부에 소재)에 가보면 무덤의 봉분이 셋이다. 가운데 헌종의 무덤이 있고, 그 양 옆으로 두 왕후의 무덤이 있는 것이다. 그리고 정실이 아닌 후궁 경빈 김씨는 후손이 없었으므로, 당시 법도에 따라 궁궐 밖으로 쫓겨나가 사가私家에서 남은 생애를 보낸다. 결국 살아서는 왕의 사랑을 받았지만, 그런 달콤한 생활은 불과 2년 만에 끝나고 사가로 돌아간 것이다. 그리고 죽어서도 왕 옆에 묻히지 못했다.

낙선재에는 그 후에도 왕실의 인물들이 거주했다. 조선의 마지막 왕족인 영친왕과 영친왕의 부인 이방자 여사, 그리고 그 고종의 딸인 덕혜옹주가 살던 곳이 바로 낙선재다. 즉 왕실 건물들 중 가장 마지막까지 왕족이 산 곳이다. 일본인과 결혼했다가 정신병에 걸려 이혼당한 덕혜옹주는, 한국으로 귀국해 이곳에서 살다가 1989년 사망한다.

후원에 접어들다

약 1시간에 걸쳐서 빠른 속도로 창덕궁의 곳곳을 둘러본 후 성정각과 낙선재 사이에 있는 후원으로 통하는 문 입구에 이르렀다. 과거에도 여러 차례 창덕궁에 왔으므로 오랜 시간 둘러볼 필요가 없었기 때문에 매우 빨리 관람을 마친 것이다. 수많은 사람들이 후원 입구에서 기다리고 있었다. 우리가 예약한 후원 관람이 시작되는 10시까지 약 5분 정도 남았다. 한 번에 150명씩 해설사의 안내를 받아야만 후원에 입장할 수 있다. 시간에 따라 한국어 해설뿐만 아니라 영어나 일어, 중국어 해설도 있다. 기다리는 사람들을 둘러보니 우리 바로 앞쪽에 커플 티를 입으신 50대 후반 또는 60대 초반으로 보이는 부부가 있다. 두 분이 함께 즐겁게 웃으면서 셀카를 찍으신다. 젊은 사람들이 커플 티를 입고 사진을 찍는 것은 많이 봤지만 이 정도 나이 드신 분들이 함께 커플 티를 입은 모습은 처음 봤다. 젊은이들이라면 '좋은 때다'라고 생각했을 텐데, 두 분이 나이가 있으시니 그런 말도 못하겠다. 어쨌든 두 분이 앞으로도 즐거운 생활을 하시기를 바랐다. 행복하게 살아가는 순간이 바로 '좋은 때'가 아닐까 한다. 그러니 두 분도 좋은 때고 우리 부부도 지금 이 순간이 좋은 때일 것이다.

길옆에 앉아서 아내와 이야기를 나눴다. "경복궁에 비해 창덕궁이 훨씬 아기자기하고 사람 사는 곳 같아 좋다"고 아내가 이야기한다. 공식적인 행사가 주로 열리는 경복궁이 획일적인 규칙에 따라 건물들이 배치되어 있는 데 비해 창덕궁은 건물들 사이에 규칙이 없이 좀 더 자연스럽게 건물들이 배치되어 있다. 경복궁은 광화문에서부터 뒤편으로 일직선상으로 건물들이 배치되어 있다. 그와는 달리 창덕궁은 정문인 돈화문이 궁궐의 가장 서남쪽에 위치한다. 형식을 따르지 않았다는 의미다. 돈화문을 걸쳐서 창덕궁에 들어온 후 우회전을 해야 창덕궁의 주요 건물들을 만나게 된다. 경복궁은 땅을 평평하게 고르고 지었지만 창덕궁은 자연 그대로의 지형을 그냥 살려서 지었기 때문에 궁궐 내에 언덕이 있다. 그리고 무엇보다도 나무와 꽃이 있고, 우리가 오늘 가려는 후원이 있다.

"여보, 우리가 예전에 중국 북경의 자금성에 갔을 때 기억나?" "응." "자금성이 크기는 무척 크지만 나무도 거의 없어 인위적이고, 예술적으로 아름답다는 것도 못 느꼈잖아?" "그랬지." "자금성처럼 경복궁도 형식에 따라 똑같은 건물들을 일직선으로 배치했잖아. 그것보다는 건물마다 모양이 조금씩 다르고 원래 있었던 지형지물을 그대로 살려서 만든 창덕궁이 더 재미있고 자연스러운 것 같아." "그리고 조선의 마지막 임금인 고종 때 다시 지은 경복궁에 비해 창덕궁은 1610년에 다시 지은 것이니 가장 오래된 궁궐이지. 그래서 우리나라 궁궐들 중 유일하게 유네스코 선정 세계문화유산으로 지정되었다고 하네." 이런 이야기를 하고 있자니 5분이 금방 지나갔다.

한복을 곱게 차려입은 여성 해설사 분이 오셔서 이야기를 시작한다. 해설사로부터 주의사항을 설명 들은 다음 드디어 150명의 엄청난 인원이 함께 후원 구역으로 접어들었다. 후원으로 올라가는 언덕길을 무리 지어서 함께 걸었다. 길 양편에 담이 있고, 그 담 양편으로 아름드리나무들이 서 있다. 나뭇가지와 잎들이 하늘을 가린다. 한여름에 온다고 해도 이 나무들 덕에 시원할 것 같다. 하늘을 올려다보니 청색 나뭇잎들 사이로 푸른 하늘이 보인다. 100m쯤 후 길은 언덕위에 다다른 후 천천히 아래로 내려가기 시작했다. 해설사분이 걸어가면서, 후원은 왕과 왕비 등 왕실 가족들이 휴식을 위한 공간으로 사용되는 것이 주목적이었다고 설명한다. 그러나 주목적 이외에도 왕이 주관하던 과거시험이나 군사훈련 등 다양한 외부 행사와 대신들이나 왕실 종친들을 위한 잔치도 종종 벌어졌다고 한다. 또한 후원에 소규모이긴 하지만 왕이 직접 곡식을 길러 농사일을 체험했으며, 왕비가 길쌈을 하기도 했다고 한다.

후원의 숨겨진 아름다움: 부용지와 애련지

후원에는 4개의 골짜기가 있는데, 네 골짜기마다 각각 연못을 만들고 연못 주변에 정자를 마련했다. 그중 첫 번째가 바로 부용지라는 연못이다. 언덕 아래에 가까이 다가가자 아름다운 사각형 연못 부용지가 보였다. 연못 한가운데 동그란 모양의 조그만 섬이 있고, 그 섬에 구부러진 큰 소나무 한 그루가 있었다. 멋들어진 모습이다. 연못을 둘러싸고 2개의 조그마한 정자가 있었고, 연못 맞은편 언덕 위에는 큰 건물이 자리 잡고 있었다. 연못 주변에서 건물로 올라가는 계단이 보였는데, 계단 아래에는 작은 문이 있었다. 어수문이라는 문과 주합루라는 건물이라고 해설사분께서 설명해주신다. 어수문漁水門이라는 이름은 왕은 물水(물 수)이고 신하들은 물고기漁(물고기 어)에 비유해서 지은 명칭으로서, 왕과 신하 사이가 물과 물고기처럼 서로 떼려야 뗄 수 없는 긴밀한 사이라는 것을 나타내는 이름이란다. 어수문에는 3개의 문이 있는데, 가운데 큰 문은 왕이 출입하는 문이다.

어수문을 지나고 계단을 걸어 올라서 주합루宙合樓, 우주와 합치되는 누각에 오르는데, 주합루의 1층은 왕실의 도서를 보관하는 역할을 하는

부용지. 호수 중앙에 섬이 있고, 호수 넘어 언덕 위에 규장각이 위치한 주합루가 자리 잡고 있다.

규장각奎章閣이 위치하고, 2층은 열람실과 토론실이었다고 한다. 많은 학자들이 규장각에 모여 책을 읽으면서 공부를 하던 곳으로, 현대의 도서관 같은 기능을 수행했다. 규장각에 있던 도서들은 지금 서울대학교에 새로운 건물을 지어 보관하고 있다. 서울대학교에 있는 건물의 이름도 규장각이다. 학교에서 규장각 건물을 종종 봐왔고 내부의 박물관도 몇 번 가봤는데, 그 건물에서 보존하고 있는 왕실의 책들이 원래 이곳 후원에 있었다는 사실은 이번에 처음 알았다. 서울대학교에 근무하는 나도 모를 만큼 무관심하게 지내온 것이다.

규장각을 설립한 정조는 당파나 신분을 따지지 않고 능력 있는 젊은이들을 대거 등용했다. 그리고 이 젊은 학자들에게 힘을 실어주기 위해 고관대신들도 함부로 규장각에 출입하지 못하도록 했다. 정조시대의 개혁정치의 바탕이 정조가 규장각에서 학자들과 토론을 하면서 얻은 여러 아이디어들인 것이다.

다음에 도착한 두 번째 계곡의 연못은 애련지다. 부용지보다 규모가 작은 아담한 연못이지만 매우 아름답다. 애련지 옆 건물로 들어가는 입구에 사각형 모양의 돌로 된 문이 있었다. 여러 돌 조각을 모아서 만든 문이 아니라 한 덩어리의 돌을 쪼아서 만든 문이란다. 해설

큰 돌 하나를 가공해서 만든 불로문. 불로장생을 바라는 일행들이 모두 이 문을 통과했다.

사의 설명을 듣고 문을 살펴보니 정말 돌을 이은 흔적이 없다. 문 이름은 불로문不老門으로서, 이 문을 통과하면 늙지 않는다는 전설이 있다고 한다. 그래서 일행 150명 모두가 그 문을 통과했다.

　서울 지하철 3호선 경복궁역 5번 출구에 가면 이 모양을 그대로 본떠 만든 문이 있다고 한다. 그러고 보니 몇 번 봤던 기억이 난다. 그때는 아무 관심도 없이 그냥 지나치기만 했었는데, 후원에 와서 직접 실물을 보면서 설명을 들으니 감회가 새롭다. 모를 때는 아무것도 보이지 않다가 "알게 되면 보이나니, 그때 보이는 것은 전과 같지 않은" 법이다.* '다시 경복궁역에서 이 문을 본다면, 이번에는 후원의 이 문을 떠올리면서 문을 지나가보리라'고 생각했다.

존덕정과 옥류천에서 느낀 선인들의 여유

다음에는 존덕정이라는 정자가 있는 세 번째 계곡에 이르렀다. 2개의

---

*　"사랑하면 알게 되고, 알게 되면 보이나니, 그때 보이는 것은 전과 같지 않다"는 조선 영조 시대의 문인 유한준(1732~1811)의 원문을 유홍준 전 문화재청장이 변용해 사용한 말이다. 이 말을 다시 일부 변용했다.

조그만 연못 주변에 4개의 정자가 있다. 두 연못을 이어주는 물길 위의 다리를 건너면 오른쪽에 위치하고 있는 정자가 존덕정이다. 지붕이 두 겹의 육각형 모습인 독특한 건물이며, 여섯 모퉁이마다 3개의 기둥이 바깥쪽에 있고 안쪽에 좀 더 굵은 기둥이 있어, 총 24개의 기둥이 있다. 다른 건물들과 상당히 다른 독특한 형태를 보면 이 건물이 좀 더 정성을 기울여 만들었다는 것을 알 수 있다. 바로 이 건물이 왕이 사용하던 정자이기 때문이다. 천장에는 왕을 나타내는 용의 그림이 있다.

어느 봄날 존덕정에서 시간을 보내던 숙종은 〈존덕정우음〉이라는 시를 지었다.

연못에 얼음 풀리니 봄물이 푸른데
붉은 물고기 흰 물고기 어울려 노는구나.
조용한 뜰에 일은 없고 날 또한 길기에
높은 난간에 기대어 조는 갈매기 짝하네.

존덕정에서 봄을 맞아, 한가로이 앉아 풍경을 바라보면서 쉬는 왕의 모습이 눈에 선하다. 존덕정 주변에 있는 다른 정자들 중 관람정도 독특한 모습이다. 부채꼴 형태의 정자로, 정자 위에 걸린 현판은 나뭇잎 모양이다. 정자를 지을 때도 유머감각을 넣어 독특한 모습을 갖게 한 선인들의 감각이 느껴진다. 나도 이런 경치 좋은 곳에 조그마한 초가삼간을 마련하고 한가로이 앉아 자연을 바라보며 쉬고 싶어졌다. 그런 한가한 시간이 있을까?

부채꼴 모양으로 생긴 관람정(왼쪽). 정자 위에 걸린 현판은 나뭇잎 모양이다. 소요암(오른쪽) 바위에는 인조가 쓴 옥류천이라는 글씨와 숙종이 지은 시가 새겨져 있다. 이 바위 아래를 파서 물길을 만들어 물이 흐르다가 폭포처럼 계곡으로 떨어진다.

존덕정을 지나 언덕을 하나 넘어 다음 계곡으로 내려갔다. 길 양편에 아름드리나무 숲이 울창하다. 후원의 가장 북쪽 지역이다. 계곡에 있는 큰 바위逍遙岩, 소요암를 깎아 일부를 평평하게 해서 그 평평한 부분 위에 물길을 만들고 시냇물을 끌어들였다.* 그래서 물길을 따라 바위를 흐르는 물이 바위 끝에서 작은 폭포처럼 계곡으로 떨어지도록 했다. 물길 주변에 소요정逍遙亭을 비롯한 여러 정자를 지었다. 정자 중에는 궁궐에서 유일하게 지붕이 볏단으로 만들어진 초가집이 있다. 이곳에서 왕이 직접 벼농사를 지어서, 그 볏단을 이용해서 지붕을 만들었다고 한다.

무더운 여름날 왕실의 사람들과 신하들이 이 계곡에서 시원한 물줄기가 흐르는 것을 보면서 더위를 피했을 것이다. 아마 경주 포석정에서 신라 왕과 귀족들이 그랬던 것처럼, 이곳에서도 흐르는 물에 잔을 띄우고 잔치를 벌였을 것이다. 울창한 나무숲에서는 산들바람이

---

* '소요'란 '자유롭게 천천히 걸어다닌다'는 의미다.

시원하게 불어왔으리라. 자연의 멋을 즐긴 선조들의 여유가 느껴진다. 평평한 바위 뒤에 서 있는 큰 바위(소요암)에는 인조가 쓴 옥류천玉流川이라는 글씨와 숙종이 쓴 한시가 적혀 있다. 그 시를 번역하면 다음과 같다.

> 떨어지는 물 삼백 척 높이고,
>
> 멀리 구천에서부터 물이 떨어지네.
>
> 보고 있으면 흰 무지개 일고,
>
> 일만 골짜기에 우레 소리 가득하네.

 높이가 1m밖에 되지 않을 조그마한 여울을 구천에서 떨어지는 300척 높이의 폭포에 비유했다. 무지개가 생기고 우뢰 소리가 들린다니… 옛날에는 지금보다 수량이 풍부했겠지만, 아무리 너그럽게 봐도 과장도 심하다. 어쨌든 이곳에서 풍취를 즐겼을 숙종의 유머 감각이 느껴진다. 나도 여름날 이곳에서 물에 발 담그고 앉아 시원한 막걸리 한잔하고 싶다.

 옥류천 다음 우리 일행이 멈춘 곳은 연경당이라는 이름의 120칸짜리 집이다. 정문을 통해 안으로 들어가면 안쪽에 다시 문이 2개 있다. 오른쪽 문은 남성들이 기거하는 사랑채로 들어가는 문이며, 왼쪽 문은 여성들이 기거하는 안채로 들어가는 문이다. 안채와 사랑채 중간에도 서로 연결되는 문이 있으므로 한쪽으로 들어가서 구경을 마치고 다른 쪽으로 나오면 된다.

아라리오 뮤지엄 인 스페이스space

후원 관람이 끝났다. 천천히 길을 따라 걸어서 후원을 벗어났다. 후원을 떠나면서 아내가 한마디 한다. "조선 시대 왕과 왕비도 이 후원을 거닐면서 행복했을까?" 어쨌든 우리는 좋은 날 좋은 구경을 함께할 수 있어서 행복하다. 후원을 관람하고 나오니 점심시간이다. 돈화문을 거쳐 창덕궁의 밖으로 나왔다. 오른쪽으로 걸어가면 지하철 안국역이 있다. 그 근방에서 점심을 먹을 계획이다. 안국역 방향으로 걸어가는데 바로 눈앞에 검은색 벽돌의 담쟁이 넝쿨이 우거진 멋진 건물이 눈에 들어온다. 유명한 건축가 고故 김수근 씨가 설계하고 일하던 건물이다.*

이 건물은 원래 김수근 씨가 발행한 〈공간空間〉이라는 건축 및 예술 잡지를 만들던 ㈜공간의 사옥社屋이었다. 김수근 씨가 돌아가시고 난 후, 회사가 부도가 나자 매물로 나온 이 건물을 아라리오 그룹에서 인수해서 '아라리오 뮤지엄 인 스페이스in Space, 空間'라는 이름의 박물관으로 만들었다. 아내에게 여기까지 온 김에 아라리오 뮤지엄도 한번 구경하자고 제안했다. 아내도 흔쾌히 동의한다. 이래서 우리는 궁합이 척척 맞는다.

안국역 근처 북촌 입구 식당에서 맛있게 점심 식사를 마친 후 다

---

* 김수근(1931~1986) 선생은 건축에 관심이 없던 시기에 시대를 앞서갔던 분이다. 서울대학교 건축과, 일본 동경예술대학교 및 동경대학교에서 공부했다. 서울대학교 예술관, 잠실 올림픽 주경기장, 국립 청주 박물관, 경동 교회, 지하철 광화문역사, 불광동 성당 등 많은 건물들을 설계했다. 그의 작품 중 가장 대표적인 작품이 바로 그의 집무실이 있던 ㈜공간의 사옥이다.

'아라리움 뮤지엄 인 스페이스'의 외관(왼쪽). 담쟁이덩굴이 우거진 건물이 김수근 씨가 설계한 건물이며, 오른편 소나무 사이로 보이는 투명한 건물이 현재 식당과 카페로 사용되는 신관이다. 위층에서 아래층을 내려다보는 내부 계단(오른쪽)도 독특하다.

시 온 길을 되돌아가 박물관에 다다랐다. 1층에서 표를 사서 입장을 한다. 실내도 역시 외관과 동일하게 검은색 벽돌이 그대로 드러나 있다. 안은 좁은 공간이 미로처럼 구성되어 있는데, 사각형의 똑같은 모양 방들이 배치되어 있는 일반 건물들과는 달리 각 층의 방 모양이 독특하다. 천재 건축가의 작품이라 뭐가 달라도 다르다는 것을 이해할 수 있었다.

미술관 내에 소개되어 있는 작품들도 대단했다. 난해한 현대 미술에 대해서 잘 모르지만(그렇다고 예전 전통 미술을 잘 아는 것도 아니지만), 그래도 데미안 허스트나 앤디 워홀, 백남준, 이상범 등의 작가 이름은 가끔 들어봐서 알고 있었다. 그래도 오디오 가이드를 통해 설명을 들으니 작품들을 조금이라도 이해할 수 있었다. 이런 유명한 작가들의 작품을 한곳에서 볼 수 있다니, 아라리오 그룹을 이끄는 컬렉터 김창일 회장의 안목을 엿볼 수 있었다. 작가들의 작품뿐만 아니라 신기한 건물의 구조를 보는 것도 재미있었다. 삼각형 모양으로 이루어진 좁은 계단 길도 아름다워서 사진으로 담았다.

관람을 마치고 건물 밖으로 나왔다. 박물관 건물은 구관과 신관의 2개의 건물로 되어 있다. 구관만 김수근 씨가 설계한 것이고 신관은 후대에 만든 것이다. 외벽이 투명한 유리로 된 신관은 현재 레스토랑과 카페, 제과점 등으로 사용되고 있다. 두 건물 사이에 단층짜리 한옥 건물이 있다. 한옥을 구경하고 신관 위층으로 올라가서 전망을 내려다봤다. 통유리 창을 통해 주변 모습이 한눈에 들어온다. 쉬면서 경치를 감상했다. 조선 시대와 근현대 시대를 함께 여행한 오늘, 행복하다는 느낌과 예술을 즐긴 정신적 만족감이 함께 밀려온다. 천천히 시원한 차의 맛을 음미하면서 오늘의 여정을 돌아본다. 이렇게 잠시 쉬어갈 수 있는 시간이 있어서 행복하다.

월출산의 아름다움과
다산의 숨결을 느끼면서…
전라도 영암과 강진

아침에 일찍 서울을 출발해서 서해안고속도로를 따라 남쪽으로 달렸다. 중간에 휴게소에서 쉬면서 운전자를 바꿨다. 총 7명의 연구실 학생들과 함께하는 MT인데, 대학원 학생들 중에는 운전을 할 줄 아는 사람이 여럿 있으니 다행이다. 목포에서 남해안고속도로로 접어들어 다시 달리다가 서영암IC에서 고속도로를 벗어났다. 드디어 전라남도 영암군으로 들어선 것이다. 아침에 일찍 모여서 학교를 출발한 지 4시간 만에 독천마을에 도착했다. 낮 12시다.

독천마을은 갈비와 낙지를 함께 넣어 요리한 '갈낙탕'으로 유명한 마을이다. 마을에는 갈낙탕 식당들만 수십 곳이 자리 잡고 있다. 어느 식당에 들어서니 우리가 앉을 수 있는 테이블만 비어 있고 다른 테이블은 모두 손님들로 가득 차 있었다. 식당이 작기도 했지만, 우리가 식사를 하는 동안에도 손님이 식사를 마치고 자리를 비우자마자 다른 손님이 들어선다. 평일인 오늘도 이럴진대 주말은 어떨까? 난생처음 갈낙탕을 먹어보니 부드러운 낙지와 살코기 국물 맛이 일품이다. 역시 유명하고 사람이 몰리는 데는 다 이유가 있는 법이다.

독천마을에서 식사를 마치고 나오니 햇볕이 쨍쨍 내려쬔다. 오늘 전국이 불볕더위인데, 심지어 전라남도 지방에는 폭염주의보가 내렸다. 주차장까지 5분 정도 걷는데도 땀이 날 정도다. 30도가 훨씬 넘는 무더위다. 이런 무더위 속에 여행을 하니 앞으로의 일정이 쉽지 않을 듯하다.

월출산 서편의 조용한 사찰 도갑사

독천마을에서 도갑사까지는 20분 정도 걸렸다. 도갑사는 영암의 명산 월출산 서쪽 산 아래에 위치한 사찰이다. 입장료를 내자마자 주차장이 왼편에 위치하고 있다. 차를 주차장에 세우니 주차장 앞 산길에 도갑사로 가는 길이라는 표지가 있다. 나무가 우거진 아름다운 산책길이었다. 길 왼편에는 습지가 있다. 그래서인지 갑자기 모기들이 우리 일행을 공격한다. 모기퇴치제를 뿌리고 나섰어야 하는데, 이런 줄 모르고 준비를 못 한 것이다. 걸음을 빨리해서 모기와 경주를 할 수밖에 없었다.

숲길이 끝나고 큰 광장 같은 곳으로 나왔다. 왼편 다리를 건너서 조금만 걸으니 도갑사 경내다. 먼저 우리를 맞이한 것이 국보 제50호로 지정된 해탈문이다. 해탈문을 받치고 있는 기단과 계단은 통일 신라 시대의 것이며, 그 위에 지어진 목조 건물은 1473년 조선 성종 때에 완성된 것이라고 한다. 주심포식에 다포식이 가미된 특이한 형태라는 건축양식에 대한 설명이 있었는데, 건축양식 자체를 잘 모르는 내가 읽고 이해하기에는 너무 어려운 설명이었다. 해탈문을 넘어가니 절 앞마당이다. 큰 고목이 서 있고, 그 옆에 고려 시대 오층석탑이 있다. 그 뒤에는 지은 지 오래되지 않은 듯한 대웅보전이 있다. 그리고 그 뒤에는 월출산의 멋진 모습이 눈에 들어온다.

무더운 날씨에 절 경내를 돌아보는 동안에도 땀이 줄줄 흐른다. 대웅보전 뒤 왼편에 있는 숲길에서 여러 사람들이 내려오더니, 우리를 보고 숲길에 들어가면 시원하다고 알려준다. 곧장 숲길로 들어서니 시내가 흐르고, 작은 폭포 옆에 정자도 있다. 이곳에서 잠시 땀을 식혔다. 정자 바로 위쪽 다리를 건너니 왼편의 작은 계단 위에 미륵전이 있다. 미륵전 안에는 보물 제89호 석조여래좌상이 있었다. 3m 높이의 불상이 우뚝 서 있는데, 부처가 앉은 기단에 해당하는 대좌, 그 위에 앉은 불상, 그리고 불상 뒤의 광배_{부처의 머리 또는 몸 뒤에 나오는 빛을 상징하는 장식}가 모두 하나의 돌에 조각되어 있는 독특한 형태다. 고려 시대에 만들어진 불상으로, 우뚝한 코와 도톰한 입술에서 입체감이 느껴진다. 화려하거나 정교하지는 않지만 소박한 모습이다.

계단을 내려와 숲길을 걸어서 산 위쪽으로 가면 보물 제1395호 도선수미비를 만날 수 있다. 도갑사를 창건한 도선국사와 중건한 수미선사의 행적을 기록한 높이 4.8m의 엄청난 비석이다. 비석을 뒤에서 받치고 있는 거북이가 약간 고개를 돌리고 있는 모습이 해학적이다.

잠시 멈추고 돌아보는 시간이 필요한 순간

도갑사 경내에는 고려 시대 오층석탑과 울창한 거목이 있다. 그 뒤로 대웅보전 건물이 보인다(왼쪽). 보물 제 89호 도갑사 석조여래좌상(오른쪽)은 대좌, 불상, 그리고 광배가 한 돌에 모두 조각된 독특한 형태의 고려 시대 작품이다.

비석에 적힌 내용에 따르면 1653년 조선 효종 때 제작되었다고 한다. 오랜 세월의 풍파 속에서 비문이 손상되었지만, 비석의 앞뒷면에는 글씨가 빽빽하게 새겨져 있고 비석의 좁은 측면에 하늘로 오르는 용의 모습이 새겨져 있었다.

통일 신라 시대 인물인 도선국사827~898는 풍수지리설의 대가로 유명하다. 영암 땅에서 태어나서 당나라에 유학하고 돌아와 신라에 불교와 풍수사상을 널리 전파하는 데 공헌했고 고향 땅에 도갑사를 세웠다. 수미선사는 영암에서 태어나서 도갑사에서 출가했으며, 조선 초기 세조의 왕사가 되었던 고승이다. 비석을 구경하고 길을 돌아내려오니, 다른 학생들은 정자에 앉아 아직 땀을 식히고 있었다. 역시 더위가 무섭다.

월출산 구름다리까지 오르는 고난의 길

도갑사에서 월출산 구름다리로 오르는 산행의 시발점인 천황사 주차장까지는 산을 빙 돌아 영암읍을 거쳐 가야 한다. 약 30분 동안 차를 달려 산을 돌아가는 동안 창밖으로 보이는 월출산의 위용이 압도적이다. 주차장에 차를 세우고 조금 걸어 오르다 보니 산의 전망이 한눈에 탁 들어오는 지점이 있었다. 기암괴석이 병풍처럼 늘어선 멋진 모습이다. 평평한 평야지대에 갑자기 엄청난 바윗덩어리가 하늘로 우뚝 솟은 듯하다.

산을 올려다보니 중턱에 자그마하게 주황색 구름다리가 보인다. 오늘 우리의 목표지점이다. 인터넷으로 찾았을 때도 난이도가 높은 험준한 길이라고 설명되어 있었는데, 산 아래에 도착해서 직접 가야 할 목표를 쳐다보니 더욱 경사가 급해 보인다. 오래간만에 등산을 하는데 갑자기 겁이 덜컥 난다.

등산로 입구에 도착하니 하절기에는 3시까지, 동절기에는 2시까지만 입산을 허용한다는 안내문이 붙어 있었다. 3시 직전에 여기 도착했으니 아슬아슬하게 등산로 입구를 통과한 것이다. 구름다리까지만 갔다 돌아오면 약 2시간 반 정도 걸리는 코스지만, 대부분의 등산객들은 구름다리를 지나 810m 높이의 천황봉까지 올라간다. 그 후 도갑사 방향으로 내려가기도 하고, 다른 방향으로 내려가는 길도 많다.

주차장에서 바라본 월출산(왼쪽). 엄청난 경사의 암봉이 하늘로 솟아있다. 구름다리가 놓여 있는 곳도 산세가 험해 보인다(오른쪽).

천황봉까지 갔다가 산을 내려가려는 사람들 때문에 일찍 입산을 통제하는 것이다.

등산로로 접어드니 울창한 숲이 기다리고 있다. 숲 그늘 때문에 더위는 피할 수 있었다. 약 10분 정도 올라가니 길이 둘로 갈린다. 어느 길로 올라가든 구름다리까지 걸리는 시간은 비슷하다. 한쪽을 택해 다시 길을 오르기 시작했다. 이제까지는 길이 그리 험하지 않았는데, 갈림길을 지나서 조금 걷자마자 급경사 길이 나타나기 시작한다. 저질 체력을 자랑하는 나에게는 정말 힘든 길이다. 함께한 학생들 중 여학생들도 힘들어한다. 10분 정도 걷다가 5분 쉬기를 반복했다. 이렇게 경사가 급한 길을 이렇게 오랫동안 가본 적이 없었다는 생각이 들었다. 50분쯤 오르니 긴 철제계단이 나온다. 이제까지는 아무 전망도 보지 못하고 그냥 땅만 보고 간신히 기어올라 왔는데, 철제계단을 절반쯤 올라가니 산 아래가 훤히 내려다보인다. 정면으로는 산 아래 저수지와 푸른 들판이 보이고, 왼편으로는 기암괴석이 가득한 산허리가 있다. 한참을 쉬면서 사진을 찍었다. 모두들 지쳐서 헐떡거리고 있었는데, 한참을 쉬니 그래도 다시 올라가보겠다는 용기가 난다. 자연의 아름다운 모습에서 힘을 얻었다고나 할까?

10분쯤을 더 올라가다가 다시 쉬었다. 여러 학생들이 힘들어한다. 교수가 올라간다고 억지로 따라 올라갈 생각은 말고 힘든 사람은 여기서 쉬었다가 천천히 내려가라고 했다. 그러자 반 정도의 학생들만 산에 올라가기로 했다. 내가 학생들을 억지로 고생하게 했다는 생각에 자책을 느꼈다. 사실 나도 이렇게 힘든 코스인지 몰랐다. 아마 알았으면 산을 오를 생각을 못했을 것이다. 앞으로는 학생들이 싫어할 일을 하지 않도록 더 조심해야겠다.

상대적으로 더 젊은 학생들만 다시 산을 오른다. 역시 젊음이 좋다. 이들과 함께 10분 정도 더 비탈길을 기어올라 가니 경사진 길이 끝나고 평평한 길이 시작된다. 구름다리 100m 앞 지점이다. 산모퉁이를 지나자 드디어 시야가 넓어지면서 구름다리가 눈앞에 들어온다.

월출산 구름다리의 멋진 모습과 숙소의 조용한 밤

구름다리가 보이자 나는 경탄을 했다. 주변 경치가 정말 입이 딱 벌어지게 할 정도다. 아래가 내려다보이지도 않는 절벽 위에 구름다리가 걸려 있는데, 그 주변에 기암괴석이 구름다리를 지나 하늘로 치솟아 있다. 그 아름다움을 말로 표현할 수 없다. 산 아래 전망도 멋지다. 푸른 하늘과 녹색의 산, 그리고 그 아래 마을과 푸른 논의 모습까지 한눈에 들어온다. 눈이 싱그럽다. 방향을 바꿔가면서 사진을 계속 찍었다. 구름다리 건너편에서도 다시 사진을 찍었다. 구름다리를 건너는 동안 약간 다리가 흔들렸지만, 무서움을 느낄 정도는 아니었다. 다만 다리 아래 절벽이 너무 깊어서, 몸을 숙여 그 절벽 아래를 내려다보니 조금 공포감을 느낄 정도다.

산을 내려오는 길도 쉽지 않았다. 다행스럽게도 지팡이를 들고 가서 충격을 완화시킬 수 있었는데, 심한 경사로 상당히 조심해서 발을 내디뎌야 했다. 중간에 두 번을 쉬고 출발점으로 되돌아왔다. 지도에 나타난 설명보다는 조금 더 긴 3시간 정도 걸리는 산행이었다. 다리가 후들거리고 옷은 모두 땀으로 젖었다. 산 아래 식당에서 허기를 채우는데 밑반찬들이 맛있었다. 저녁 식사를 마치고 나오니 이제 약간 어둑어둑해진다. 동쪽은 아직 밝은데, 해가 월출산 너머로 가려지니 서쪽 산의 모습이 검게 보인다. '조금 더 기다리면 산의 이름처럼 달이 산봉우리 위로 얼굴을 내밀까?' 하는 생각이 들었다. 아마 달月(달 월)이 산 위로 나온다고 出(나올 출) 해서 월출산이라는 이름이 붙여졌을 것이다.

영암 읍내에 잠깐 들러서 밤에 마실 술과 안줏거리, 그리고 내일 아침 식사를 할 수 있는 음식들을 샀다. 오늘의 숙소는 월출산 아래에 있는 한옥마을이다. 새로 지은 한옥집이 산뜻한 숙소에 도착했다. 가격도 비싸지 않았는데 방도 넓다. 차가운 물로 샤워를 하고 옷을 갈아입으니 상쾌하다. 오늘 도갑사에서는 더위 때문에 고생하고 월출산의 험한 등산길에서도 고생을 했는데, 차가운 물을 머리에 맞으니 이제 좀 정신이 든다.

밤 9시 반에 모두들 마주 앉았다. 술 한 잔을 들고 건배를 하면서 여러 대화를 나누었다. 곧 미국 대학 박사과정으로 유학을 떠나는 제자에 대한 작별 인사와 감회를 나눴다. 모두들 지난 1년간의 힘든 생활을 회상한다. 작년 여름 졸업을 하고 취직했다가 휴가를 내고 온 제자는 어떤 일을 하고 있는지 설명한다. 어젯밤에도 야근을 하고, 오늘 달리는 차 안에서도 노트북을 들고 일을 하면서까지 여행에 참가한 제자다. 11시 반에 술자리를 파했는데, 잠자리에 눕자마자 바로 잠이 들었다. 피곤한 하루의 끝이다.

활성산 풍력발전단지의 멋진 모습

아침 9시 30분에 숙소를 출발했다. 첫 번째 목표는 영암 읍내를 멀리서 내려다보는 활성산 위에 위치한 풍력발전단지다. 어제 달렸던 영암 읍내를 지나는 길을 다시 달려서 산의 반대편으로 향했다. 활성산 아래 도착해서 조금 올라가는데 '전망 좋은 곳'이라는 표지판이 있었다. 그래서 잠깐 차를 세우고 전망을 돌아보니 숨이 막힌다. 왼편으로는 암봉이 가득한 월출산, 그 오른편 아래에는 영암 읍내, 그리고 더 오른편으로는 넓은 평야가 펼쳐져 있다. 녹색의 산과 평야, 그리고 그 위의 푸른 하늘까지 모두 한눈에 들어온다. 역시 자연의 모습은 아름답다. 이렇게 멋진 경치를 볼 수 있는 곳이 드물 것이다. 넓은 평원 옆에 갑자기 하늘로 우뚝 선 기암괴석의 모습이라니….

5분 정도 쉬면서 사진을 많이 찍었다. 그리고 다시 차를 달려 여운재라는 고개를 넘었다. 고개를 넘자마자 오른편의 좁은 길로 접어들어 산을 오르기 시작한다. 1차선의 좁은 길이고 경사가 급해 1단 기어를 사용해서 올라갔다. 능선에 오르니 풍차가 돌아가는 풍력발전

여운재를 오르다 바라본 월출산 능선과 영암 읍내, 그리고 주변 평야의 모습(왼쪽). 하늘부터 땅까지 한눈에 들어온다. 활성산 풍력발전단지에서 바라본 풍차와 하늘(오른쪽)도 눈이 싱그러울 정도로 멋지다.

탑이 보인다. 여기서도 푸른 하늘, 하늘을 떠가는 뭉게구름, 그 아래의 푸른 잔디, 잔디밭 위에 우뚝 서 있는 하얀 풍차까지 모두 한눈에 들어온다. 이런 멋진 경치라니, 눈이 싱그럽다.

능선에 오르니 길이 두 편으로 갈라진다. 왼편으로 차의 방향을 돌려 세우고 보니 '사유지이므로 출입을 금지한다'는 표지판이 있었다. 그래서 사진만 찍고 반대 방향으로 차를 돌렸다. 길을 따라 한참을 가다 보니 산 반대편에 있는 풍차들 아래에 도착했다. 여기에도 '출입을 금지한다'는 표지판이 있어서 더 들어가지 않았다. 표지판 앞에 차를 세우고 주변 경치를 배경으로 사진을 찍었다.

월출산 산록의 녹차밭과 백운동 정원

산을 내려와서 차를 달려 영암을 떠나 강진으로 접어들었다. 월출산의 북쪽이 영암, 남쪽이 강진이다. 산록을 넘어가는 험한 길이니 예전에는 많은 왕래가 없었을 것인데, 이제는 에어컨이 시원하게 나오는 차를 타고 30분 정도밖에 걸리지 않는다. 오설록 월출산 다원 입구에 이르니 멀리 녹색의 푸른 물결이 보인다. 그 물결 위편으로 월출산의 녹색 물결, 다시 그 위에 멋진 암봉, 그리고 그 위에 푸른 하늘이 한눈에 다 보인다. 이 멋진 풍경을 어찌 부족한 내 글솜씨로 표현할 수 있을까? 다원에 차를 세우고 사진을 여러 장 찍었다. 작은 풍경일 뿐이지만, 한국에서 내가 본 풍경들 중에서 가장 아름다운 곳으로 손꼽을 수 있을 만큼 멋지다. 영암 쪽에서는 암봉으로 둘러싸여 웅장한 위용을 자랑하던 월출산이, 이제 산의 남쪽 강진에 와서 바라보면 숲으로 둘러싸인 평안한 모습으로 다가온다. 암봉은 숲 위 산꼭대기 부근에서만 수줍게 고개를 내밀고 있을 뿐이다.

큰 길에서 월출산 다원으로 들어오는 입구에 월남사지가 있다. 차에서 내려 주변을 돌아보면 풍수를 몰라도 명당자리라는 것을 알 수 있다. 이 동네의 명칭이 월남리인데, 아마 월출산의 남쪽이라는 뜻으로 붙인 이름일 것이다. 그렇지만 아쉽게도 유명한 보물 제298호인 월남사지 삼층석탑은 현재 수리 및 복원 중이라 직접 볼 수 없었다. 이 석탑은 흔히 국보 제9호 부여 정림사지 오층석탑과 비교된다. 즉 고려 시대에 세워졌지만 백제 시대 말의 석탑과 유사한 양식이다. 아래와 위의 둘레가 크게 차이가 없는 날씬한 모습이며, 한 층 한 층이 돌 하나로 구성되어 있는 대부분의 석탑과는 달리 작은 석재들을 레고 끼우듯 조립해 만든 형태다. 월남사를 창건한 것으로 알려진 진각국사를 추모해 세웠다고 전해지는 보물 제313호 진각국사비도 둘러봤다. 마모가 심해 안타까웠다.

차밭에 왔으니 차를 한 잔 마시고 가기로 했다. 찻집으로 들어서니

오설록 다원에서 바라본 월출산의 모습(왼쪽)이 아름답다. 계곡 속에 조용히 숨어 있는 백운동 별서정원(오른쪽)은 계곡 물을 정원으로 끌어들여 연못을 거쳐 돌아나가도록 시설을 마련해 놓은 점이 독특하다.

시골 마을인데도 정성 들여서 아기자기하게 실내와 정원을 꾸며놓았다. 친절한 주인아주머니가 추천하신 대로 몇 종류의 차를 시켜 나눠 마시며 그 맛을 음미했다. 차 맛이 참 묘하다. 서울에서 마시던 티백 차와는 확실히 달라, 한 모금 입에 머금으면 향기가 퍼지고 구수한 맛이 느껴진다.

찻집에서 나와 차를 몰고 가면 곧 갈림길이 나온다. 바로 앞쪽에는 경포탐방지원센터가 있고, 왼편으로 차를 90도 방향으로 꺾으면 백운동 별서정원을 거쳐 무위사로 가는 길이다. 경포탐방지원센터는 경포대 계곡을 거쳐 월출산으로 올라가는 등산로의 입구다. 우리는 백운동 별서정원으로 향했다. 차 방향을 꺾자마자 바로 월출산 다원의 상단부를 가로지르는 길이 펼쳐진다. 길 중간에 차밭을 조망할 수 있는 전망대도 있다. 이곳을 지나치자마자 바로 백운동 별서정원 주차장이 보인다.

차를 세우고 언덕길을 내려가자 울창한 동백나무와 대나무 숲이 나타나고, 숲을 지나자 작은 계곡이 있다. 그 계곡 아래에 숨겨진 정원이 바로 백운동 정원이다. 조선 중기 이 지방의 부호 이담로1627~?가 만든 정원이다. 산속 계곡에 숨어 있어서 밖에서는 알 수 없는 곳이니, 비밀의 정원이라고 부를 만하다.

'별서別墅'란 도시가 아닌 한적한 곳에 따로 지은 집이라는 뜻이다. 이담로의 후손들이 사용하면서 전해 내려오다가, 현대에 들어 무너지고 황폐화된 이곳을 다시 복원했다. 복원을 할 수 있었던 것은 이곳의 풍경을 묘사한 그림들이 남아 있기 때문이다. 강진 땅에 유배 중이던 다산 정약용 선생이 이곳을 방문하고, 그 풍경에 반해 시를 지었다. 그리고 백운동의 멋진 경치 12가지를 골라 백운동 12경이라 부르며, 제자에게 12경을 그림으로 그리도록 했다. 이 시와 그림이 백운첩이라는 시화집에 남아서, 2000년대에 이르러 옛 유적지에 정원을 복원할 수 있었던 것이다.

정원에서 특히 눈에 띄는 모습은 계곡 물을 정원 안으로 끌어들인 것이다. 물은 좁은 수로를 따라 작은 연못으로 들어와서 다른 연못을 거친 후 다시 돌아서 계곡으로 빠져나간다. 평탄한 것 같은 정원의 높이를 교묘하게 조정해서 물이 자연스럽게 흐르도록 한 것이다. 이 수로에 잔을 띄워놓고 시를 읊으면서 술을 마셨을 것이다.

고즈넉한 무위사를 돌아보다

다시 차로 돌아오니 12시 반이다. 이 부근에는 식사를 할 만한 식당이 별로 없었다. 오늘 여기까지 오다 본 식당은 월출산 다원으로 들어가는 입구에 있는 소고기 식당과 경포탐방지원센터 옆에 있는 닭

고기 식당뿐이다. 아직까지 많은 사람들이 찾아오는 곳이 아니라는 증거다. 점심 식사를 마치니 태양빛이 뜨겁다. 다시 백운동 별서정원 옆을 지나 언덕 아래로 내려오자 오른편에 무위사가 나타난다. 주차 장에 차를 세우고 천천히 걸어서 무위사 경내로 들어섰다.

무위사는 본래 유명한 절은 아니었다. 그런데 유홍준 선생이 『나의 문화유산 답사기』의 첫 번째 글에서 무위사를 극찬하면서 널리 알려지게 되었다. 유홍준 선생은 "바삐 움직이는 도회적 삶에 익숙한 사람들은 이 무위사에 당도하는 순간 세상에는 이처럼 소담하고, 한적하고, 검소하고, 질박한 아름다움도 있다는 사실에 스스로 놀라곤 한다"라고, 그의 책 1권 27페이지에서 묘사하고 있다.

사실 절 앞에서 절 위로 비탈길을 걸어 올라가면서 이 표현이 어울린다고 느끼기 어려웠다. 그러다가 보제루 밑의 통로로 들어서서 돌계단 앞에 이르면 멀리 앞에 국보 제13호 극락보전의 모습이 보이기 시작한다. 동행한 여학생이 "정말 멋지고 우아한 건물이 눈앞에 불쑥 나타났다"고 감탄한다. 1430년 조선 세종 때 지어진 건물이다. 조선 후기 건물에서 나타나는 화려한 장식이 별로 없고 단청도 없어서 검소하다고 느껴진다. 건물의 옆면으로 돌아가 보면 벽면에 건물의 구조가 한눈에 들어온다. 예산 수덕사의 국보 제49호 대웅전 건물과 비교할 만하다. 극락보전 건물 앞 편에 있는 배례석무릎 꿇고 절하던 돌의 정교한 연꽃무늬도 아름답다. 이 배례석 앞에 탑이나 불상이 있었다는 증거라고 한다.

이 법당 아래에는 큰 돌들이 깔려 있었다고 한다. 1983년에 처마가 내려앉아 보수공사를 하면서 이 돌들을 걷어냈더니 법당에 습기가

국보 제13호 무위사 극락보전(왼쪽)은 빛바랜 나무지만 그 위용과 정교함은 멀리서도 주변을 압도한다. 극락보전 앞마당에 있는 배례석(오른쪽)의 정교한 연꽃무늬가 아름답다.

차서 다시 돌들을 깔았다고 한다. 옛사람들의 기술을 현대 사람들이 제대로 따라가지 못하는 것이다. 돌들의 틈 사이로 공기가 통해 법당 내부의 습기를 제거하는 역할을 했는데, 그 돌을 제거하고 아마 시멘트로 덮어버리지 않았을까 추측한다. 극락보전 내에는 사람이 아무도 없었다. 건물 안으로 들어가서 불단에 모셔진 보물 제1312호 아미타여래 삼존좌상과, 그 뒤 벽면에 그려진 국보 제313호 삼존벽화를 구경했다. 벽면 뒤로 돌아가면 보물 제1314호 백의관음도가 그려져 있다. 하얀색 옷을 입은 관음보살의 모습이 독특하다. 법당 내 촬영을 금지한다는 표지판이 있어서 사진을 찍지 않았다. 극락보전이 지어질 때 함께 제작된 작품들일 것으로 추정된다.

절 마당 한쪽 편에는 보물 제507호 선각대사탑비가 있었다. 선각대사는 고려 태조 왕건과 교류한 신라 말 고려 초기의 승려다. 비석을 떠받치고 있는 거북의 몸통과 용의 머리는 비교적 마모가 덜 되어 그 모습을 잘 알아볼 수 있었다. 용의 얼굴에서 용맹스러움이 느껴진다. 눈썹이 우뚝 솟아 있고, 눈은 위로 치솟아 올라 있다. 가지런한 이

빨도 보인다.

성보박물관에 들어가니 법당의 벽면을 장식하던 여러 그림들을 볼 수 있었다. 설명을 읽어보니 삼존벽화를 그린 화가의 이름도 알려져 있지만 벽화를 둘러싼 전설도 별도로 전해 내려온다. 법당이 완성된 후 남루한 차림의 노승이 절에 찾아와서 그림을 그릴 테니 49일 동안 들여다보지 말라고 했다고 한다. 그리고는 문을 걸어 잠그고 나오지 않고 음식을 청하지도 않았다. 궁금한 주지스님이 문틈으로 몰래 안을 들여다보니 파랑새가 붓을 입에 물고 있었다. 그림은 거의 다 완성되어 있었고, 막 파랑새가 관음보살의 눈동자를 그려 넣으려던 참이었다. 그런데 주지스님이 들여다보는 것을 알고 놀란 파랑새는 하늘로 날아가버렸다. 그래서 관음보살은 눈동자가 없다고 한다. 이 설명을 읽고 박물관 내에 있는 모사된 그림을 살펴보니, 우리가 보는 방향에서 볼 때 제일 오른편에 위치한 관음보살의 눈동자가 없다. 재미있는 전설이다.

돌담에 속삭이는 햇발같이

무위사에서 강진 읍내에 위치한 영랑생가까지는 20분밖에 걸리지 않았다. 3시 반쯤 도착해서 주차장에 차를 세웠다. 김영랑1903~1950은 이곳에서 출생해 서울에서 유학했다. 일제강점기 순수한 아름다움을 노래한 서정적인 시들을 많이 지었다. 잘 알려지지는 않았지만 광복 이후에는 희망찬 미래를 노래한 긍정적인 시들도 지었다고 한다.

돌담에 속삭이는 햇발같이

풀 아래 웃음짓는 샘물같이

내 마음 고요히 고운 봄길 위에

오늘 하루 하늘을 우러르고 싶다.

새악시 볼에 떠오는 부끄럼같이

시의 가슴을 살포시 젖는 물결같이

보드레한 에메랄드 얕게 흐르는

실비단 하늘을 바라보고 싶다.

김영랑 시인이 1930년에 지은 대표작 〈돌담에 속삭이는 햇발〉이라는 시다. 언젠가 국어 교과서나 시집에서 읽었던 적이 있는 친근한 작품이다. 생가 주변에 적혀 있는 그의 아름다운 시를 읽어보면 나의 옛 고향의 모습이 떠오른다. 일제강점기 당시의 현실은 암울했지만, 시인이 생각하는 고향의 모습은 아름답고 평화스러운 파라다이스였다. 서양의 미술사조 중에서도 옛 모습을 이상적으로 묘사하는 고전주의나 신고전주의 화풍이 있었던 것처럼, 당시 어려운 현실을 벗어나서 자연의 아름다움에서 행복을 찾아보려던 순수문학 사조가 우리나라 시단의 주류였다.

요즘에 이르러서는 문학에 혼이 없었다거나 일제에 저항하지 못했다는 등의 비판도 받긴 하지만, 나는 이런 비판은 요즘 사람들의 기준에 맞추어 100년 전 사람들의 행동을 비판하는 것에 지나지 않는다고 생각한다. 이런 비판을 하는 사람들이 칭송하는 일제강점기 때 만들어진 이데올로기가 가득 찬 시는 지금 거의 다 잊혔는 데 반해, 김영랑 같은 순수시인들이 만든 시들은 아직도 우리 주변에 남아 있으니 말이다. 다른 사람이 사물을 보는 관점이 나와 다르다고 다른 사람을 비판할 필요는 없다.

생가 뒤편에는 세계모란공원으로 올라가는 길이 있다. 대나무 숲 뒤로 돌아가면 모란꽃이 펼쳐진 아담한 공원이 있다. 공원 높은 곳에 위치한 정자 위에 올라가 보니 강진 읍내가 한눈에 내려다보인다. 이곳에 앉아 솔솔 부는 바람을 맞으면서 시인의 대표작 〈모란이 피기까지는〉을 읽어본다.

모란이 피기까지는
나는 아직 나의 봄을 기다리고 있을 테요
모란이 뚝뚝 떨어져 버린 날
나는 비로소 봄을 여읜 설움에 잠길 테요
5월 어느 날, 그 하루 무덥던 날
떨어져 누운 꽃잎마저 시들어 버리고는
천지에 모란은 자취도 없어지고
뻗쳐 오르던 내 보람 서운케 무너졌느니
모란이 지고 말면 그뿐, 내 한 해는 다 가고 말아
삼백 예순 날 하냥 섭섭해 우웁내다
모란이 피기까지는
나는 아직 기다리고 있을 테요, 찬란한 슬픔의 봄을

사의재와 가우도를 돌아보다

공원 언덕을 내려오니 시문학파 기념관이 자리 잡고 있다. 김영랑과 함께 순수문학을 추구하고 『시문학』이라는 시집을 발간해서 '시문학 파'라고 불리는 시인들을 기념하는 건물이다. 김영랑, 박용철, 이하윤, 정지용, 정인보 등이 대표적인 시문학파 동인들이다. 이곳을 돌아본 후 주차장 입구에 위치한 카페에 들어가서 잠시 땀을 식혔다. 기온이 30도가 넘으니 조금만 걸어도 몸에 땀이 난다.

영랑생가와 사의재는 500m쯤 떨어져 있다. 걸어서 봐도 될 만한 거리인데, 워낙 더운 날씨라 차를 몰고 사의재 옆 주차장에 차를 세 웠다. 아직 본격적인 휴가시즌 전이라서 주차하는 데 여유가 있었다. 조선 말의 대학자 다산茶山 정약용1762~1838 선생은 무려 18년 동안 강 진 땅에 귀양 와서 살았다. 천주교를 믿었다는 죄목이다. 형인 정약전 은 흑산도로 귀양을 가서 죽었고, 또 다른 형인 정약종은 참수를 당 했다. 당시 귀양살이할 때는 자신이 직접 거처할 집과 먹을 음식을 마 련해야 했다. 그런데 집안이 풍비박산이 난 형편에 집과 음식을 마련 할 돈이 없었다. 이런 정약용 선생을 딱하게 생각한 주막집 주모가 주 막집 방 한 칸에 선생을 머물게 하고 음식을 제공했다. 그곳이 바로 사의재다. 그래서 사의재 앞에는 주모와 주막집 딸의 모습이 동상으 로 남아 있다.

사의재四宜齋라는 이름은 '4가지를 마땅히 해야 할 집'이라는 뜻이 다. '마땅 의宜' 자가 '마땅히 ~을 해야 한다'는 뜻이다. 정약용 선생은 이 거처에 사의재라는 이름을 붙였다. 선생이 말한 4가지는 '맑은 생

사의재는 옛날 사람들이 살았을 듯한 평범한 초가
집이다. 다산 정약용 선생은 이 주막집에서 주모의
배려로 4년간 거주한다.

각, 엄숙한 용모, 과묵한 말씨, 신중한 행동'을 말한다. 처음에는 주막
에 얹혀살면서 눈칫밥을 얻어먹었는데, 주막의 살림살이를 돌아보니
주모가 계산을 잘 못한다는 사실을 알게 됐다. 그래서 열심히 술과
음식을 파는데도 남는 것이 별로 없었다. 선생이 주모의 계산 장부를
정확하게 정리해서 주모를 도와주니 바로 살림살이가 달라졌다. 주
모가 선생을 인정하게 된 계기라고 한다.

주막집은 그 옛날 사람들이 살았을 듯한 평범한 초가집의 모습이
다. 사의재 앞에는 식사나 술을 한잔할 수 있는 작은 전통식당이 있
고, 뒤편에는 숙박을 할 수 있는 시설이 있었다. 사의재를 돌아보고
다음 목적지인 가우도로 향했다. 약 30분 정도 걸리는 길이다. 바닷
가 주차장에 차를 세우니 눈앞에 가우도로 건너가는 다리가 있다.
흔히들 생각하는 차가 다니는 큰 다리가 아니라 사람 두셋이 함께 건
널 정도로 작은 출렁다리다. A모양으로 생긴 강진 땅의 한가운데 강
진만이 자리 잡고 있는데, 강진만 한가운데 자리 잡고 있는 작은 섬
이 가우도다. 가우도의 양편에 조그마한 다리를 놓아 육지에서 걸어
서 건너갈 수 있도록 한 것이다. 그 결과 알려지지 않았던 이 섬은 많
은 관광객들이 찾아오는 섬으로 변모하게 되었다.

우리가 차를 내린 망호면에서 가우도로 걸어 들어가는 데는 약 10분 정도 걸렸다. 출발점에는 요트와 모터보트도 서 있다. 가우도로 걸어가서 길을 따라 오른편으로 바닷가를 산책했다. 데크를 이용해 길을 잘 마련해놓았는데, 바다 한가운데까지 길을 만들고 걸어 들어가서 낚시를 할 수 있도록 한 시설도 있었다. 섬 반대쪽 다리까지 가기 전에 마을을 만나자, 마을을 가로질러 출발점으로 되돌아왔다. 산 위에 우뚝 솟은 청자 모양의 건물도 멀리서 볼 수 있었다. 이 건물에 강진만을 내려다보는 전망대가 있는데, 여기서 짚트랙을 타고 순식간에 가우도를 빠져나가 우리가 들어온 망호면에서 반대쪽인 저두리로 나갈 수도 있다. 망호면 출렁다리 앞에 있는 식당에서 저녁 식사를 했다. 신선한 해산물이 입맛을 당겼고 매콤한 매운탕 국물도 맛있었다.

식사를 마치고 나오니 저녁 7시가 넘어 뉘엿뉘엿 해가 서편으로 넘어가기 직전이다. 강렬한 태양빛을 받아 다리가 노랗게 빛난다. 그 다리를 건너 다시 육지에 위치한 주차장으로 되돌아왔다. 우리가 정한 민박집에 도착하니 주변에 어둠이 내린다. 시원한 물로 목욕을 하고 넓은 대청마루에 둘러앉았다. 어젯밤처럼 술을 한잔하면서 대화를 나누다가 잠이 들었다.

다산 정약용 선생의 숨결을 느끼다

아침에 일어나 우리가 숙박한 한옥 민박집 주변을 돌아봤다. 정원을 잘 가꾸신 주인장의 노력이 느껴지는 곳이다. 숙소는 정약용 선생이 기거하던 다산초당으로 올라가는 초입에 있는 마을에 위치한다. 9시에 숙소를 나와서 우선 차 두 대 중 한 대는 조금 떨어진 곳에 위치한 백련사 주차장에 두고 돌아왔다. 차 한 대는 숙소에 그대로 두고 바로 마을 아래에 위치한 다산기념관을 30분 정도 돌아봤다. "목민관은 백성을 두려워하고 (…) 하늘을 두려워해야 한다"는 선생의 말이 인상 깊었다. 부인이 한양에서 결혼 30주년을 맞아 시와 함께 시집올 때 입었던 비단 치마를 강진으로 보내자, 이 치마를 잘라 두 아들에게 훈계를 적어 보냈고 딸에게는 그림과 시를 적어 보냈다. 다음과 같은 시다.

> 펄펄 나는 저 새 우리 집 뜰 매화 가지에 쉬는구나
> 꽃향기 짙어 즐기려 찾아왔겠지
> 머물러 지내면서 네 집안을 즐겁게 하렴
> 꽃이 활짝 피었으니 열매도 많이 열리겠구나

부모의 따뜻한 사랑이 느껴지는 시다. 어렸을 때 귀양 오면서 헤어져서 다시 얼굴을 보지 못한 아들과 딸에게 글로 전하는 아버지의 사랑이다. 이런 작품이 모아서 전해지는 책이 『하피첩』인데, 이 『하피첩』이 발견된 경위도 놀랍다. 후손들이 한국전쟁 때 책을 잃어버렸는데, 신기하게도 2004년 경기도에서 폐지를 줍는 할머니가 버려진 쓰레기 더미에서 이 책을 찾아 고물상에 판다. 그리고도 책의 가치를 몰라 여러 사람의 손을 거치면서 잊혀 있다가, 모 TV의 감정 프로그램에 그동안 잊혀졌던 이 책이 등장해 비로소 세상에 알려지게 된 것이다. 이런 귀중한 문화재가 우여곡절을 거쳐 살아남았으니 정말 신

원래 작은 초가집이었던 다산초당을 큰 기와집로 복원했다. 현판에 있는 다산초당과 보정산방이라는 글씨는 추사 김정희 선생의 작품이다.

의 은혜를 입었다고 생각이 된다.

기념관을 나와 산을 오르니 숲길이 시작된다. 다산초당으로 올라가는 길이다. 나무뿌리가 길에 그대로 드러나 있다. 뿌리를 밟고 걸어야 하니 '나무에 해가 되지 않을까?' 하는 생각도 들지만, 운치 있는 그 모습이 독특하다. 누군가는 '내 인생처럼 굴곡진 길이다'라고 할 것 같고, 누군가는 '뱀처럼 구불구불하다'고도 할 모습이다.

다산초당은 원래 해남 윤씨의 별당이었다. 해남 윤씨는 다산 선생의 외가다. 해남 윤씨의 별당에 초대되어서 며칠을 보낸 다산 선생은 해남 윤씨 가문에 부탁해서 이곳에 머물게 된다. 즉 거처를 사의재에서 이곳으로 옮긴 것이다. 숲길을 20분 정도 올라가면 작은 건물 세 채가 있다. 단아한 기와집인데, 사실 '다산초당'이라는 이름에서 느낄 수 있는 것처럼 이 건물은 작은 초가집이었다. 그 초가집을 큼지막한 기와집으로 복원했으니 잘 어울리지 않는다. 동암과 서암으로 불리는 다른 2개의 건물은 제자들이 머물던 거처와 도서관으로 쓰던 건물이다. 초당의 마루에 앉아서 땀을 식히면서 잠시 쉬었다. 주변에 숲이 울창해서 그늘이 시원하다.

다산초당茶山草堂이라는 글씨는 '다산이 머물던 풀로 지은 집'이라는 뜻으로서 추사 김정희 선생의 글씨다. 보통 글자와는 모양이 다른, 그 모습을 글자로 표현한 산山과 초艸 자의 독특한 모습에서 추사의 작품임을 알 수 있다. 다른 건물에 붙어 있는 보정산방寶丁山房이라는 글씨도 추사가 쓴 것으로서, '정약용을 보물로 여기는 산속의 방'이라는 뜻이다. 산山 자도 독특하지만, 마치 사람이 큰 대大 자 모양으로 집戶(집 호) 속에 누워 있는 듯한 모습의 방房(방 방) 자도 재미있다. 정확히는 알지 못하지만 보寶(보배 보) 자도 물건을 잘 쌓아둔 듯한 느낌이다.

다산초당에서 백련사로 이르는 길

다산초당 주변에는 다산의 향기를 느낄 수 있는 것들이 많이 남아 있다. 건물 왼쪽 뒤편에 있는 바위에는 정석丁石이라고 새겨진 바위가 있다. 『수학의 정석』 할 때의 정석定石이 아니라 정약용 바위라는 의미의 정석이다. 선생이 직접 쓴 글씨라고 알려져 있다. 초당 앞 작은 마당에 있는 큰 평상처럼 생긴 바위는 선생이 다기를 펼쳐놓고 차를 우려마시던 바위다. 건물 한편의 작은 사각형의 연못도 주변 계곡물을 끌어들여 선생이 만든 것이고, 그 연못 안에 있는 작은 돌산도 다산의 손끝이 만들어낸 작품이다. 선생은 이곳에서 제자들과 함께 엄청난 분량의 책을 저술한다. 강진 땅뿐만 아니라 인근 해남에서도 그에게 배우기 위해 여러 제자들이 모여든 덕분이다. 이곳에서 무려 500여 편의 저술이 이루어졌는데, 우리가 이름을 들어본 적이 있는 『목민심

서』나『경세유표』등이 그중의 대표작이다.

산모퉁이를 돌면 천일각이라는 이름의 정자가 있다. 이곳에 이르니 앞의 벌판과 그 너머 강진만이 훤하게 내려다보인다. 선생이 가끔 이곳에 올라서 산 아래를 내려다보면서 두고 온 처자식을 그리워하지 않았을까? 천일각을 떠나서 약 30분 정도 800m 길이의 산속 오솔길을 걸으면 나무숲 사이로 멀리 백련사가 보인다. 선생은 가끔 백련사에 거처하던 혜장선사를 만나서 차를 나눠 마시면서 대화를 나누었다고 한다. 선생이 걷던 그 산길을 우리가 걷는 것이다.

백련사 주변에 도착하니 울창한 동백나무 숲이 우리를 맞는다. 천연기념물로 지정된 명품 숲으로서, 약 7천 그루의 동백나무가 있는 국내 최대의 자생지라고 한다. 언젠가 봄에 이곳을 방문했을 때는 빨간 동백꽃이 참 신비로웠는데, 여름에 오니 그 느낌을 느낄 수는 없었다. 봄철 나무에 핀 붉은 꽃과 나무 밑에 떨어져서도 기품을 잃지 않는 붉은 꽃을 함께 보는 느낌은 말로 표현하기 힘들다. 백련사는 고려 시대 창건된 유서 깊은 절이다. 절에 올라가서 만 가지 경치를 다 볼 수 있다는 이름의 만경루萬景樓 2층에 앉아 잠시 쉬었다. 산 아래로 내려다보는 경치가 멋있다. 봄이면 바로 아래 숲의 빨간 동백꽃잎까지 볼 수 있을 테니 더 멋진 경치가 펼쳐지지 않을까 기대한다.

주차장은 바로 산 아래 5분 거리에 위치한다. 두 사람만 빨리 주차장으로 내려가서, 미리 세워둔 차를 몰고 다산기념관 부근 숙소에 세워뒀던 차를 몰고 돌아왔다. 그래서 일행들이 다 차에 올랐다. 이렇게 하지 않았으면 백련사에서 다시 산길로 다산초당을 지나 산 아래까지 내려가야 하니 1시간은 지체되었을 것이다.

하멜기념관과 병영마을 옛 담장

12시쯤에 병영마을에 도착했다. 강진 읍내에서 병영마을로 가는 도로 양편에 서 있는 우람한 가로수들이 터널을 만들어 우리를 맞는다. 병영마을에 도착해서 우선 이 동네의 유명한 식당에 가서 식사를 했다. 고기 맛이 일품이고 가격도 놀랄 만큼 저렴하다. 들어갈 때도 사람이 꽉 차서 우리가 마지막 자리에 앉았는데, 식사를 마치고 나오다 보니 밖에 줄이 길게 늘어서 있다. 조그만 마을까지 사람들이 식사하러 찾아오는 것이다. 우리도 조금만 늦었으면 한참을 기다려야 했을 것이다.

무더운 한낮의 태양 빛 아래에 하멜기념관에 도착했다. 네덜란드인 하멜은 일본으로 향하다가 배가 난파해 조선 땅에 살아남은 동료들과 함께 표류한다. 조선에 귀화해서 신무기를 만드는 것을 거부하고 송환시켜달라고 자꾸 귀찮은 일을 벌이자 조정에서는 이들을 강진 땅으로 유배를 보냈다. 당시 전라도 지역을 지키던 육군의 사령부가 있던 곳이 바로 병영이다. 그래서 마을 이름도 군사가 주둔하던 주둔지라는 뜻인 병영兵營인 것이다. 하멜 일행은 이곳에서 막노동을 하면서 어렵게 지내다가 배를 훔쳐 일본으로 탈출해서 고국으로 돌아간다. 그래서 쓴 책이 우리에게 『하멜표류기』라는 이름으로 알려진 책이다. '서양에 조선을 소개한 최초의 책'이라고 볼 수 있다. 기념관은 10분 정도면 돌아볼 수 있는 작은 규모다.

기념관 옆에는 옛 담장이 남아 있다. 자갈을 촘촘하게 쌓아올린 담장이 독특한데, 그 위에 기와로 지붕을 만들어 덮었다. 기와 대신 시

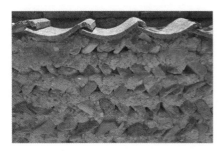

병영성 주변에 아직도 옛 담장이 남아 있다. 빗살
무늬 모양으로 층마다 돌의 방향을 달리 쌓은 국내
유일의 독특한 형태다.

멘트를 발라 옛 모습을 잃은 곳도 많았다. 돌과 흙을 층층이 쌓았는데, 돌들은 각 층마다 수직보다 15도 정도 좌우로 각도가 엇갈리게 쌓았다. 그래서 빗살무늬 모양의 담장이라고도 부른다. 조선 시대 병영성 근처에 많은 사람이 거주하던 당시 만들어진 담장이다. 한국의 다른 곳에서는 전혀 볼 수 없는 형태라, 혹시 하멜 일행들이 이렇게 쌓는 법을 전수하지 않았을까 추측하기도 한다고 한다.

마을 골목 안으로 들어가 담장을 돌아보고 나오는데 5분이면 충분한데, 이글거리는 한여름의 햇빛에 5분 동안에도 땀이 얼굴을 적신다. 기념관 옆에 위치한 카페에 들어가 시원한 차와 빙수로 땀을 식혔다. 마지막으로 길 건너편 병영성문에 잠시 올라 주변을 둘러봤다.

1시 반쯤에 강진을 떠났다. 길이 막히지 않으면 서울까지 4시간 반이 걸리는데, 주말 오후라서 5시간이 걸렸다. 2시간가량 운전을 한 후 운전을 교대하고 차 뒷자리에서 잠에 곯아떨어졌다 겨우 일어났다. 힘든 일정에 먼 거리의 여행이었지만, 그래도 한국에 이처럼 아름다운 풍경이 있었다는 것을 알게 된 의미 있는 여행이었다. 언제나 여행을 마치면 힘들기도 하지만 아쉬움이 밀려온다. 다음번 여행을 기약하면서 이제 일상으로 복귀해야겠다.

수목원과 바다의 숨은 매력들,
충청도 태안

▲▲

임시공휴일과 추석까지 합쳐 총 열흘의 휴가 첫날부터 길을 나섰다. 이번 여행의 목표는 충남에서 서쪽으로 불쑥 튀어나온 태안반도와 태안반도의 남쪽 안면도다. 서해안고속도로는 평상시보다 교통량이 좀 많긴 하지만, 차가 막히는 정도는 아니다. 서산IC를 통과해 태안 읍내로 접어들었다. 첫 번째 목적지인 태을암은 태안 읍내가 내려다보이는 뒷산인 백화산 위에 자리 잡고 있었다. 상당한 경사의 고갯길을 올라가서 주차장에 차를 세우고 나오니 12시 10분이다. 휴게소에서 잠시 쉬고 왔지만, 출발해서 약 2시간 20분 만에 목적지에 도착한 것이다. 주차장 앞 문화해설사 사무소에 12시부터는 점심 시간이라는 안내판이 보인다. 아쉽지만 해설은 포기할 수밖에 없었다.

태안 마애삼존불과 백화산 전망대

태을암은 국보 307호 태안 동문리 마애삼존불 입상을 모시고 있는 절이다. 큰 대웅전 앞마당을 지나쳐서 맞은편으로 걸어가니 조그만 언덕 위에 삼존불이 있다는 표지판이 있다. 표지판을 따라가니 건물 안에 위치한 바위가 건물의 열린 문틈으로 보인다. 태안으로 오기 직전 지나쳐온 서산에 있는 '백제의 미소'라 불리는 국보 제84호 마애삼존불은 산속에 있는 바위에 새겨져 있는데, 태안 마애삼존불은 삼존불이 새겨진 바위 위에 건물을 지어 바위를 덮은 것이다.

건물 안으로 들어가 삼존불을 바라보니 1,500년의 오랜 시간 동안 바람과 비의 풍화작용을 겪어서 조각의 모습이 많이 상해 있었다. 명확한 선을 구분하기 어려워서, 부족한 나의 눈으로는 예술성을 판단할 수 없으니 아쉬웠다. 가운데에 작은 보살상이 있고, 그 양옆에 더 큰 불상이 새겨져 있는 형태가 독특하다. 보통은 가운데 가장 중요한 인물을 배치하고 크게 그림을 그리거나 조각하기 때문이다. 이런 파격적인 형식은 세계적으로도 유래가 없다고 한다. 세 불상을 모시는 삼존불 형태는 중국 남북조 시대에 유행하던 형태인데, 따라서 이 불상이 새겨진 시기가 그 당시쯤이라는 것을 알 수 있다. 왼편 불상은 입고 있는 치맛주름의 형상도 느낄 수 있었다. 얼굴이나 볼이 도톰하고 웃고 있는 듯한데, 이는 서산 마애삼존불과 비슷한 느낌이다. 시대적으로 보면 서산 마애삼존불보다 태안의 마애삼존불이 더 앞선 시기라고 한다. '보존만 좀 더 잘되었더라면 문화재로서의 더 큰 가치를 느낄 수 있을 텐데…' 하는 안타까움이 들었다.

국보 307호 태안 동문리 마애삼존불 입상(왼쪽). 가운데 작은 보살상이 있고 보살의 양쪽에 불상이 있어 독특하다. 태을암 뒤 산 중턱 전망대에서 내려다본 전경(오른쪽). 왼편 바로 아래로 태을암이, 그 앞쪽에 태안 읍내가 보인다. 더 앞쪽에는 멀리 희미하게 바다가 보인다.

삼존불상 옆에 서서 불상을 보니, 불상의 위쪽 면이 앞으로 튀어나와 있었다. 즉 불상이 전체적으로 아래쪽으로 약간 기울어져 있는 것이다. 이는 불상을 쳐다보는 사람들이 아래쪽에서 불상을 쳐다볼 때 제대로 관람할 수 있도록 한 것이다. 즉 불상이 바위 위에 있고, 불상을 바라보는 사람들은 바위 아래에서 위쪽을 올려다보면서 불상을 바라봤던 것이다. 그러니 지금 불상을 둘러싼 건물의 기단이 위치한 평평한 자리는 아마 후대에 흙을 쌓아올려 평평하게 만들었을 것이라 추측된다.

태을암을 나와서 약 200m쯤 떨어진 절 뒤편 산 위 전망대로 걸어갔다. 마애삼존불을 찾아오는 여행객들은 잘 알지 못하는 곳일 텐데, 내가 읽었던 책에 이곳 전망대에서 내려다보는 태안의 경치가 일품이라고 소개되어 있어서 여행 계획에 넣은 것이다. 데크를 따라 100m 정도만 걸으면 바로 전망대에 도착할 수 있다.

전망대에 오르니 세상이 탁 트여서 나에게 다가왔다. 그렇게 높이가 높은 곳도 아닌데 전망이 기가 막히다. 바로 남서쪽 눈 아래에 태을암이 보인다. 그 앞쪽으로는 태안 읍내가 자리 잡고 있다. 그리고 읍내보다 더 앞쪽 멀리 희미하게 하늘과 닿은 바다가 보인다. 정면에는 약간 노랗거나 연두 빛깔을 띠는 넓은 들판과 나지막한 산들이 자리 잡고 있다. 서쪽으로도 울창한 숲 너머에 들판이 보인다. 자연과 인간이 조화를 이루어 함께 공존하는 모습이다. 눈이 평온해진다. 시원한 바람까지 불어와서 상쾌했다. 오늘 날씨가 좋아서 이런 멋진 경치를 볼 수 있으니 행운인 듯하다.

신두리 해안사구와 두웅습지

읍내로 돌아와서 식당을 골라 자리 잡으니 1시가 조금 넘었다. 맛있는 점심을 먹고 차를 몰고 떠났다. 30분 정도 걸려서 신두리 해안사구에 도착했다. 사구沙丘란 모래 언덕이라는 뜻으로서, 바닷가에 있는 모래를 바람이 육지로 밀어 올려서 바닷가 안쪽 내륙에 만들어진 언덕이다. 아주 독특한 지형으로 우리나라에서는 이곳에서밖에 볼 수 없다. 주차장에 차를 세우고 바로 앞에 위치한 신두리 사구센터로 들어섰다. 직원 한 분이 우리를 반갑게 맞아주신다. 지도를 앞에 두고 우리가 들어온 문 반대 방향의 문으로 나가서 A, B, C 세 코스의 산책로로 사구를 돌아볼 수 있다고 설명해주셨다. A코스가 제일 짧아서 50분, C코스가 제일 길어서 2시간쯤 걸린다고 했는데 우리는 일정상 A코스를 갈 수밖에 없었다.

앞으로 걸어 나가니 호젓한 길이 이어진다. 곧 해안사구길로 들어

신두리 해안사구. 해안사구란 바닷가에 있는 모래를 바람이 육지로 밀어 올려서 바닷가 안쪽 내륙에 만들어진 언덕이다. 국내 다른 곳에서 볼 수 없는 독특한 모습이다.

가는 문이 보인다. 문으로 들어서서 왼편 길은 우리가 걸어온 길과 평행하게 이어지는 짧은 길이고, 우리는 정면으로 가는 데크로 이뤄진 길을 따라 걸었다. 왼편에 커다란 모래 언덕이 보인다. 모래 언덕 주위로 풀들도 많이 자라고 있었다. 정말 독특한 모습이다. 직원분이 설명해주신 것처럼 모래 언덕으로 오르는 길이 있어서, 그 길을 따라 언덕에 올랐더니 주변이 다 내려다보인다. 사진을 찍고 돌아와서 다시 길을 따라 걸었다. A코스와 다른 코스가 갈리는 지점에서 A코스를 따라 바닷가 쪽으로 향했다. 이쪽 편은 모래에 풀들이 더 많이 자라 있었다. 언덕 위에서 데크가 끝나고 모래 위를 걷는 길이 나왔다. 이곳에서 웨딩 촬영을 하는 신혼부부 일행을 만났다. 이런 곳에서 촬영을 하면 다른 사람들과는 정말 다른 사진을 얻을 수 있을 것 같다. 모랫길을 걸으니 발에 닿는 모래의 느낌이 정말 부드럽다. 몸을 굽히고 손으로 만져보니 모래가 손가락 사이를 스르륵 빠져나갈 정도로 곱다. 바람에 모래가 날려 해변 뒤쪽 산이 되었다고 하는 글을 읽었을 때는 믿기 어려웠는데, 이렇게 고운 모래이니 바람에 날려 이곳까지 와서 쌓였다는 것이 이해가 된다.

모랫길이 끝나고 집들이 시작되는 곳에 오니 바로 길옆에 있는 집 유리창이 열리더니 사람 하나가 고개를 내민다. "구경 잘 하셨어유?" 라고 물어서 쳐다보니 관리사무소 건물이다. "예. 아주 즐겁게 구경 잘 했습니다." "즐거우셨으면 다음에 또 놀러 오세유." 인사를 하고 지나치니 아내가 "이곳 사람들이 정말 친절하네"라고 이야기한다. 전국 어느 관광지를 가도 이곳처럼 지나가는 관광객을 붙잡고 친절히 설명하거나 인사를 건네는 직원들을 보지 못한 듯하다. 시원한 바닷바람을 맞으면서 산책을 해서도 좋았지만, 친절한 응대를 받아서 기분도 좋았다. 짧은 A코스만 돌아본 것이 아쉬웠는데, 다음에 다시 와서 다른 코스도 걸어야겠다는 생각이 든다.

다시 신두리 사구센터 건물로 들어가 전시물을 잠깐 구경했다. 영상물을 보니 해변에 살고 있는 엽낭게와 다랑게가 모래를 먹고, 모래 속에 포함되어 있는 자기가 좋아하는 먹이만 먹은 후 모래를 더 잘게 부숴서 배출한다고 한다. 그래서 그렇게 고운 모래가 생겨난 것이다. 모래를 먹는 게라니… 대자연의 신비는 우리 인간이 이해하기란 영어렵다.

차를 몰고 몇 분 정도 운전해서 신두리 해변에 차를 세웠다. 가게에서 음료수를 하나씩 사서 들고 바닷가로 나섰다. 이곳 바닷가 바로 옆에 큰 리조트가 자리 잡고 있었다. 사람이 아무도 없는 조용한 바닷가를 잠시 산책했다. 쓸쓸한 느낌이 아니라 평화롭다는 느낌이 든다. 해변에 밀려오는 깨끗한 바닷물에 기분도 맑아진다. 파도를 보면서 바닷가에 앉아 음료수를 한 모금씩 음미해가면서 천천히 마셨다.

차를 몰아 사구 뒤편에 있다는 두웅습지를 찾아 나섰다. 사구가 생

잠시 멈추고 돌아보는 시간이 필요한 순간

기자 바닷가로 나가던 물길이 막혀서 생겨난 습지다. 바닷가에서 5분 정도 걸렸는데, 도착해 보니 조그마한 연못이었다. 습지 건너편에 정자가 하나 보였다. 정자에 가서 주변 가게에서 산 과자 한 봉지를 먹었다. 새소리와 벌레 소리가 들려온다. 습지에는 연꽃들과 다른 식물들이 있었다. 과자를 다 먹은 후 습지 옆에 있는 논둑길을 따라 정자로 온 길과는 반대편으로 습지를 돌았다. 주차장 옆 관리사무소 직원분이 우리를 보더니 "구경 잘 하셨냐"고 인사를 하신다. 이곳에 근무하시는 분도 역시 친절하구나.

서해안의 아름다운 일몰을 보면서

오늘 우리가 숙박할 곳은 천리포 수목원 근처다. 가는 길에 천리포 해수욕장에 들리고, 그 옆 천리포 수목원을 지나쳤다. 내일 아침에 관람하기로 한 곳이다. 그리고 만리포 해수욕장까지 드라이브를 했다. 천리포와 만리포라는 이름이 백사장이 천 리와 만 리가 될 정도라고 붙인 이름일 텐데, 그 이름처럼 긴 백사장이 일품이다. 숙소를 찾아서 짐을 내리고 다시 백사장으로 나왔다. 이제 해가 지기 직전이다. 백사장의 북쪽 끝에 하늘에 연결한 줄을 따라 날아가는 짚라인이 있었다. 한번 타볼까 하는 생각이 들어서 타는 곳으로 찾아갔는데, 저녁이 되어서인지 사무실이 문이 닫혀 있었다. 이곳에서부터 백사장의 북쪽 끝에 있는 산 중턱까지 짚라인이 연결되어 있었는데, 타지 못해 아쉽다. 카페에서 차를 마시면서 잠시 휴식을 취했다. 서핑을 즐기는 젊은이들의 모습이 여럿 보였다.

백사장이 넓은 만리포 해수욕장에 우뚝 선 일몰을 형상화한 조형물(왼쪽)과 숙소 야외 테라스에 앉아서 일몰을 바라보는 모습(오른쪽). 오랫동안 자리에 앉아서 일몰을 바라보자니 마음속까지 정화되는 평화로운 느낌이다.

해변에 내려가 걷다 보니 동그란 모래 덩어리 수십 개가 쌓여 있는 것이 보인다. 지름이 커야 1mm 정도인 작은 모래 덩어리들이다. '이게 뭐지?' 하고 궁금해서 들여다보는데, 아내가 바로 그 덩어리들이 엽낭게와 다랑게가 모래를 먹고 뱉어 내서 생긴 것이란다. 그 모래 아래 구멍이 있고, 구멍 아래쪽을 파면 작은 게가 숨어 있다는 것이다. 아까 신두리 사구센터에서 똑같은 전시물과 영상물을 봤는데도, 아내는 이런 내용들을 다 기억하고 있었다. 내가 과거에 잘못한 점들만 잘 기억하고 있는 줄 알았는데, 아내는 기억력이 좋아서 다른 것들도 잘 기억한다.

만리포 해변 중앙에는 가운데가 뻥 뚫린 커다란 조형물이 자리 잡고 있었다. 그 조형물까지 걸어가서 조형물을 담아 사진을 찍었다. 일몰의 모습을 형상화한 듯해서, 일몰 순간에 그 조형물 가운데로 해가 넘어가는 모습을 보면 아름다울 것 같다. 그래서 서둘러 해가 지기 전에 다시 숙소로 돌아왔다. 숙소 앞 바닷가를 내려다보는 장소에 있는 의자에 앉아 지는 해를 바라봤다. 해가 질 때까지 오랜 시간이 걸릴 줄 알았는데, 해가 수평선 쪽으로 내려가면서 점점 속도가 빨라지는 느낌이다. 해가 지기 전에는 빨갛고 노란 노을이 하늘에 가득하더니, 그러다가 순식간에 해는 바닷 속으로 가라앉아버리고 하늘이 어둑어둑해진다. 약 30분 정도 의자에 앉아서 차를 마시면서 이 광경을 지켜봤다. 일몰을 본 적은 여러 번 있지만, 이번처럼 여유롭고 평화롭게 일몰을 처음부터 끝까지 즐긴 적은 없었던 것 같다. 그동안 바쁘게 사느라 삶의 여유를 찾을 시간이 없었는데, 조용히 앉아서 일몰의 모습을 바라보니 마음이 정화되는 듯하다. 가끔은 이런 휴식의 시간이 나에게 필요한 것이다.

다시 밖으로 나가 해변에서 저녁을 먹고 숙소로 돌아왔다. 잠시 오늘 찍은 사진들을 돌아보면서 여정에 대한 이야기를 나눴다. 그러다가 서울에서 가져온 논문을 꺼내 들고 잠들기 직전까지 일에 몰두했다. 아내는 옆에서 이어폰으로 자기가 즐기는 음악을 듣는다.

천리포 수목원의 정갈한 아름다움

아침에 잠에서 깨어 다시 한 번 바닷가를 거닐었다. 그리고 천리포 수목원으로 들어섰다. 천리포 수목원은 한국전쟁 때 통역장교로 부임했던 칼 밀러 씨가 전쟁이 끝난 후 한국에 정착해서 전 재산과 평생을 바쳐 만든 곳이다. 그는 한국 땅에 첫발을 디딘 순간부터 한국에 반해, 김치와 된장이 입에 척 맞았고 한복을 입고 온돌에 사는 것이 너무 좋았단다. 척박한 태안반도의 해변 민둥산을 사서 30년 동안 세계

국내에서는 보기 힘든 다양한 수종의 나무들이 자라고 있는 천리포 수목원. 사진에 보이는 동상이 고(故) 민병갈 선생의 흉상이며, 사진 속 건물이 기념관이다. 한 개인의 평생에 걸친 헌신과 집념이 천리포 수목원을 탄생시킨 것이다.

각지에서 수집한 나무를 심고 가꾸었다. 57살에 '민병갈'이라는 이름으로 한국 국적을 취득했는데, 입버릇처럼 '내 전생은 한국인'이었을 거라고 말하며 한국을 '우리나라'라고 불렀다. 말년에는 전 재산을 수목원에 남기고 눈을 감았고 수목원 땅에 묻혔다. 고인은 평상시 죽어서 천리포 수목원의 개구리가 되고 싶다고 말했다고 한다.

이런 정성이 가득한 곳이어서 그럴까? 천리포 수목원은 다른 수목원들과 상당히 다른 느낌이다. 수목원이라는 곳이 인공적으로 나무나 꽃을 가꾸는 곳인데도 불구하고 인공적인 느낌이 아니라 자연적인 느낌이 든다. 특히 수목원에 심어져 있는 나무들의 종류가 정말 다양해서 국내 다른 곳에서 보기 힘든 나무들이 많다. 전 세계에서 수집한 나무들을 심었는데도 그 나무들이 서로 조화를 이루고 있다. 마치 오래된 한옥을 보는 듯한 정갈한 느낌이다. 수목원의 나무 한 그루와 돌 하나도 사랑했던 한 개인의 집념이 이런 아름다운 수목원을 후손에게 남겨준 것이리라.

잠시 멈추고 돌아보는 시간이 필요한 순간

입구를 지나 언덕을 내려와 작은 호숫가를 걸어서 민병갈 기념관으로 들어섰다. 내부의 전시물들과 2층 사무실을 돌아봤다. 사무실에서 창문을 통해 밖을 내다보니 수목원의 모습이 한눈에 들어온다. 다시 1층으로 내려와 건물 뒤편으로 나왔다. 길은 화장실 옆으로 계속 이어지는데, 작은 언덕을 넘으니 온실과 갈대밭이 있다. 계속해서 사진을 찍으면서 숲속에 난 길을 걸으니 노을길이라는 표지판이 있다. 손님들이 숙박을 할 수 있는 전통 한옥집들이 길옆에 있는데, 오래된 한옥들을 옮겨온 것이라고 한다. 노을길을 따라 걸으니 바닷가 옆 절벽 위로 길이 나 있다. 천리포 해수욕장 쪽을 바라보면서 길이 시작되는데, 언덕을 따라 길이 빙 둘러 나 있어서 길을 따라 상쾌한 바닷바람을 맞으면서 걸었다. 길이 끝나는 곳으로 나오니 해변을 내려다보는 위치다. 이곳에 앉아 있으니 정말 신선이 된 느낌이다.

이곳에서 수목원의 출구가 바로 눈앞이다. 바로 수목원을 나가는 것이 아쉬워서, 수목원의 지도를 보면서 우리가 안 가본 다른 길들을 돌아보기로 했다. 바다를 바라보는 노을길이 아니라 산 위로 올라가는 언덕길을 따라 다시 수목원을 한 바퀴 돌았다. 이곳저곳 붙어 있는 설명도 읽고 사진도 찍느라 시간 가는 줄 몰랐다.

청산 수목원 갈대밭의 장관

천리포 수목원에서 30분 정도 남쪽 방향으로 차를 달려서 청산 수목원에 이르렀다. 오늘은 수목원을 여행하는 날인 셈이다. 주차장에서 수목원 입구까지 걷는 길 양편에 서 있는 나무들의 정취가 아름

청산 수목원의 수생식물원에 있는 수련을 포함해 다양한 수생식물들이 자라고 있다(왼쪽). 수목원은 다양한 주제로 정원을 가꾸어놓았는데, 특히 팜파스 그라스라는 갈대숲(오른쪽)이 장관을 이루고 있다.

답다. 매표소에 있는 직원분이 지도를 펼치고 어떤 순서로 관람을 하라고 설명해준다. 입구를 지나쳐서 좀 더 걸어가니 수생식물원이 있는 연못이 자리 잡고 있었다. 연꽃이 있었는데, 오늘이 10월 1일이니 이미 연꽃이 절정을 이루는 시기는 지나서 연잎들이 시들어 있었다. 걸어서 이곳을 지나쳐서 허브숍을 지나 분수가 있는 수련원에 들어섰다. 형형색색의 수련들이 예쁘게 자태를 뽐내고 있었다. 꽃들이나 잎의 형태가 조금씩 달라서 서로 종류가 다른 수련임을 알 수 있었다. 유명한 인상파 화가 모네의 수련 그림들이 떠올랐다. 카메라 셔터를 누르면서 구역마다 사진을 찍었다. 꽃들이 너무 작아 사진에서는 꽃의 아름답고 우아한 자태를 제대로 느낄 수 없어 아쉽다. 그리고 휴게실에서 연 아이스크림을 먹으면서 잠시 쉬었다.

다시 걸어서 수생식물원 구역을 떠나 수목원으로 접어들었다. 조금 전에 수련원에서 모네의 그림을 생각했는데, 이곳에서 모네의 연원이라는 재미있는 이름이 붙은 정원을 발견했다. 정원을 지나 언덕길을 오르니 밀레 정원이 있다. 화가 밀레의 그림에 등장하는 모습을 본떠서 만든 정원으로서, 밀레의 그림에 등장하는 사람들의 모습을 딴 동상들이 정원에 서 있다. 정원을 보고 정원의 한쪽에 있는 그림 사진을 보니 더 쉽게 이해가 된다. 그 뒤편에는 팔괘 정원과 피타고라스 정원이 있었다. 서로 다른 나무를 심어 독특한 모습을 만들어놓은 것이다.

그 뒤편에도 이런저런 정원들이 잘 꾸며져 있었는데, 사람 키보다 더 큰 팜파스 그라스라고 불리는 갈대가 가득 찬 정원도 있었다. 청산 수목원이 유명한 이유가 바로 이 갈대 때문이다. 바람에 따라 갈댓잎이 춤추듯 흔들리는 모습이 멋있는데, 갈대가 움직이는 모습을 사진에 담을 수 없어서 안타깝다. 갈대 숲 한가운데 서 있으면 마치 춤추는 사람들 가운데서 무엇에 홀린 듯 혼자 서 있는 느낌이다. 길 반대 방향의 정원으로 가니 허브원, 천축문 등이 있고, 동남아시아의 불교사원에 있는 승탑도 있다. 미로공원에서 길을 찾아 헤매기도 했다. 미로공원을 돌아 나오니 염소가 사는 정원이 있다. 염소네 정원 앞에도 팜파스 그라스가 몇 그루 있었다. 1시간 반쯤에 걸쳐 청산 수목원을 돌아보고 나와서 다시 차에 올랐다.

드르니항과 백사장항

1시가 조금 넘어 도착한 곳은 태안반도의 제일 남쪽에 위치한 항구 드르니항이다. 이름이 참 독특한데, 어느 곳을 방문한다는 뜻을 가진 순우리말인 '들르다'라는 말에서 명칭이 유래되었다고 한다. 항구에 도착해서 차를 세우고, 이곳에서 바다 건너 안면도까지 연결되는 인도교를 따라 걸었다. 길이 약 500m쯤, 수십 미터 높이에 사람이 걸어서 바다를 건널 수 있도록 다리를 만들어놓은 것이다. 다리 이름이 '대하랑꽃게랑'이다. 지역 특산물을 잘 나타내는 재미있는 이름이다.

화창한 날씨라 눈이 부실 정도다. 다리를 건너면서 사진을 찍은 관광객들도 무척 많았는데, 아래를 내려다보니 바닷가에서나 바다 가운데서 배를 타고 낚시질을 하는 사람들도 많았다. 다리 위로 올라가니 시원한 바닷바람이 상쾌했다. 바람이 세게 불면 위험할 것 같다. 저녁때면 다리 문을 닫는다는 안내판이 붙어 있었다. 바다 건너 백사장항에 도착하는 데는 10분이면 충분했다.

백사장항은 안면도 최대의 항구다. 백사장항에는 마침 대하축제가 시작되어서 많은 천막들이 항구에 즐비하게 쳐져 있었고 사람들과 차량이 가득했다. 이곳저곳을 구경하다가, 가게에 들어가서 튀긴 대하를 한 접시 시켜서 아내와 나누어 먹었다. 1시 반쯤 되어서인지 배가 고프기도 했지만, 싱싱한 대하를 튀긴 것이라 더 맛있는 듯했다. 주문을 하니 반죽되어 있던 대하를 끓는 기름에 집어넣어 튀겨내어 바로 접시에 담아 내어준다. 이제 막 튀겨서 따끈하면서도 바삭바삭한 맛이 일품이다. 그런데 축제 때라서 그런지 사람이 너무 많고 가게 직원들도 정신이 없었다. 좀 사람이 적은 곳에 가서 여유 있게 식사를 하자고 아내가 재촉했다. 항구에 있는 가게에 가서 게 2마리와 새우를 조금 샀다. 스티로폼 박스에 얼음과 함께 담아서 들었다. 다시 인도교를 건너서 반대 방향 드르니항으로 돌아와서 차에 실었다. 이곳만 해도 사람이 훨씬 적다. 항구에 있는 작은 식당에서 싱싱한 해산물로 점심을 먹었다.

잠시 멈추고 돌아보는 시간이 필요한 순간

안면 해수욕장과 꽃지 해수욕장

해안길로 차를 몰고 가다가 안면 해수욕장에 잠깐 세웠다. 안면 해수욕장을 둘러싼 해송길이 유명한 곳이다. 어제 들렀던 만리포 해수욕장처럼 백사장이 끝이 보이지 않을 정도로 엄청나게 길었는데, 바닷가 주변에 집 한 채가 보이지 않는 조용한 곳이었다. 이곳 바닷가를 둘러싸고 울창한 송림이 있었다. 송림 속 길을 따라 남쪽 방향으로 송림이 끝나는 곳까지 걸어갔다가 다시 출발점으로 돌아왔다. 10월이 막 시작되었지만 햇볕은 아직 뜨거웠는데, 송림 속은 시원하고 상쾌했다. 소나무들이 내뿜는 피톤치드를 마시면서 길을 걷다가 길을 산책하는 사람들을 여럿 마주칠 수 있었다. 안면도 해변길 5코스라는 안내판이 붙어 있었다. 30분가량 걸리는 상쾌한 산책길이었다.

10분 정도 차를 달려 꽃지 해수욕장 주차장에 차를 세웠다. 주차장에서 시원한 아이스커피를 사서 마시면서 꽃지 해수욕장 쪽으로 걸어갔다. 바로 앞에 유명한 할미바위와 할아비바위가 보인다. 통일신라 시대 승언장군과 금슬 좋은 부부가 이곳에 살았다고 한다. 승언장군이 출전한 후 돌아오지 않자 부인이 오랫동안 기다리다가 지쳐 할미바위로 변했다고 한다. 그 후 얼마 지나지 않아 할미바위 옆에 다시 바위가 솟아올라 할아비바위가 되었다는 전설이 있는 곳이다. 바로 눈앞에 있는 것이 할미바위, 그 뒤에 있는 곳이 할아비바위다. 승언장군의 전설 때문에 이곳의 지명도 승언리라고 한다.

언덕에 올라서니 바위들로 걸어가는 길이 드러나 있었다. 밀물 때는 이 길이 물에 잠기면 두 바위가 물속에서 우뚝 서 있는 모습으로

안면해수욕장 옆에 뻗어 있는 안면해송길 5코스
(왼쪽 위). 꽃지 해수욕장에서 바라본 할미바위와
할미바위 뒤에 있는 할아비바위(왼쪽 아래). 그리고
꽃지 해수욕장에서 방포항으로 건너가는 꽃다리
(오른쪽).

보이는데, 썰물에 물이 빠지면 육지로 연결되는 것이다. 수많은 관광
객들이 이곳에 가득했고, 동네 아주머니들이 관광객들을 대상으로
해산물을 팔고 있었다. 우리 부부도 걸어서 할미바위까지 갔다가 사
진을 찍고 되돌아왔다.

차가 들어오는 주차장 입구 방향에 다리가 있었다. 건너편이 방포
항인데, 방포항으로 건너가는 꽃다리다. 꽃다리라는 이름에 어울리
게 아름다운 코스모스가 가득 주변에 심어져 있었다. 원래 방포항 꽃
다리가 명당으로, 일몰 무렵이면 일몰을 찍으려는 사진작가들이 다
리 위에 가득 자리를 잡는다. 이곳에서 바라보면 할아비바위와 할미
바위의 가운데로 해가 넘어가는 모습을 잡을 수 있기 때문이다. 텔
레비전에 종종 등장하는 아름다운 일몰 모습이 이곳에서 찍은 것이

다. 꽃다리까지 카메라에 담고서 차로 돌아왔다. 꽃지 해수욕장과 방포항, 그리고 다음 행선지인 안면도 자연휴양림은 과거 서울에서 당일치기 단체 버스여행으로 한 번 왔던 곳이다. 그래서 이곳 지리를 좀 알고 있다. 그만큼 이곳은 단체여행의 명소로 인기가 있는 곳이다. 그때 방포항에서 1시간 반 동안 자유시간이 있어 맛있는 회를 먹었던 곳이기도 하다.

안면도 자연휴양림의 울창한 송림

꽃지 해수욕장에서 5분 정도 차를 달려서 안면도 자연휴양림에 도착했다. 보통 안면도 자연휴양림으로 알려져 있는데, 정확히 말하면 자연휴양림과 안면도 수목원이 같이 자리 잡고 있는 곳이다. 주차장에 차를 세우면 바로 앞에 엄청나게 큰 소나무 숲이 보인다. 이곳이 자연휴양림이다. 소나무 숲에 들어가 상쾌하게 산책을 했다. 이곳뿐만 아니라 안면도 곳곳을 지나면서 수령 100년이 넘은 아름드리 소나무들을 종종 볼 수 있다. 안면도는 조선 시대 때 왕실에서 직접 관리하던 산림이 있던 곳이다. 이곳에서 나무를 베어, 베어낸 목재를 배로 한양으로 옮겨 왕실에서 사용했다. 그러나 그 울창하던 송림은 일제강점기 때 대부분 베어져, 지금 소나무들은 일본인들이 기존 소나무를 베어낸 자리에 다시 심은 것들이 대부분이란다. 안면송이라는 이름이 별도로 있을 정도로 이곳 소나무는 조선 시대부터 전국적으로 유명하다. 우리나라에 별도의 이름을 가진 송림은 울진의 금강송과 이곳의 안면송뿐이라고 한다.

안면도 자연휴양림에 가득한 울창한 송림의 모습
이다. 안면송이라는 이름이 있을 정도로 안면도의
울창한 송림은 조선 시대부터 유명했다.

숲속을 걸으니 바로 눈앞에 산림전시관이 있다. 전시물들을 잠깐
구경하고 나와서 천천히 언덕길을 따라 소나무 숲 사이를 걸었다. 산
중턱의 고개에 다다랐다. 고개를 넘어 아래쪽으로 가면 숲속에서 묵
을 수 있는 숙소(산림휴양관)가 있는 곳이다. 이곳에서 방향을 틀어 산
쪽으로 향했다. 산허리쯤부터 전경을 볼 수 있도록 다리를 만들어,
다리 위로 길을 만들어놓았다. 그 길에 올라서니 아래 경치가 잘 내
려다보인다. 숲을 산책하는 데 30분도 채 걸리지 않았다. 지난번 왔
을 때 산꼭대기까지 올라갔다가 내려왔었는데, 그때 약 30분 정도 걸
렸던 기억이 난다. 산에서 걸어 내려오니 다시 주차장이다.

주차장에서 큰길 아래를 지나는 지하도를 따라 길 반대편으로 넘
어가면 안면도 수목원이다. 소나무 향기를 맡아가면서 가파른 언덕
길을 올라가면 길이 세 갈래로 나뉜다. 오른쪽과 왼쪽은 능선을 따라
내려가는 길이고, 가운데 길은 바로 산 아래로 내려가는 길이다. 우리
는 오른쪽 능선을 따라 나무숲 사이를 걸었다. 하루 동안 세 수목원
을 관람을 하니 차이점이 약간 느껴졌다. 오전에 관람한 두 곳에 비
해 이곳은 훨씬 자연적인 느낌이다. 또한 사람 손이 많이 가는 꽃보다

는 나무가 많았다. 한참을 걸어 수목원 반대편 끝 전망대에 올랐다. 땀을 식히고 쉬었다가 언덕길을 내려가니 온실이 있다. 이 부근이 수목원에서 가장 높이가 낮은 곳이다. 낮은 곳에서부터 시작해서 다시 수목원에서 가장 높은 언덕 위로 걷기 시작했다.

아름다운 나무들과 정원을 구경하다 중간쯤에 이르니 아산원이라는 이름의 정원이 있다. 현대그룹에서 고故 정주영 회장을 기념해서 정원을 꾸며 기증한 곳이다. 한국의 전통 양반가 정원을 잘 재현해 놓았다. 연못 옆에 세워진 정자에서 잠시 쉬다가 다시 길을 재촉했다. 이제 저녁이 멀지 않은 시간이라, 수목원 관람객들이 모두들 출구 쪽을 향해 걷고 있다.

수목원을 나와 근처의 식당에서 저녁 식사를 했다. 점심을 먹은 지 4시간 정도밖에 지나지 않은 데다 아직 배가 고프지 않아서 간단하게 먹었다. 그리고 숙소를 찾아갔다. 바닷가에 위치한 펜션을 예약했는데, 좁은 길을 한참을 돌아 펜션에 도착하니 벌써 6시가 넘어 해가 져서 어둑어둑했다. 영화에서나 보던 남유럽식 건물들이 가득한 상당히 큰 단지였는데 제대로 구경을 하지 못하고 숙소에 들어갔다. 실내도 구조가 독특하다. 다 씻고 저녁 뉴스를 보면서 한참을 쉬었다. 아내가 술안주라면서 점심 때 백사장항에서 사온 게 2마리와 새우를 쪘다. 이 지역 막걸리 2병의 안주로 게와 새우를 맛있게 먹었다. 게를 먹으려면 시간이 오래 걸리니, 막걸리를 천천히 마시게 되어 다 마셔도 취하지 않는 듯하다. 술을 마시면서 안주를 먹는 것이 아니라 안주를 먹으면서 술을 잠깐 반주로 마신 느낌이다.

독특한 안면암의 모습

아침에 일어나서 숙소 주변을 산책했다. 흔한 펜션이 아니라 잘 만들어놓은 리조트 수준의 숙소였다. 휴가 시즌에 늦게 예약을 하다 보니 빈방이 없어서 간신히 빈 곳을 찾아 예약했던 것인데 운이 좋았다. 이렇게 정성 들여 만들어놓은 펜션 단지를 보지 못한 것 같다. 마치 지중해의 휴양지에 와 있는 듯한 느낌이었다. 한쪽으로는 바닷가 갯벌이 넓게 있었고, 동편 갯벌을 바라보는 언덕 위에 아름다운 큰 정원이 있고, 그 정원 둘레에 여러 채의 숙소들이 자리하고 있었다. 숙소에서 묵은 손님들 중에서 아이들이 있는 가족들 몇 쌍이 갯벌에서 갯벌을 파면서 놀고 있는 모습도 보였다. 그 모습을 내려다볼 수 있도록 의자들도 바닷가에 마련되어 있었다. 잔디밭에 서서 배드민턴을 치고 있는 가족도 있었다.

한참을 산책하기도 하고 의자에 앉아 쉬기도 하면서 구경을 하다가 10시가 넘어 숙소를 떠났다. 첫 번째 방문할 장소는 숙소에서 멀지 않은 곳에 위치한 안면암이다. 바닷가에 서 있는 암자인데, 아주 독특한 곳이다. 관광지로 널리 알려진 곳은 아니지만, 지난번 버스 여행도 와봤기 때문에 그 독특함을 알게 되어 다시 오게 된 것이다.

태안반도의 동편 바닷가 언덕에 안면암이 있는데, 절 앞으로 500m쯤 바다 위를 걸을 수 있도록 스티로폼과 나무를 이용해서 부교뜬다리를 만들었다. 그 부교를 걸어 들어가면 바다 위의 조그마한 섬에 탑이 서 있다. 그런데 우리가 흔히 탑이라고 하면 생각하는 석탑이 아니라 양철로 만든 석탑이다. 가까이 가서 보면 '이게 뭐야?' 하고

암자 뒤쪽 언덕에 올라 안면암과 그 너머 바다를 바라보았다. 암자 건물 오른편에 희미하게 바다로 뻗어있는 부교길이 보인다. 밀물이 들어오면 이 사진에 보이는 갯벌이 바다가 되고 부교는 물 위에 떠오르게 된다.

실망할 수도 있지만, 멀리서 보면 그 위용이 대단하다. 내가 갔을 때는 썰물 시점이라 갯벌이 그대로 드러나 있고 부교가 갯벌 위에 놓여 있는데, 밀물이 몰려든 만조 시점이라면 바닷물이 이곳을 가득 채울 것이다. 그러면 부교가 물 위에 뜨게 된다. 그때라면 바다 위를 걸어 들어가는 느낌이리라.

걸어서 탑이 있는 근처까지 가니 바닷물이 보였다. 부교를 따라 돌아오는데, 아까보다 훨씬 더 많은 물이 밀려들고 있었다. 절 뒤편 언덕 위로 올라갔다. 언덕 위에서 내려다보니 탑까지 갯벌의 모습이 한눈에 들어온다. 언덕 부근에도 양철로 만든 탑들이 있다.

태안을 떠나면서

안면암에 있는 사이에 먹구름이 몰려오면서 날씨가 흐려지기 시작한다. 차를 몰고 약 15분 걸려서 안면 읍내로 들어서는데 비가 내리기 시작했다. 오후부터 비가 온다는 일기예보가 있었는데, 일기예보보다 좀 빨리 비가 시작되었다. 아내가 시장에서 게와 생선, 대하를 사서 차에 실었다. 그동안 해산물을 너무 많이 먹었다면서, 시장 옆 식당에서 찐만두를 1인분 시켜서 먹었는데 그 맛이 일품이었다. 어제 저녁을 먹고 밤에 한 끼를 더 먹은 셈이라서 아침을 간단하게 먹고 나왔는데, 그래서 그런지 배가 고팠나 보다.

이제 안면도를 떠나야 할 시간이다. 비가 더 많이 쏟아지기 시작한다. 안면대교를 지나 태안반도로 들어섰다. 태안반도에 들어서자마자 왼편에 안면도 쥬라기 박물관의 모습이 보인다. 우리나라에 있는 공룡 박물관 중에서도 큰 규모를 자랑하는 곳이라 빗속에서도 주차장이 꽉 차 있었다. 아이가 있었다면 우리도 이곳을 지나치지 못했을 텐데, 아이를 다 키우고 부부 둘만 여행에 나섰으니 이곳에 들를 때가 지났나 보다. 그리고 차를 달려 네이처월드 부근에 차를 세우고 점심을 먹었다. 비가 더 강하게 내린다.

네이처월드는 아름다운 꽃들의 축제가 벌어지는 곳이다. 식사 후 남문 주차장에 차를 세웠는데 아무래도 분위기가 이상하다. 주변에 주차되어 있는 차가 한 대도 없었다. 남문까지 걸어가서 보니 출입구뿐만 아니라 매표소가 닫혀 있고, 사람이 아무도 보이지 않았다. 남문 넘어 네이처월드 내부를 보니 아름다운 꽃들은 보였지만 사람은 아무도 없었다. 일요일인 오늘 문을 열지 않는다는 소식은 홈페이지에도 공지된 바가 없고, 매표소에도 아무런 공지가 붙어 있지 않았다. 매표소에 붙어 있는 안내전화 번호로 전화를 해봐도 받는 이가 없다. 다른 차에서 내린 사람들도 이곳까지 왔다가 이상하다면서 돌아간다. 나도 별다른 수를 찾지 못해서 그냥 차에 올랐다. 이래서 태안에서 계획한 마지막 일정을 싱겁게 끝내게 되었다.

태안을 떠나기 직전 길거리에 차를 세우고 태안의 특산물인 고구마를 한 박스 샀다. 집에 가서 쪄 먹을 계획이다. 마지막에 꽃들의 향연을 보지 못한 것이 아쉽지만, 세 수목원을 돌면서 아름다운 숲과 꽃들을 많이 보았으니 만족한다. 이렇게 아름다우면서도 분위기가 다른 세 수목원이 근처에 모여 있다니…. 더군다나 아름답고 한적한 바닷가와 솔숲도 걸을 수 있었으니 참 좋았다. 이에 더해 태안 식당에서 먹은 박속낙지탕, 안면도 식당에서 먹은 게국지도 일품이었다. 박속낙지탕은 박을 넣어 끓인 낙지탕이고, 게국지는 게와 해산물, 그리고 김치를 넣어 끓인 국이다. 둘 다 서울에서는 먹기 힘든 이 지역의 특산 음식들이다. 사랑하는 아내와 함께 맛있는 것을 먹으면서 좋은 구경을 한 이번 여행. 즐거운 여행을 마치고 이제 명절을 맞으러 고향으로 떠난다. 고향 가는 마음이 한결 가뿐하다.

글은 써놓았는데 특별히 다른 주제로 분류하기 곤란한 글들을 '색다른 수업'이라는 제목으로 함께 묶어보았다. 나라 이야기, 사람 이야기, 예술의 전당을 방문해서 하루를 보낸 이야기, 그리고 영화를 본 감상 등이다. 굳이 모든 글에 연관된 주제를 찾자면 '사람 사는 이야기'라는 점이 아닐까 한다. 글마다 그동안 다양한 기회를 통해 만난 사람들이 등장하기 때문이다. 좀 더 노력해서 사회에 도움이 되는 일을 할 수 있는 좋은 사람이 되어야겠다고 항상 생각하고 있다. 아직 항상 잘못을 저지르며 살고 있지만. 그래도 다양한 경험을 통해 좀 더 좋은 사람으로 성장할 수 있는 계기가 되는 듯하다. 잠시 멈추고 나를 돌아보는 순간, 내 자신이 변하고 있음을 발견할 수 있을 것이다.

사람 냄새가 물씬 풍기는
색다른 수업

사이판에서
슬픈 역사를 생각하다

가신님을 그리워

막막한 태평양의 외딴섬에서

머나먼 고향 하늘 바라보면서

망향의 슬픈 가슴 어루만지다

처량하게 가신 님들 기억하는가

몹쓸 전쟁 고된 삶에 시달리다가

여기서 숨 거두신 우리 님들의

피맺힌 원한을 헤아리면서

우리 정성 모두어 이 섬 기슭에

위령의 돌 하나 다시 세우니

님이여 이 자락에 늘 계시면서

우리들의 사랑을 되새기소서

태평양 한가운데 홀로 서 있는 조그마한 섬 사이판, 섬의 북쪽 끝 한 모퉁이 산비탈에는 하얀색 비석이 하나 서 있다. '태평양 한국인 추념 평화탑'이다. 이 시는 그 탑 앞에 있는 추모비에 새겨져 있다. 나는 이 추모비를 보면서, 지금부터 거의 한 세기 전에 머나먼 태평양으로 강제로 끌려와서 개간과 땅굴 파기, 진지 구축, 광부로 일해야 했던 우리 선조들의 모습을 떠올렸다. 내가 어렸을 때 살던 시골 마을에도 "남양군도로 징용 갔다가 살아 돌아왔다"라고 하시던 새카만 할아버지가 한 분 계셨다. 그 말로만 듣던 '남양군도'가 바로 이곳 사이판을 비롯한 남태평양에 위치한 여러 조그마한 섬들이다.

추모비는 북쪽 편을 바라보고 있다. 추모비가 바라보는 북쪽이 바로 그분들이 꿈에도 그리던 고국 땅, 한국이 위치한 방향이다. 일제강점기 때 이 머나먼 땅에 강제로 끌려와 각지로 흩어져서 짐승처럼 혹사당하면서 일했던 조선 사람들이 최소 50만~70만 명에 이른다. 그중 태평양전쟁이 끝나고 고향으로 무사히 돌아온 사람들은 절반 정도에 불과하다고 한다. 굶주리고 지쳐서, 지금 이 추모비처럼 고국의 하늘을 바라보면서 눈물 흘리다가 죽어갔을 우리의 할아버지와 할머니들…. 그분들을 생각하면 나의 마음속에 피가 끓어오른다. 이뿐만이 아니다. 그 당시에는 소학교를 막 졸업했을 만한 어린 소녀들을

"중학교도 보내주고 돈도 많이 벌게 해주겠다"라고 속여서 공장으로 보내고 성노예로도 삼았다. 어느 근로정신대 할머니의 증언을 읽어보니, 겨우 13살 때 일본으로 가서 나고야의 미쓰비시 군용 항공기 공장에서 하루 10시간 넘게 선 채로 일을 했다고 한다. 독성 물질에 너무 많이 노출되어 냄새도 맡지 못하고 시력도 상했다. 그러나 월급은 한 푼도 받지 못했다.

태평양 한국인 추념 평화탑을 바라보며

역사를 되돌아보면 세상은 승리한 자가 만들어왔다. 최근 50년 정도는 상대적으로 평화가 지속되고 있지만, 그 이전까지의 역사를 보면 약한 자는 항상 착취당하면서 살 수밖에 없었다. 힘이 약했던 우리 선조들도 주변 국가들의 수많은 침략 속에 고통받으면서 살았다. 고려 말 원나라몽골가 수차례 침공해 우리나라는 쑥대밭이 되었다. 원에 굴복한 후, 원은 항상 많은 요구를 해왔다. 해마다 수백 명 이상의 사람들이 남자들은 노비로, 여자들은 첩과 기생으로 뽑혀서 대륙으로 보내졌다.

원나라 때만 이런 일이 발생했던 것이 아니다. 그 이전부터 원나라 이후인 명·청나라 때까지도 해마다 되풀이된 일이다. 역사책을 보면 명나라나 청나라의 횡포는 우리의 상상을 초월할 정도다. 임진왜란과 정유재란 때도 많은 한국인들이 일본으로 끌려갔다. 영화 〈최종병기 활〉의 배경이 된, 후금청이 조선을 침략한 병자호란이나 정유재란 때도 무려 50만 명의 사람들이 만주로 끌려갔다. 당시 인구 대비 생각해보면 일본이 끌고 간 70만 명보다 상대적으로 훨씬 많은 숫자의 선조들이 만주로 끌려갔던 것이다. 영화에 등장하던 것처럼 끌려간 이들은 주로 남자들은 노예로, 여자들은 첩이나 하인으로 일하게 된다. 일본이 우리 선조들을 데려다가 강제 노역을 시키거나 성노예로 삼은 것과 비슷하다. 그 과정에서 얼마나 많은 사람들이 목숨을 잃거나 고통받았을까? 청나라에 끌려간 이들 중 일부는 몰래 도망치기도 했고, 또는 연락을 받은 고향에 남은 가족들이 청나라까지 가서 몸값을 지불하고 데려왔다고 한다.

우리가 흔히 '품행이 바르지 못한 여자'라는 의미로 사용하는 단어 '화냥년'이라는 말이 원래 이때 돌아온 여인들을 부른 '환향녀還鄉女, 고향으로 돌아온 여자'라는 말에서 유래되었다고 한다. 이 여인들이 고향에 돌아왔을 때 임신하고 있는 경우가 종종 있었는데, 이렇게 낳은 자식을 '호로胡虜, 만주사람자식'이라고 부른다. 호로자식이라는 말이 조금 변해서 '후레자식'이라는 말로도 종종 사용되는데, 아버지 없이 자라서 버릇없는 아이를 칭하는 말이다. 이러니 환향녀란 정절을 중시하는 유교 문화의 영향을 받았던 당시 사람들이 비련의 여인들을 멸시하고 차별해서 붙인 이름이다. 이런 여인들이 너무 많아 당시 사회적 문제가 되자 조선 왕 인조가 압록강 물에 목욕을 하고 돌아오면 모든 과거가 깨끗이 사라지니 차별하지 말고 똑같은 사람으로 대하라는 칙서까지 내렸다는 슬픈 역사가 있다. 이게 어찌 불쌍한 여인들의 잘못으로 치부할 일인가?

약한 자의 설움

조선 말기에 이르면 당시 집권층이 변화하는 세계에 대해 문호를 개방하지 않고 정권 유지에만 골몰하던 사이에 일본이 힘을 키웠고, 그 결과 우리나라는 일본의 식민지가 되었다. 그래서 수많은 선조들이 일본의 무모한 전쟁에 동원되었던 것이다. 역사학자들의 분석에 따르면 청일전쟁과 러일전쟁에서 일본이 모두 이겨서 우리나라가 일본의 식민지가 되었다고 한다. 만약 당시 청나라가 이겼다면 우리나라는 지금 중국의 일부분이 되어 있을 수도 있고, 러시아가 이겼다면 러시아의 영토가 되었다가 소련이 붕괴한 1991년에야 독립했을 가능성이 매우 높다고 한다. 우리의 운명이 우리의 손에 의해서가 아니라 남의 손에 의해서 결정되었을 것이라는 뜻이다.

이렇게 역사를 되돌아보면 '약한 자의 설움'이 얼마나 큰지 잘 알 수 있다. 이런 비련의 역사를 되풀이하지 않기 위해서는 정말 열심히 힘을 길러야 한다. 이는 군사력뿐만 아니라 경제력·인구수 등을 모두 포괄한 이야기다. 우리가 우연히 대한민국의 현재 시대에서 태어나서 편하게 살고 있지(비록 이 이야기에 동의하지 않는 사람도 일부 있겠지만), 만약 우리나라 땅의 다른 시대에 태어났었다면 전혀 다른 삶을 살았을 것이다. 내가 선택하지 않은 이 차이 때문에 내가 잘 살고 있는 것이니, 우리 세대는 정말 혜택받은 사람들이란 생각이 든다.

추모비 100m 옆에 일본군 사령부로 쓰였던 진지가 있다. 큰 바위 뒤편을 파고, 10평 정도 크기의 공간을 만든 것이다. 옆면은 콘크리트로 보강한 바위 속 반지하 사무실이다. '아마 이 바위를 파낼 때 한국인 노무자들이 동원되었겠지?'라는 생각이 들었다. 진지 주변 바위에는 총알이나 포탄 자국이 가득하다. 치열한 전투의 흔적이 느껴진다. 진지 앞에는 사이판 곳곳에 흩어져 있던 대포나 탱크 등 무기들의 잔해를 모아 전시해놓았다. 가이드는 앞부분이 부서져 있는 어뢰 하나를 가리키며 "사람이 저 안에 들어가서 목표물을 향해 운전해서 가서 폭파시키던 인간어뢰"라고 설명한다. 적함대로 폭탄을 가득 실은 비행기를 타고 날아가서 자폭하던 가미카제만 있는 줄 알았는데, 인간어뢰까지 있었구나. 세상물정 잘 모르는 젊은이들을 세뇌시켜서 천황을 위해 죽으라며 사지로 밀어 넣었던 일본 군국주의 지도자들의 흉악한 모습이 떠오른다.

태평양전쟁 말기 일본은 1941년부터 한국인 남성들을 강제징집해서 일본인들과 똑같이 훈련시켜 군인으로 양성한다. 현재 일부 사람들은 당시 상황을 잘 알지도 못하면서 일본군으로 복무한 사람들을 무조건 '친일파'라고 비난한다. 당시 사람들 중 일부는 장교나 하사관이 되기도 했다. 정부 관료가 된 사람들도 있다. 이들도 모두 친일파라고 비난받는다.

그러나 당시 상황을 생각해보면 이 젊은이들의 절대 다수는 친일파라고 불리면 안 된다고 생각한다. 이들은 일제강점기에 태어나서 일본 학교에서 일본어 교육을 받으면서 성인이 된 사람들이다. 일본인들과 완전히 똑같지는 않겠지만, 그래도 이들은 지금의 평균적인 한국 젊은이들과는 상당히 다른 사고방식을 가지고 있었을 것이다. 제대로 된 언론이 없어서 소문으로만 소식이 전해지던 때다. 정말 소수의 선각자들만 숨어서 독립을 이야기하고 있었을 뿐 대다수의 사람들은 그런 이야기를 접하거나 생각하지도 못하고 지냈을 것이다. 그리고 식량이 모자라 굶주리고 굶어 죽는 사람이 많았던 당시에는 땅을 보유하지 않은 가난한 남자들이 할 수 있는 일이란 군대에 가거나 관청에서 일하는 것밖에 없었을 것이다. 또는 정해진 나이에 징집되어 군대에 간 것이 어떻게 친일파가 되는가.

이런 상황들을 종합해보면 결국 이들도 시대 상황의 희생자였을 뿐이다. 우리나라가 힘이 없어서 일본에게 나라를 빼앗겼고, 그러한 역사의 수레바퀴 속에서 많은 우리의 선조들이 그 당시 시대 상황도 제대로 모르면서 일본을 위한 총알받이가 되거나 수탈의 간접적 도구로 종사한 것이다. 당시는 우리 모두의 할아버지와 할머니들이 일본 국민이 되고, 창씨개명을 해서 일본 이름을 가지고 살 수밖에 없었다. 다시는 이런 비극적인 일이 되풀이되지 말아야 할 것이다. 그리고 현재의 기준으로 당시를 재단하고 당시 사람들을 강하게 비판하는 것도 이제는 제발 그만했으면 한다. 남을 비판하는 것은 참 쉽다. 당시 사람들을 강하게 비판하는 현재 사람들도, 만약 유사한 상황에 처한다면 거의 대부분이 당시 사람들과 똑같은 일을 할 수밖에 없을 것이다. "사흘 굶어 도둑질 아니할 놈 없다"라는 말이 있지 않은가?

반자이 절벽에서 느낀 전쟁의 광기

일본군 진지에서 약 1km 정도 동쪽 방향으로 가면 바닷가에 이른다. 이쪽 바닷가는 절벽에 맞닿아 있다. 절벽으로 세찬 태평양의 파도가 몰아쳐서 바위에 부딪치며 하얀 방울들이 생긴다. 절벽 위에서 내려다보면 수만 년 동안 파도가 바위를 조금씩 깎아서 바위가 안쪽으로 조금씩 파여 있다. 이 지점이 바로 제2차 세계대전 당시 사이판을 방어하던 일본군과 그 가족들이 미군과 전투를 벌이다가, 패배가 분명해지자 항복 대신 바다로 뛰어들어 자살한 장소인 '반자이 절벽'이라고 불리는 곳이다. '반자이'는 '만세'를 뜻하는 일본어로서, 일본군 장교의 지휘하에 죽는 순간에 "천황폐하 만세"라고 외치면서 절벽 아래로 뛰어들어 자살했다고 해서 붙여진 이름이다. 그리고 반자이 절벽은 사이판에만 있는 것이 아니다. 필리핀, 오키나와 등 미군이 상륙해 일본군과 전투가 벌어졌던 태평양 곳곳의 섬에 모두 반자이 절벽이 존재한다.

사이판 반자이 절벽 아래는 깊은 바다처럼 보이지만, 실제로는 바다 표면 바로 밑에 돌들이 있어 바다에 뛰어들면 머리가 바위에 부딪혀서 즉사하게 되는 위치라고 한다. 바다에 그냥 뛰어들면 헤엄쳐서 나올 수도 있으므로 일본군 장교들이 바다에 뛰어들기만 하면 바로 죽을 수 있는 위치를 선택해 군인들과 다른 사람들을 몰아간 것이다. 그때 자결한 수많은 사람들이 모두 '천황을 위해서 기꺼이 목숨을 바치겠다'라는 마음을 가지고 있지는 않았을 것이다. 당시 일본 군국주의자들이 미군에게 잡히면 엄청난 굴욕과 죽임을 당한다고 사람들에게 가르치면서, "어차피 죽을 것이라면 고통스럽고 수치스럽게 죽기보다 깨끗하게 죽자"라고 사람들을 선동해서 죽음으로 몰고 간 것이다. 일부 군국주의자들의 야욕에 속아 희생당한 수많은 당시 일본 사람들도 결국 우리 선조들과 똑같은 시대의 희생자인 셈이다. 소수의 헛된 야망과 광기가 얼마나 큰 비극을 가져왔는지를 생각해보면 섬뜩할 따름이다. 1천 명 이상의 사람들이 이곳에서 죽었는데, 그들 모두가 자결한 것은 아니란다. 이곳까지 사람들을 데리고 온 후 죽으라고 장교들이 명령했고, 망설이는 사람들은 뒤에서 마구 바다로 밀어 넣었다고 한다. 한국인 가운데 상당한 숫자가 이때 죽었다고 한다.

반자이 절벽 바로 위에는 큰 비석이 하나 서 있다. 일장기 위에 엄지손가락이 서 있고, 그 엄지손가락에 '충혼비忠魂碑'라고 새겨져 있다. 일본이 만든 비석이다. 이 비석 주변에는 일본인이 자신들의 조상을 기리면서 만들었을 수십 개의 조그만 비석들이 서 있다. 충혼비 앞에 있는 명판을 읽어보니, '조국을 지키기 위해 노력하다가 숨져간 용감한 군인들의 영혼에 감사와 존경을 드리며, 세계의 영원한 평화를 기원한다'라는 글이 영문으로 써 있다.

어느 국가에서나 조국을 위해 몸 바친 사람들을 기리는 것은 당연하다. 그런데 먼 태평양의 섬까지 침략해서 지배했던 일본이 일본 땅도 아닌 이곳 사이판에 세운 비석에 '조국을 지키기 위해defending the homeland'라는 표현을 사용한 것은 이치에 맞지 않는다. 내가 한자를 잘 알지는 못하지만 '충혼비'라고 비석에 새겨져 있는 것도 약간 이상하다. 침략해서 잠깐 지배하던 땅이라는 역사적 사실은 무시하면서 조국을 지킨다거나 조국에 충성한다는 것만 언급하는 의미이기 때문이다. 당시 일본의 지배 때문에 고통받았을 사이판 사람들에 대한 사죄나 용서를 구하는 내용은 전혀 없다.

언젠가 읽은 오키나와에 대한 책을 보면, 오키나와의 미술관에 가면 오키나와 전투를 묘사한 큰 그림이 있다고 한다. 그 그림에는 가족이 서로 상대의 목에 매단 줄을 당겨 목을 졸라 자살하거나 서로 죽창을 찌르는 장면, 가족들이 모여 앉아 수류탄을 터뜨리는 장면까지 있다. 독약을 먹고 죽은 경우도 있다. 물론 사이판의 사람들처럼 바다에 뛰어들어 죽은 경우도 부지기수다. 일본군의 허위선전에 속아서 당시 약 10만 명 정도가 오키나와에서 자살했다. 오키나와 전투 동안 섬 인구의 약 1/4인 20만 명의 오키나와 사람들이 사망했는데 그중 절반이 자살한 사람인 셈이다. 물론 자살한 사람 이외에도, 자살을 거부하자 일본군이 학살한 경우도 많다고 한다. 일본에 징용되어 오키나와에서 일하던 한국인 징용자 약 1만 명도 일본군에 의해 학살당했다. 엄청난 비극이다.

이렇게 민간인들을 죽으라고 명령한 일본군 지휘관은 미군에 투항해서 살아남았다고 한다. 정말 한 조각의 양심이라도 남아 있는 사람인지 의심스럽다. 일본의 교과서는 이런 오키나와의 비극에 대해서도 다루지 않고 있다. 즉 일본은 한국에 대한 사죄만 하지 않고 있는 것이 아니라 사이판이나 오키나와 사람들에 대한 사죄도 하지 않고 모른 체하고 버티고 있는 것이다. 오키나와뿐만이 아니다. 미얀마 등의 동남아시아 각국에서도 전쟁에서 패하고 철수하기 전 위안부나 군무원 등을 다수 처형했다고 한다. 그중에도 우리의 조상들이 많이 있었을 것이다.

빌리 브란트의 사죄와 일본의 사죄

1970년 독일의 총리 빌리 브란트는 폴란드의 수도 바르샤바를 방문했다. 바쁜 일정 도중 브란트 수상은 제2차 세계대전 당시 유대인 거주 구역이었던 게토에 있는 유대인 추모비를 방문해서 헌화했다. 제2차 세계대전 당시 약 6만 명의 유대인이 그 장소에서 학살당했다고 한다. 헌화 후 걸음을 옮기려던 브란트 총리는 갑자기 비석 앞에 무릎을 꿇었다. 그리고 1분 정도 동안 아무 말 없이 조용히 두 손을 모으고 생각에 잠겼다. 독일인이나 폴란드인 모두 이를 보고 깜짝 놀랐다. 한 나라의 총리가 다른 나라에 가서 무릎을 꿇는다는 것은 그 나라가 다른 나라에 복속한다는 의미로 받아들여질 수도 있다. 일각에서 이야기했던 것처럼, 빌리 브란트가 무릎을 꿇은 것이 진정으로 폴란드와 유대인들에게 사죄하는 마음에서 나온 것이 아니라 '고도로 계산된 정치적 행동'으로 보일 수도 있었다.

당시 폴란드에서는 제2차 세계대전 동안 폴란드에 엄청난 피해를 가져다준 적국 독일의 총리가 전후 처음으로 폴란드를 방문하는 데 대해서 엄청난 반대 의견이 일고 있었다. 우리나라 사람들이 일본에 대해 느끼는 감정과 비슷하게 폴란드 사람들은 독일에 대해 느끼고 있었던 것이다. 그렇지만 가난한 폴란드 입장에서는 어떻게 해서든지 부유한 독일의 돈과 협력이 필요한 상황이었다. 이 역시 우리나라가 1970년대 일본과 국교정상화를 할 수밖에 없었던 이유와 비슷하다. 그래서 폴란드 정부는 국내의 상당한 반대를 무릅쓰고 독일 총리의 방문을 추진한 것이다. 그런데 브란트 총리가 무릎을 꿇고 고개 숙이는 그 장면 때문에 폴란드의 반대 여론은 순식간에 잦아들었다. 비난과 반목의 시대가 아니라 용서와 화해의 시대로 변하는 계기가 된 것이다.

브란트 총리는 훗날 그 장면을 회상하면서 "그때 살해된 수많은 사람들을 생각했습니다. 독일의 숨길 수 없는 악행의 역사를 증언하는 장소에서 나치에 목숨을 잃은 수많은 영령들을 대하는 순간 저는 할 말을 잃어버렸습니다. 그래서 저는 사람이 말로는 표현할 수 없을 때 할 수 있는 행동을 한 것뿐입니다"라고 이야기했다. 의례적인 추모사 몇 마디가 아니라 아무 말 없이 무릎을 꿇음으로써 브란트 총리는 더 많은 메시지를 전달한 셈이다. 당시 언론은 "나치와 싸웠던 브란트 총리는 그곳에서 무릎을 꿇을 필요가 없는 사람이었다. 하지만 총리는 실제 무릎을 꿇어야 함에도 용기가 없어서 꿇지 못하는 사람들을 대신해 무릎을 꿇었다"라고 했다. 이 사죄가 계기가 되어 제1·2차 세계 대전을 일으켰던 독일은 피해자들과 화해를 하고 지금 유럽 사회의 훌륭한 구성원으로서, EU 공동체로서 살아가고 있다.

제2차 세계대전 후 70년이라는 시간이 흘렀지만 일본은 아직 한 번도 이런 일을 진심으로 한 적이 없다. 개인적으로 알고 있는 몇몇 일본 사람들은 모두 친절하고 근면하며 예의 바른 지성인들이다. 한국 사람이었다면 정말 좋은 사람들이라고 칭찬받을 품성을 가졌다. 이렇게 훌륭한 사람들이 살아가는 나라의 지도자들이 아직도 전쟁의 피해자들을 배려하거나 용서와 화해를 구하는 일을 하지 않으려 하는 모습을 보면 안타까움을 느낀다. 거기에다가 종군위안부나 성노예의 존재 자체를 부인하는 것을 보면 분노가 솟아오른다. 일본 대사관 앞에 설치된 소녀상을 철거해달라는 요청을 하는 것을 보면 보통 뻔뻔스러운 것이 아니다. 일본이 진심으로 사죄한다면 소녀상은 그 자리에 있을 필요가 없어지므로 철거되거나 박물관으로 옮겨지지 않을까 한다.

원혼들이여, 편히 잠드소서

브란트 총리의 사과 덕분에 독일과 폴란드는 화해할 수 있었다. 일본 지도층이 진심으로 잘못을 뉘우치고 화해의 태도를 취한다면 한국과 일본도 마음속에 남은 앙금을 치유할 수 있는 계기가 될 것이다. 일본과 한국의 상호의존도나 경제협력 정도를 볼 때 두 나라가 앙금을 씻고 사이좋게 협력한다면 모두에게 큰 도움이 될 수 있을 것이다. 하루 빨리 그런 일이 일어났으면 하는 바람이다.

반자이 절벽에서 바라본 태평양의 물빛은 검푸르다. 아름다운 것이 아니라 섬뜩할 정도로 색이 짙다. 마치 고흐의 그림 〈까마귀가 나는 밀밭〉의 하늘색에서 느껴지는 섬뜩함이다. 이곳 이외의 사이판 다른 해변가에는 파도가 거의 치지 않는다. 산호초가 해변을 빙 둘러싸고 있어 산호초가 파도를 막아주기 때문이다. 그래서 산호초로 둘러싸인 안쪽은 물결이 아주 잔잔하다. 수심도 얕아서 정말 '쪽빛'이라고 불리는 아름답고 투명한 물 색깔이 눈에 들어온다. 그런데 이곳 반자이 절벽 앞부분만은 산호초가 없어서 거친 대양의 파도가 바로 절벽으로 다가와 부딪힌다. 무서울 만큼 짙푸른 바다를 보고 있노라면 마치 수많은 원혼들이 저기 절벽 아래 숨어 있는 것 같다.

그날 밤 호텔 테라스에서 밤하늘을 올려다보니 보름달과 함께 반짝이는 별들이 눈에 들어온다. 선조들이여, 편히 잠드소서! 하늘에서라도 저 달과 별처럼 우리를 굽어보시면서 후손들을 도와주소서! 다시는 그런 비극이 되풀이되지 않도록, 후손들에게 부강한 대한민국을 물려줄 수 있도록 우리도 열심히 노력하겠습니다.

차인표, 당신의
아름다운 사랑과 베풂을 배우렵니다

지금부터 약 20여 년 전 차인표는 대한민국 사람들의 우상이었다. 1994년 무명의 신인이 출연한 드라마 〈사랑을 그대 품안에〉가 엄청난 인기를 얻으면서 그는 사람들에게 이름을 알렸다. 요즘 젊은 남자 배우라면 나오는 작품마다 멋진 가슴을 보여주며 복근을 자랑하는 것이 다반사이지만, 당시 차인표는 내가 기억하기로는 드라마 사상 처음으로 가슴을 자랑스럽게 드러내놓은 배우다. 샤워를 하는 장면이 너무 자주 드라마에 나오는 바람에 당시 언론에는 '풍기문란'이라고 이름이 오르내리기도 했다. 검은 선글라스를 쓰고 가죽재킷을 입고 큰 오토바이를 모는 장면이나, 애인으로 나오는 신애라 앞에서 멋지게 색소폰을 부는 장면도 화제가 되었다. 그리고 드라마가 끝난 직후 드라마에 함께 출연한 신애라와 결혼을 발표했다. 불과 6개월 만에 혜성처럼 나타난 무명 배우가 당시 최고 인기 여배우와 결혼까지 한 것이다.

그 직후 나는 유학을 떠났다. 당연히 차인표나 그들 부부가 어떻게 사는지는 나의 관심사항이 아니었다. 원래 텔레비전 방송을 자주 보는 편도 아니었고, 외국 땅에서 워낙 정신없이 힘들게 살다 보니 한국의 유명인들이 어떻게 사는지 관심을 가질 여유가 없었다. 한국에 돌아온 후에도 매일 밤늦게 퇴근하는 생활을 하다 보니 드라마를 볼 시간도 없었다.

그러다가 다시 차인표를 보게 된 것은 10년간의 외국 생활을 청산하고 한국에 돌아온 후에도 무려 7년이 지난 2012년이 되어서였다. 차인표가 중국 대사관 앞에서 탈북자 북송 반대를 위한 평화시위를 한다는 소식이었다. 그리고 다음 날 뉴스에서 중국에 대한 촉구문을 낭독하는 차인표의 모습을 볼 수 있었다. "북한에 돌아가면 처형을 당할 테니 아버지와 어머니의 마음으로, 형제자매의 가슴으로 품어 달라"는 그의 말 한 마디 한 마디는 나의 가슴을 울려왔다. 눈물을 훔치는 그의 모습을 보며 나는 마음속으로 큰 충격을 받았다.

나와 북녘 동포들 사이에 다른 점이 있다면 나는 우연히 남쪽 땅에 태어난 것이고 그들은 우연히 북쪽 땅에 태어난 것뿐이다. 자신이 선택하지도 않은 그 조그마한 차이 때문에 북한과 남한에 나누어 사는 우리들의 삶은 정말 180도 다르다. 나는 오늘도 따뜻한 집에서 밥을 잘 먹으며 뱃살을 뺄 걱정을 하고 있는데, 북녘 동포들은 굶주림에 지쳐 목숨을 걸고 얼어붙은 강물을 건너 탈북을 감행하고 있다.

이런 현실에서 내가 할 수 있는 일이 너무 미흡하다는 안타까운 마음이 들었다. 어떤 면에서는 딸아이가 다니는 고등학교에서 2012년부터 세계 각국의 난민들, 특히 탈북 어린이를 돕는 일을 하는 동아리의 회장이 된 것도 내가 탈북자에 대한 관심을 가지게 되는 계기가 되었으리라.

〈힐링캠프〉를 통해 엿본 차인표의 모습

그 뒤 차인표가 출연한 텔레비전 프로그램 〈힐링캠프〉를 보게 된 것은 완벽한 우연이었다. 출장을 가서 일이 시작되기 직전 1시간 정도 여유 시간이 있었는데 그동안 숙소 방에서 우연히 처음으로 〈힐링캠프〉를 봤다. 차인표의 감동적인 이야기를 들으며 나도 모르게 눈물을 흘렸고, 마지막 순간까지 프로그램을 보다가 시간에 딱 맞추어서 회의장으로 서둘러 달려갔었다. 그리고 일부러 시간을 내어 그 프로그램을 2번이나 다시 봤다.

방송을 통해 차인표도 원래는 나와 똑같은 생각을 하는 보통 사람이었다는 것을 알게 되었다. 결혼 후에도 신애라만 열심히 사회봉사 활동을 하고 있었을 뿐 차인표는 그런 일에 관심이 별로 없었다고 한다. 그런데 신애라가 참여하기로 되어 있던 해외의 불우한 어린이들을 돕는 컴패션Compassion이라는 단체의 해외 봉사 활동에 못 가게 되자, 부인의 강권에 의해 억지로 차인표가 대신 가게 되었다. 차인표는 단체를 위해 해외에 가서 사진도 찍고 홍보 활동을 하는 것이니 단체에게 비행기표를 비즈니스석으로 달라고 당당히 요구했다고 한다. 다

〈힐링캠프〉에 출연한 차인표. 그는 자신의 살아가는 모습에 대해 솔직담백하게 이야기를 나눴다. 그의 진솔한 모습과 봉사하는 삶에 많은 시청자들이 감동했다.

른 봉사자들은 모두 자비를 들여 가는 사람들인데, 자신만 특별 취급을 요구한 것이다. 단체 사람들과 알지도 못하고 억지로 가는 것이었기 때문에 화가 나서 다른 사람들과 거의 이야기하려고도 하지도 않았다. 그런데 현지에 도착해서 자신들을 보고 기뻐하는 아이들의 눈을 보자 그런 마음이 다 사라지고 자신이 얼마나 이기적으로 살았는지를 깨달았다고 한다. 그 뒤부터 자신의 인생이 완전히 달라졌다는 설명이다.

〈힐링캠프〉에서 이경규의 질문에 답하면서 차인표는 2006년 이후에는 유흥업소에 가본 적이 없다는 이야기도 했다. 우리나라 돈 4만 5천 원이면 우간다의 어린이 한 명을 먹이고 교육시킬 수 있다. 자신이 번 돈을 이렇게 소중한 일에 쓸 수 있음을 아는데 그 돈을 유흥업소에서 쓸 수 없다는 설명이었다. 4만 5천 원이면 쓰레기 더미에서 놀던 아이가 학교에 갈 수 있다. 이는 그 아이에게 희망을 줄 수 있다는 말이었다. 이 말은 나의 마음을 크게 울려왔다. 나도 자주는 아니지만 가끔 한 번씩 유흥업소에 갈 일이 있기 때문이다. 이렇게 돈을 모아 차인표는 모두 50명의 어린이들을 후원하고 있다고 한다. 구두를

닦아 모은 돈으로 아이를 후원한다는 몸이 불편하신 목사님 이야기도 감동적이었다.

차인표·신애라 부부가 직접 2명의 아이를 입양해서 키우고 있다는 것도 알게 되었다. 공개 입양을 했고, 아이들을 낳아준 엄마를 위해서 가족이 모두 함께 기도한다는 이야기도 감동적이었다. 입양을 해서 축하를 받았는데, 오히려 칭찬을 받아서 부끄러웠다는 말도 했다. 핏줄을 중요시하는 한국 사회에서 입양이 얼마나 어려운지를 생각하며 차인표·신애라 부부가 얼마나 대단한 일을 하고 있는지를 새삼스럽게 느꼈다.

'크라이 위드 어스'와 〈크로싱〉

〈힐링캠프〉를 본 후 인터넷을 통해 차인표에 대한 뉴스를 찾아봤다. 차인표는 2012년 초 동료 연예인들을 설득해 탈북자들을 돕기 위한 '크라이 위드 어스Cry with us'라는 이름의 콘서트를 열었다. 콘서트에서는 가수 윤복희가 등장해서 "쓸쓸할 때 내가 너의 벗이 되리라, 나는 너의 영원한 형제여" 하면서 노래를 불렀다. 개그우먼 박미선도 "하느님이 창조하신 존엄한 인간을 짐승처럼 죽게 놔둬서는 안 된다. 인간은 인간답게 죽을 수 있어야 한다"라는 마더 테레사 수녀님의 말씀을 전하며 "탈북자를 위해 함께 울어주자"라고 이야기했다. 물론 차인표도 감동적인 연설을 해서 청중을 울음바다로 만들었다고 한다.

차인표가 2008년 찍은 탈북 동포의 이야기를 다룬 영화 〈크로싱Crossing〉도 봤다. 결핵에 걸린 아내의 치료약을 구하러 두만강을 넘는

2008년 개봉한 영화 〈크로싱〉의 포스터. 차인표가 남한에 정착한 탈북자 아빠로 열연했다. 가족애와 북한의 비참한 현실을 다룬 작품이다. 가슴 아픈 결말을 보면서 나도 울었다. 이런 비극이 다시는 되풀이되지 말았으면 한다.

남편, 그리고 북한에 남겨진 아내와 아들 준이의 이야기다. 우여곡절 끝에 남한에 와서 돈을 벌면서 북에 있는 부인과 아이를 브로커를 통해 탈주시키려 했지만 그 뜻을 이루지 못하고 아내는 북한에서, 아들은 중국 땅에서 탈주 도중 세상을 떠난다는 가슴 아픈 이야기였다. 영화를 보면서 아들이 꼭 탈주에 성공하기를 바랐는데 그러지 못하고 중국과 몽골 사이의 사막 위에서 굶주림과 추위 속에 죽는 모습에서 너무 마음이 아팠다. 준이가 죽기 직전 하늘에서 반짝이는 별들을 보며 마지막으로 남긴 말이 "엄마, 아빠"였다. 머나먼 아프리카가 아니라 서울에서 불과 수십 킬로미터밖에 떨어지지 않은 북녘 땅에서 벌어지는 일이라 더욱 마음이 저려왔다. 준이가 "엄마, 아빠"라고 마지막으로 온 힘을 다해 죽기 전에 말하는 모습을 볼 때 아내와 나는 모두 눈물을 흘렸다.

인터넷을 통해 〈크로싱〉에 대한 댓글과 평가들을 읽다가 이 영화에 나오는 이야기가 실화라는 것도 알게 되었다. 2001년에 일어났던 탈북자 유준상의 실제 이야기를 각색해 영화화한 것이란다. 유준상의 아들은 탈북 도중에 몽골 국경지대에서 탈진해 사망했다고 한다. 나중에 채널A의 〈이제 만나러 갑니다〉라는 프로그램에 출연한 탈북자들이 이야기하는 것을 들어보니, 이런 목숨을 건 탈주가 아주 빈번하게 일어나고 있다고 한다. 그 과정에서 상당한 사람들이 죽는다는 것도 알게 되었다. 영화를 볼 때는 영화 내용이 일부 과장되었을 것이라고 생각했는데, 영화의 모습, 특히 수용소의 모습이 절대 과장이 아니라는 이야기도 들었다.

영화에 대한 평가나 댓글들도 영화를 통해 감동받았다거나 북한의 비참한 현실을 이해하게 되었다는 이야기가 절대 다수였다. 그러나 북에서 벌어지고 있는 이런 현실을 억지로 부인하거나, 오히려 이런 영화에 출연했다고 저속한 표현을 써가며 차인표를 비난하는 일부 글들도 보였다. 왜 사실을 고의로 외면하는지 마음이 아팠다.

나도 직업상 많은 사람들을 만난다. 내가 만나본 다른 직업군의 사람들 중에 겉모습과 속이 상당히 다른 사람들이 일부 있다. 이름이 널리 알려진 교수들 중에서도 학교에서의 모습과 외부에 보이는 모습이 전혀 다른 경우가 있다. 특히 언론 출연을 자주 하는 정치적 성향이 뚜렷한 사람들이 그런 경우가 많다. 이런 모습들을 자주 보게 되면서 사람들의 진실성을 믿기가 점점 어렵게 되었다. 나는 한 번 한 이야기는 꼭 지켜야 한다고 생각하는데, 식자층 중에서도 그렇지 않은 사람들이 너무 많아 안타깝다. 한번은 사회봉사를 하는 비영리 민간단체들에 대한 투명회계 분야의 시상을 위해 심사위원으로 일한 적이 있었는데, 종종 언론에 나와서 잘 알려진 큰 봉사단체가 부끄러운 뒷모습을 가지고 있다는 것을 알고 분노를 느꼈던 적도 있다. 물론 대다수의 봉사단체는 그렇지 않겠지만 말이다. 나중에 그 봉사단체를 이끌던 사람이 얼굴에 가식적인 가면을 쓰고 선한 사람인 체하면서 정치인으로 변모하는 모습을 보고 더 화가 났었다.

남을 믿었다가 마음의 상처도 몇 번 받았다. 한때 "너무 사람을 쉽게 믿는다"라는 소리를 종종 들었는데, 이런 가식적인 모습들을 자주 목격하면서 이제는 사람을 만날 때 예전보다 조심하는 편이다. 그렇지만 차인표의 말과 행동에서는 진정성이 느껴진다. 모든 어려운 이를 진심으로 사랑하고 도움을 주려고 하는 그의 비단결 같은 마음이 그의 행동과 말에서 전해온다. 그 상대가 탈북해 남한에 정착한 새터민이든, 아직도 북한 땅에서 굶주리며 죽어가고 있는 동포이든, 중국 땅에 몰래 숨어서 남한으로 올 기회를 바라고 있는 탈북자이든, 또는 아프리카나 동남아시아 국가에서 살고 있는 사람이든 우리나라에서 어렵게 살고 있는 가난한 영세민이든 아무 차이가 없다. 그는 진심으로 그 모든 사람을 사랑하고, 그들을 위해 노력하고 있는 따뜻한 사람이다. 그리고 울고 있는 그들을 위해 함께 울어주려고 한다. 그래서 "크라이 위드 어스!"를 힘차게 외치는 것이다. 북한 체제를 비판하는 영화를 찍었다고, 중국 대사관 앞에 가서 울었다고 차인표를 비난하는 사람들이 왜 이런 차인표의 진정성을 몰라주는지 안타까울 따름이다. 왜 정치적인 견해가 이런 보편적인 인류의 인권이나 양심 문제를 모른 체하게 할 정도로 사람의 마음을 무디게 하는지 모르겠다.

중국 땅에 떠도는 탈북자들만 약 2만 명, 중국 공안에 잡혀서 북한으로 보내지는 탈북자가 연간 5천 명 정도라고 한다. 그중의 상당수는 엄청난 고문을 받고 수용소로 보내질 것이다. 중국 땅에 숨어 있는 동포들 가운데도 남자들은 막노동에 시달리며, 여자들은 술집으로 팔려가곤 한단다. 일제강점기 인부나 위안부 강제모집과 무엇이 다를까? 일제의 만행에 대해서는 절대 눈감지 않을 것 같은 사람들이 왜 동족의 비극에 대해서는 억지로 모른 체하는지 궁금하다. 그들은 우리와 한 핏줄이다. 그들을 위해 개인이 큰일을 할 수는 없겠지만, 그래도 마음 아파하고 조금이라도 도울 방법을 찾아보는 것이 우리가 당연히 해야 할 일이라고 생각한다. 간절히 도움을 원하는 그들을 어떻게 외면할 수 있을까?

남에게 베풀 줄 아는 사람이 되기를

〈힐링캠프〉를 끝내며 한혜진이 차인표에게 별명을 지어주었다. 인간적인 사람이니 '차인간', 또는 사랑이 많은 사람이니 '애인표'라는 별명이다. 차인표는 차인간이라는 별명이 더 좋다고 했다. 차인표는 정말 인간적인 사람이다. 그의 진실한 모습을 나는 가슴으로 느낄 수 있다. 그의 벗은 근육질 가슴이 멋있어서가 아니라, 그의 마음이 정말 아름답기 때문에 나의 가슴이 따뜻해지는 것이다.

나도 매년 조금씩 불우한 이웃이나 형편이 어려운 학생들을 돕고 있다. 재능기부를 하는 의미에서 시골 학교들을 방문해 학생들을 위해 강연도 종종 하고 있다. 탈북 청소년들을 위해 열심히 살라는 내용의 강의를 한 적도 있고, 소년원을 방문해서 좌절하지 말고 긍정적인 자세로 살라는 내용의 강의도 했었다. 가끔 복지시설에 가서 봉사도 한다. 그렇지만 차인표나 내가 아는 몇몇 봉사를 생활화해 사는 분들에 비하면 부끄러운 수준이다. 내가 이제 좀 살 만하게 되었으니 이런 것이지, 불과 몇 년 전까지만 해도 살기 바빠서 이런 생활을 엄두조차 내지 못했었다.

차인표의 모습을 보면서, 앞으로 나도 사회에 좀 더 많은 기여를 할 수 있는 사람이 되어야겠다는 생각을 하게 되었다. 부끄러운 자화상이 아닐까 한다. 그리고 딸의 손을 잡고 함께 중국 대사관 앞에 가서 지금도 추운 중국 땅에서 언제 잡혀갈지 불안에 떨면서 숨어 있을 동포들을 위해 기도라도 하고 오려고 한다. 아주 조그마한 일이지만 이런 마음을 우리 개개인, 한국 사회, 나아가 세계인이 갖게 된다면 중국 정부도 조금이나마 양보하지 않을까 하는 작은 소망이다.

이제 벌써 40대, 나와 차인표는 비슷한 연배다. 틀림없이 차인표나 신애라도 흰머리가 생기고 있을 것이다. 비록 몸은 늙어가지만 그들의 마음만은 20대의 한참 젊은 시절보다 더 아름답다. 우리 아이들이 차인표·신애라, 그리고 지금도 묵묵히 사회를 위해 숨어서 일하고 있는 많은 사람들처럼 따뜻한 마음을 가지고 남에게 베풀 줄 아는 사람으로 자라나기를 바란다.

예술의 전당에서 보낸
어느 일요일의 여정

2013년 1월의 어느 일요일, 딸아이가 미술 선생님과 함께 예술의 전
당에서 열리는 반 고흐 전시회에 다녀왔다. 그러더니 저녁 식사 시간
에 식탁 머리에 앉아 그 이야기를 한다. "아빠 엄마도 가서 꼭 보세요.
그림이 너무너무 좋아요." "네가 어떻게 반 고흐의 그림을 이해할 수
있냐? 상당히 난해한 그림들이 많은데…" "아빠, 무시하지 마세요. 아
마 아빠보다 더 잘 알 걸요. 그리고 같이 간 선생님께서 그림을 보면
서 설명도 해주셨어요. 고흐의 그림은 인생이 예술작품에 반영되어
있어서, 그림을 보면 그 사람의 인생을 이해할 수 있어요." 딸아이가
이런 어려운 이야기를 하는 것을 보니 벌써 다 키웠다는 생각이 든다.

　이런 딸아이 덕분에 우리 부부는 그 다음 주 일요일에 예술의 전

당을 찾았다. 동네에 있어서 종종 갈 기회가 있었지만, 바쁘게 살다 보니 공연이나 전시회를 직접 관람하는 것은 정말 가끔 한 번 있는 일이다. 오히려 1년에 서너 차례 예술의 전당 뒤편에 있는 우면산에 오르니, 예술의 전당보다 예술의 전당 뒷산을 자주 가는 셈이다.

일요일이라 관람객들이 많을 것 같아서 일찍 관람을 하기로 마음 먹고 미술관이 여는 시간인 아침 10시에 딱 맞추어서 예술의 전당에 도착했다. 그런데 벌써 표를 사려는 사람들이 많다. 아이들 손잡고 온 젊은 부부들이며, 젊은이들과 중년 남녀 등 다양한 계층의 사람들이 었다. 표를 사고 나서 차례로 줄을 서서 미술관으로 입장을 했다. 전시회의 정식 명칭은 '파리 시절의 반 고흐'로, 고흐가 파리에 머무르던 당시 그렸던 그림들을 전시하고 있었다. 이 전시회는 3회로 기획된 고흐에 대한 전시회 중 두 번째 전시로 고흐의 초기 작품을 대상으로 한 첫 번째 전시는 2007년에 열렸고, 이번에 중기 작품을 전시하는 것이란다. 마지막으로 현재 기획 중인 세 번째 전시는 말기의 작품들을 전시할 예정이라고 한다.

고난에 가득 찬 고흐의 인생

네덜란드에서 목사의 아들로 태어난 고흐는 처음 네덜란드에서 작품 활동을 시작한 후 1886년 33세의 나이로 예술의 도시 파리로 와 그림을 제대로 배우기 시작했다. 하지만 그림은 전혀 팔리지 않았으므로 그는 지독히도 가난하게 살아야만 했다. 그의 동생 테오와 테오의 부인 요한나가 그를 돌보았으므로, 어쨌든 그는 계속해서 그림을 그릴 수는 있었다. 그러다가 1888년 파리 생활을 청산하고 프랑스 남부의 시골로 내려가서 비로소 대가의 면모를 보여주는 많은 걸작품을 남긴다. 아름다운 자연의 모습들이나 잘 알려진 그림 〈해바라기〉도 모두 이 시절에 그린 그림이다. 그러다가 정신병으로 병원에 입원했다가 파리 근처의 시골 오베르로 와서 잠깐 지내다가 자살로 생을 마감한다.

그림을 구경하다 보니 도슨트docent, 박물관이나 미술관의 안내원가 그림 해설을 시작한다. 그래서 도슨트를 따라다니면서 설명을 자세히 들었다. 확실히 설명을 들으면서 그림을 보니 이해하기가 쉬웠다.

파리에서 머무른 고흐의 생활은 고통 그 자체였던 것 같다. 종이를 살 돈이 없어서 낡은 그림이나 포장지, 빈 박스 등을 재활용해 그림을 그리기도 했다. 얼마나 힘들었던지 "언젠가는 내 그림 값이 물감 값보다 더 비싸지는 날이 올 것이다"라는 말을 남길 정도였다. 이 시기에 그려진 고흐의 자화상을 보면 퀭하니 들어간 눈이며 구부러진 코, 꼭 다문 입술, 강렬한 배경 등이 그의 긴장감과 고민, 어려움을 나타내는 듯하다. "그림을 그리는 일은 내게 구원과 같다. 그림을 그리지 않았다면 지금보다 더 불행했을 테니까"라는 고흐의 말은 그가 얼마나 그림에 집착하면서 살았는지를 보여준다. 그는 그림 말고 다른 일에는 거의 신경을 쓰지 않았다. 그래서 그의 동생인 테오가 쓰레기로 가득 찬 그의 방과 무절제하고 방탕한 그의 삶 때문에 많은 불평을 했다고 한다.

고등학교 미술책에서도 본 고흐의 그림이지만 당시는 시험 점수 따는 일이 중요해서 "인상주의가 어떻고…" 하는 이론 외우기에 급급했을 뿐, 고흐의 그림을 보면서 왜 고흐가 위대한 미술가로 추앙받는지

〈오베르의 교회〉. 울퉁불퉁한 질감에 강렬한 색감, 일그러진 교회의 모습 등이 신선한 충격을 준다. 그림의 사진을 보는 것과 실물을 보는 것의 느낌이 전혀 다르다. 일그러진 교회의 모습에서 그의 정신 상태가 정상이 아니라는 것을 느낄 수 있다.

Vincent van Gogh, <The Church at Auvers>, 1890, Oil on canvas, 74×94cm, Musée d'Orsay, Paris

에 대해 알지 못했다. 별다른 감흥도 없었다. 지금도 거의 마찬가지겠지만, 어린 학생이었기에 미술이나 예술이 무엇인지 제대로 이해할 수 있는 식견이 없었던 것이다. 지금도 나는 학생들에게 예술작품에 숨겨진 숭고한 인생의 의미와 예술작품의 아름다움을 가르치는 것이 아니라, 단순히 그림이나 화가의 이름과 화풍을 암기하게 만드는 미술교육을 왜 해야 하는지 이해할 수 없다.

그러다가 파리를 방문해 오르세 미술관에서 고흐의 그림 〈오베르의 교회〉를 보았을 때, 나를 사로잡던 그 강렬하고 짙은 선명한 파란 빛깔의 하늘을 잊을 수 없다. 책에 인쇄된 그림으로는 느낄 수 없는데, 실제 작품을 보면 그림의 강렬한 색감이 마치 살아 있는 것처럼

고흐의 마지막 작품 〈까마귀가 나는 밀밭〉. 강렬하고 암울한 느낌이 당시 자살하기 직전의 고흐의 암울한 정신 상태를 표현하고 있는 듯하다. 그는 이 그림을 그린 지 3일 후 자살을 했다.

Vincent van Gogh, <Wheatfield with Crows>, 1890, Oil on canvas, 50.5×103cm, Van Gogh Museum, Amsterdam

시선을 확 잡아당긴다. 〈오베르의 교회〉는 그가 자살하기 직전 남프랑스에 위치한 정신병원에서 나와 파리 외곽의 오베르로 와서 마지막으로 그렸던 그림들 중의 하나다. 자연스럽지 않게 일그러진 교회의 모습에서 그의 정신 상태가 정상이 아님을 느낄 수 있다. 그리고 강력한 파란색으로 굵은 붓의 선을 느낄 수 있게 그려진 하늘의 모습에서 그의 강한 내적 충동과 힘을 느낄 수 있다. 햇빛을 받아 반짝이는 도로나 풀의 모습이나 교회의 지붕도 직접 보고 느끼는 듯 생생하다.

이 시기에 그려진 또 다른 유명한 그림으로는 〈까마귀가 나는 밀밭〉이라는 그림도 있다. 죽음의 상징이라는 까마귀가 밀밭 위를 날아다닌다. 까마귀가 나는 하늘은 〈오베르의 교회〉에서처럼 파란색을 기반으로 하고 있지만, 좀 더 어둡고 암울한 느낌을 준다. 마치 폭풍우가 밀려오기 직전의 순간 같다. 밀밭은 아주 거칠게 표현되어 있는데, 노란색의 밀밭이 파란색의 하늘과 극명하게 대조된다. 그림에 나타난 세 갈래 길의 모습은 혼란스러운 고흐의 마음을 보여주는 듯하다. '어느 쪽으로 가건 나의 앞길에는 저 불행의 상징인 까마귀가 기다리고 있지 않을까?' 하는 느낌을 준다. 〈오베르의 교회〉 그림에서의 두 갈래 길보다 더 혼란스러운 선택의 기로에 서 있는 듯하다. 어느 길로 가야 할지 방황하는 것이다.

실제로 이 그림을 그리기 얼마 전 쓴 편지에서 그는 "내가 표현하고 싶은 것은 뿌리 깊은 고뇌다. 나의 모든 것을 바쳐서 그런 경지에 이르고 싶다. 내 작품을 통해 사람들의 마음속에 무엇이 들었는지 보여주고 싶다. 그것이 나의 바람이다"라고 했다. 그러면서 하루 종일 야외에 머물면서 자연을 관찰했다. 그리고 그 느낌을 캔버스에 옮겼다.

〈까마귀가 나는 밀밭〉을 그리고 불과 3일 후 고흐는 자살로 생을 마감한다. 이 작품이 그의 마지막 작품인 것이다. 그림에 나타나는 죽음의 기운이 현실로 연결된 것이리라. 이처럼 그의 삶과 예술은 분리될 수 없었다. 처절한 삶의 현실 속에서 그는 자신의 삶이 투영된 많은 걸작을 후손들에게 남겼다. 그래서 우리가 그의 그림을 보면서 수많은 생각에 잠기게 되는 것이리라. 그 그림 속에 그의 마음과 인생이 숨어 있다는 것을 알기 때문에, 그 마음을 알아보고자 더 생각을 하게 된다.

고흐가 남긴 아름다운 걸작품들

이 밖에도 고흐는 하늘을 표현한 여러 다른 걸작들을 남겼다. 역시 오르세 미술관에서 본 〈론 강에 비친 별이 빛나는 밤〉이라는 그림과 아직 실물을 볼 기회를 갖지 못한 〈밤의 카페테라스〉, 그리고 뉴욕 현대미술관에 있는 〈별이 빛나는 밤〉이다. 모두 밤하늘에 반짝이는 별

Vincent van Gogh, <Starry night over the Rhone River>, 1888, Oil on canvas, 72.5×92cm, Musée d'Orsay, Paris

〈론 강에 비친 별이 빛나는 밤에〉. 밤하늘에 빛나는 별의 모습과 별빛과 불빛이 반사하는 강의 아름다운 모습, 그리고 그 강 옆에서 사랑을 속삭이는 연인의 모습이 아름답게 느껴진다.

과, 그 별 아래 보이는 풍경을 그려 넣은 작품이며, 남프랑스에서 거주하던 시절에 그린 그림들이다. 고흐는 동생 테오에게 쓴 편지에서 〈론 강에 비친 별이 빛나는 밤〉을 그리던 당시를 묘사하면서, "요즘은 별이 반짝이는 하늘을 그리고 싶은 생각이 간절해. 밤이 낮보다 훨씬 더 풍부한 색을 보여주는 것 같다는 생각이 들 때가 종종 있기 때문이야. 더 강렬한 보라색, 파란색, 초록색으로 물든 밤… 어떤 별들은 레몬 빛을 띠고 있고, 다른 별들은 불처럼 붉거나 녹색, 파란색, 물망초 빛을 띠고 있어"라는 말을 남겼다.

이 그림을 보면 강물에 비치는 별빛의 모습까지 선명한 듯한데, 실

〈밤의 카페테라스〉. 별이 빛나는 밤을 배경으로 따뜻한 분위기의 카페에 사람들이 앉아 있다. 나도 저 카페의 빈 의자에 앉아서 커피 한 잔을 마시고 싶다는 생각이 든다. 파리의 낭만적인 거리 풍경이 떠오른다.

Vincent van Gogh, <Café Terrace at Night>, 1888, Oil on canvas, 81×65.5cm, Kröller-Müller Museum, Otterlo

제로 지표면에서 밝게 빛나는 빛은 가스등이라고 한다. 그리고 강물 위에 크고 밝게 반사되는 빛은 별빛이 아니라 강둑에 있는 길에 설치된 가스등의 불빛이 물에 반사되는 모습이다. 그리고 강둑에 밤거리에 별을 보면서 사랑을 속삭이는 연인의 모습을 그려 넣은 것이 더욱 낭만적이고 아름다운 느낌을 떠오르게 한다.

그는 〈밤의 카페테라스〉에 대해서는 "검은색을 전혀 사용하지 않고 아름다운 파란색과 보라색, 초록색만을 사용했어. 그리고 밤을 배경으로 빛나는 광장은 밝은 노란색으로 그렸단다. 특히 이 밤하늘에

Vincent van Gogh, <The Starry Night>, 1889, Oil on canvas, 73.7×92.1cm, Museum of Modern Art, New York

뉴욕 현대미술관에서 꼭 봐야 할 <별이 빛나는 밤>. 아름답지만 강렬한 색감과 울퉁불퉁한 질감이 두드러지게 표현된 작품이다. 고흐의 혼란스러운 정신 상태를 나타낸 모습일까? 실물을 보기 전에는 그림이 주는 감동을 제대로 이해할 수 없다.

별을 찍어 넣는 순간이 정말 즐거웠어"라는 설명도 했었다. 밤하늘의 아름다움과 따뜻함이 느껴지는 그림이다. 그림을 보고 있으면 그림에 등장하는 카페테라스에 앉아 사랑을 속이는 연인들이나 진한 우정을 나누는 친구들의 모습이 절로 떠오른다. 아직 남프랑스에 가보지 못했지만, 에펠탑이 보이는 파리의 길가 한 카페에서 커피를 마시며 거리의 모습을 바라봤던 추억이 떠오른다. 이렇게 아름다운 그림을 그린 지 얼마 안 되어 고흐가 미쳤다고는 도저히 믿어지지 않는다.

고갱과 결별한 충격으로 정신병이 발병해 고흐는 자기 스스로 귀를 잘랐다고 한다. 고갱은 제정신이 아닌 고흐를 "쓰레기를 뿜어내는 활화산"이라고 했을 정도다. 고흐가 정신병이 도져서 병원에 입원한 후 그린 그림이 〈별이 빛나는 밤〉이다. 그림을 보면 별빛과 달빛이 주변을 아름답게 밝혀주는 모습이 정말 눈에 선하게 보인다. 도시를 둘러싼 밤하늘의 따뜻한 모습이다. 아름답기는 하지만 구불구불한 하늘의 모습은 마치 태풍이 불어오는 듯한 분위기도 불러일으킨다. 사진에서는 잘 느껴지지 않지만, 실제 작품을 보면 강렬한 색감과 울퉁불퉁한 표면의 질감이 매우 두드러진다. 곧 벌어질 광기의 폭발을 암시하는 것일 수도 있다. 그의 예술적 천재성이 광기로 폭발하기 직전과 폭발 직후에 그의 최고의 작품들이 탄생했던 것이다. 그림 왼편에 근경으로서 짙게 칠해져 있는 나무를 그림 하단 중앙부에 위치한 교회의 첨탑과 비교해보면, 나무가 훨씬 크다는 것을 알 수 있다. 아마 무수히 많은 밤하늘을 지켜보았을 큰 나무다. 시간이 영원히 흐른다는 것을 나타내는 상징이 아닐까?

고흐의 인생을 묘사한 노래 〈빈센트〉

고흐의 이 작품을 기리면서 유명한 가수 돈 맥클린은 〈빈센트Vincent〉라는 유명한 노래를 불렀다. "Starry, Starry night별이 빛나는 밤에"으로 시작하는 노래의 가사를 보면, 고흐의 일생과 그림들을 노래 한 편에 축약해놓았다(그의 정식 성과 이름은 빈센트 반 고흐다). 예전에는 이 노래가 고흐를 묘사한 것인 줄 모르면서 그저 아름다운 노래라고 생각하고 들었다. 고흐의 일대기를 공부하고 나서 노래를 들으니, 한 구절

한 구절이 모두 나의 마음을 울려온다. 이 노래는 고흐의 인생을 그린 영화 〈빈센트〉에 삽입되기도 했다.

별이 빛나는 밤에
당신의 팔레트를 파란색과 회색으로 칠하세요
한여름날을 생각해보세요
내 영혼의 그늘을 보는 눈들로
언덕 위의 그림자에
나무들과 수선화를 스케치하세요
겨울의 차가운 바람을 느끼며
하얀 눈이 덮인 대지 위에 스케치하세요

이제는 이해해요
당신이 나에게 무엇을 말하려 했었는지
얼마나 영혼이 아팠는지
얼마나 그들로부터 자유를 갈망했는지
그들은 들으려 하지도 어떻게 들어야 하는지도 몰랐죠
어쩌면 이젠 그들도 들을 수 있을 거예요

별이 빛나는 밤에
밝은 불꽃처럼 꽃들이 불타네요
보라색 아지랑이 속에 소용돌이치는 구름들이
빈센트의 색 바랜 푸른 눈망울 속에 비치네요

잠시 멈추고 돌아보는 시간이 필요한 순간

아침 들판은 곡식이 무르익은 황금빛으로 물들고

고통으로 주름져버린 얼굴을

예술가의 사랑스런 손길로 위로하네요

이제는 이해해요

당신이 나에게 무엇을 말하려 했었는지

얼마나 영혼이 아팠는지

얼마나 그들로부터 자유를 갈망했는지

그들은 들으려 하지도 어떻게 들어야 하는지도 몰랐죠

어쩌면 이젠 그들도 들을 수 있을 거예요

그들은 당신을 사랑할 수 없었지만

당신의 사랑은 여전히 진실하네요

그리고 마음에 희망이 전혀 남아 있지 않았을 때도

별이 빛나던 밤에

종종 연인들이 하는 것처럼

당신은 스스로 당신의 삶을 마감했죠

하지만 빈센트, 난 당신에게 말했을 거예요

이 세상은 아무런 의미도 없었다고

당신처럼 아름다운 사람에게는

별이 빛나는 밤에

텅빈 홀에 초상화들이 걸려 있네요

이름없는 벽에 액자도 없이

초상화에 그려진 세상을 바라보는 두 눈을 잊을 수 없어요

당신이 만났던 낯선 사람들처럼

누더기 옷을 걸친 초라한 사람들

순백의 눈 위에 밟혀 부서지고 상처받은

붉은 장미의 은빛 가시를

순백의 눈위에 부서지고 깨진 것처럼

이젠 알아요

당신이 나에게 무엇을 말하려 했었는지

얼마나 영혼이 아팠는지

얼마나 그들로부터 자유를 갈망했는지

그들은 들으려 하지 않았고 여전히 듣고 있지 않아요

아마 영원히 듣지 못할 거예요

그냥 읽어보면 노래의 의미가 잘 이해가 안 될 수도 있지만, 고흐의 그림과 삶을 공부하고 나면 이 노래의 내용이 고흐의 그림을 하나하나 언급하면서 고흐의 인생을 소개하고 있다는 것을 알 수 있다. '별이 빛나는 밤'이나 '언덕 위의 그림자', '나무들과 수선화', '불타는 꽃', '소용돌이치는 구름', '곡식이 무르익는 황금빛 들판', '고통으로 주름진 얼굴' 등 노랫말에 등장하는 표현들은 모두 그의 그림 속에 등장하는 모습들이다. 즉 그의 그림과 그의 인생을 연결해 노래의 가사를 만든 것이다. 살아서는 세상이 그를 거부했지만, 이 노래처럼 그의 발

잠시 멈추고 돌아보는 시간이 필요한 순간

자취는 우리에게 영원히 남아 있을 것이다. 아니 노래의 마지막 구절처럼, 우리는 아마도 아직까지도 그를 제대로 이해하지 못하고 있을 수 있다. 그저 피상적으로 그의 아픔을 쳐다보면서 동정만 할 뿐이다. 어떻게 우리 범인凡人들이 천재 또는 광인狂人의 마음을 이해할 수 있을까?

르네상스의 천재화가들: 바티칸 박물관전

이처럼 많은 상념을 하면서 미술관을 나오니 벌써 12시가 다 되었다. 수많은 인파를 헤치며 그림을 보려니 시간이 좀 많이 걸렸다. 그런데 바로 눈앞에 있는 한가람 미술관에서 '르네상스의 천재 화가들'이라는 주제로 '바티칸 박물관전'을 하고 있지 않은가? 바티칸 박물관을 방문해서 받았던 생생한 감동이 다시 밀려오는 듯했다. 세계 최대의 박물관, 온갖 인류의 문화유산이 살아 숨 쉬는 그곳. 당장 표를 구매해서 한가람 미술관으로 들어섰다. 전시된 작품 73편 중 70편이 진품이라고 한다. 여기도 사람들이 가득하다. 이번에는 오디오 가이드를 빌려서 해설을 들으면서 구경을 했다.

세계에서 제일 작은 국가 바티칸의 모형에서부터 시작해서 교황들의 초상화, 그리고 르네상스 초기의 그림들을 거쳐서 바티칸궁 조각공원들에 설치된 조각들을 관람했다. 비록 모조품이긴 했지만 살아 있는 듯한 생동감을 주는 〈라오콘 군상〉, 미켈란젤로의 걸작 〈피에타〉, 그리고 작자미상의 〈벨베데르의 아폴론〉을 관람했다. 그리고 사진으로 많이 본 사랑스러운 그림, 멜로초 다 포를리의 〈비올라를 연주하

바티칸 박물관전 포스터. 인류 문화유산의 보고 바티칸 박물관이 보유한 걸작 70편을 한국에 소개한 전시회다. 이 포스터의 배경에 보이는 천사 그림이 바로 포를리의 〈비올라를 연주하는 천사〉다.

는 천사〉를 실물로 관람했다. 이 유명한 걸작의 진품이 한국에 왔다니 정말 믿어지지 않는다. 성당의 윗부분에 전시되어 있던 것이라 그런지 단축법을 사용해서 밑에서 위로 올려다보는 느낌이 느껴지도록 그림이 그려져 있다고 한다.

엄마의 젖을 빠는 아기들의 모습을 그린 라파엘로의 그림 〈사랑〉도 있었다. 아기에게 젖을 먹이는 어머니를 그린 그림의 제목이 〈사랑〉이라니, 정말 제목도 많은 것을 함축한 듯하다. 그리고 레오나르도 다 빈치의 〈광야의 성 히에로니무스(제롬)〉도 있었다. 광야에서 참회하는 늙고 뼈만 남은 노인의 모습이다. 미완성의 그림인데도 불구하고 성인의 얼굴 부분을 보면 고뇌하는 인간의 모습을 잘 느낄 수 있다.

잠시 멈추고 돌아보는 시간이 필요한 순간

라파엘로나 다 빈치의 그림이 한국에까지 왔다는 것 자체가 이제 한국의 국력이 선진국 반열에 올랐다는 증거일 것이다.

예술의 전당에서 보낸 하루

그림을 다 보고 나오니 배가 몹시 고프다. 벌써 1시 30분이 되었길래 지하에 있는 식당에서 아내와 함께 식사를 했다. 나보다 훨씬 예술에 대해 관심이 높아 아는 것도 많은 아내가 오늘 본 작품들에 대해 이것저것 설명을 한다. 음식도 맛있고 머릿속도 생각으로 가득하다. 우리가 이렇게 지적인 대화를 해본 적이 얼마 만이었던가? 이야기를 나누다 뒷사람들의 이야기가 들렸다. 우리 뒤 테이블에 앉아 있는 사람들은 지방에서 고흐 전시회를 관람하기 위해 아침에 서울로 올라왔다고 한다. 대단한 열정이다.

　식사를 마친 후 다시 지상으로 올라왔다. 광장 옆에 있는 야외 레스토랑에서 커피를 한 잔 시키고 앉아 다시 대화를 나누었다. 이곳은 예술의 전당의 여러 건물들을 거의 다 조망할 수 있는 곳에 위치해 있다. 밖은 추웠지만 커피는 따뜻했다. 그리고 우리들의 마음도 따뜻했다. 인간의 삶을 윤택하게 하는 것이 이런 문화가 아닐까? 비록 문화와 전혀 관련 없는 일에 종사하지만, 그래도 이렇게 가끔이나마 문화를 즐길 수 있는 생활을 할 수 있다는 것이 행복하다. 아내는 봄에 예술의 전당에서 진행되는 고전읽기 강좌에도 등록해놨다고 자랑한다. 이렇게 많은 사람들이 예술의 전당을 찾아와 문화를 즐기고 있는데, 나는 왜 그렇게 무심하고 무미건조하게 살았을까 하는 자조적인 생각도 든다.

문밖의 공원과 조그만 연못이 있는 이 광장은 여름날 가끔 왔던 곳이다. 여름에는 밤마다 연못에서 음악분수쇼를 벌이는데, 아름다운 음악에 맞추어 분수가 춤을 춘다. 아이들을 데리고 온 동네 사람들이나 데이트하는 커플들이 광장에 앉아서 아름다운 분수쇼를 감상하곤 했다. 작년 여름에는 여름 학기 동안 한국에 와서 수업을 받던 홍콩 대학생들 30명을 데리고 왔었던 적도 있었다. 같은 수업을 듣는 한국 학생들도 여럿이 함께 왔었는데, 거기 와 있던 사람들이 모두 행복해 보인다면서 2시간 이상을 광장에 앉아서 학생들과 이런저런 이야기를 나누며 구경을 했었다.

데이트를 마치고 함께 집으로 돌아가는 길, 아내와 팔짱을 끼고 걸었다. 이야기를 하다 보니 날씨가 추워 하얀 입김이 나온다. 오늘 하루는 예술의 전당에서 보낸 셈이다. 예술의 전당 외벽에 걸린 전시회와 음악회를 소개하는 여러 걸개그림들을 길 건너편에서 쳐다보면서 걸었다. 할 일이 많으니 오늘도 집에 가면 밤 늦게까지 열심히 일해야 하겠지만, 오래간만에 문화를 즐기며 하루를 보냈으니 마음이 흐뭇했다. 인류의 위대한 문화유산을 한국에서 즐길 수 있다는 것 자체가 행복이다.

여기서 멈출 수 없다, 〈우리 생애 최고의 순간〉

"마지막 1분은 너희들이 뛰어라." 종료 1분을 남긴 순간에 갑자기 작전타임을 부른 임영철 감독은 고참 선수들을 불렀다. 2008년 베이징 올림픽 여자 핸드볼 3·4위전 헝가리와의 경기, 승부는 이미 결정나 한국이 크게 이기고 있었다. 그러나 작전타임을 요청한 감독은 올림픽에 이미 여러 번 출전했던 노장 선수들, 오성옥(36), 오영란(36), 홍정호(34), 허순영(33), 박정희(33) 등을 불렀다. "이게 너희들의 마지막 경기가 될 것이다. 마지막을 너희가 장식해라" 하면서, 다른 20대 선수들에게는 "앞으로 너희는 계속 다른 경기에 뛸 기회가 있으니 이해해달라. 선배들에게 마지막으로 코트에 설 기회를 주자"라고 설명했다. 선수 교체를 지시한 것이다. 그렇게 해서 10여 년간 세계무대에서 활약한 노장 선수들에게 마지막 기회가 왔다. 그리고 마지막 1분, 경기 종료를 알리는 휘슬이 울리자 선수들은 경기장 바닥에 주저앉아 울기 시작했다. "기뻐해야 하는데, 계속 눈물이 난다"라면서 모두들 서럽게 울었다. 감독도 선수들과 함께 울었다. 그동안 몸이 부서지도록 올림픽에 대비해서 훈련을 해왔으니, 아마 그 힘겨웠던 기억이 주마등처럼 머릿속을 스쳐 갔으리라.

며칠 전에 벌어졌던 준결승전에서 심판의 편파 판정이 계속되어 수세에 몰리다가 경기 종료 불과 6초를 남기고 동점을 기록하는 순간, 내가 살고 있는 아파트는 한밤중에 갑자기 떠나갈 듯한 함성소리로 가득 찼다. 그러나 기쁨도 잠시, 노르웨이 대표팀은 한국 대표팀 선수들이 코트로 돌아오기도 전에 인플레이를 시작했다. 명백한 반칙이었으나 심판은 이를 무시하고 경기를 계속 진행시켰다. 그리고 공을 잡은 노르웨이 선수의 오버스텝에 대해서도 호각을 불지 않았으며, 나중에 슬로모션으로 확인해보니 슛을 한 공이 골대를 통과하기 전에 이미 경기 시간이 종료되었는데도 불구하고 득점으로 인정했다. 핸드볼은 농구와 달리 경기 시간 종료 전에 공이 골대를 통과해야만 득점으로 인정된다고 한다. 그러나 비디오 리플레이 판독제도를 인정하지 않는 핸드볼 규칙 때문에 한국의 항의는 받아들여지지 않았다. 그 결과 단 6초 동안에 한 골을 먹어, 한국은 노르웨이에 아쉽게 패해 결승전에 오르지 못하게 된 것이다.

한국 선수들은 이를 악물었다. 아, 이렇게 억울할 수가! 실력이 모자라서 무참하게 졌다면 이렇게 억울하지 않을 것이다. 그러나 실력이 아닌 다른 이유에 의해서 억울하게 졌을 때 심리적인 타격은 더 크다. 한국 여자 핸드볼팀의 금메달을 향한 도전은 2008년 베이징 올림픽에서도 간발의 차이로 실패했다. 그러나 이런 한국 선수들을 비난하는 국민들은 아무도 없었다. 선수들이 한국에 돌아왔을 때 국민들은 모두 온갖 부상으로 만신창이가 된 핸드볼 선수들을 따뜻하게 환영했다. 아마 금메달보다 더 값지고 더 환영받은 동메달이지 않았을까 생각된다. 이렇게 박수를 받으며 선수들은 정들었던 코트와 이별을 했다.

금메달보다 더 값진 동메달의 주인공들

이 한국 핸드볼 선수들의 2004년 아테네 올림픽 금메달을 향한 도전을 기록한 영화가 바로 〈우리 생애 최고의 순간〉, 속칭 〈우생순〉이다. 이 영화는 흔한 스포츠 영웅에 대한 이야기가 아니다. 한 사람 한 사람 고통을 헤치며 살아가는 사람들, 찡하게 마음을 울리는 우리 이웃 사촌들의 이야기다. 요즘 영화나 드라마에 자주 등장하는 잘생긴 남자나 백마 탄 왕자님, 선녀 같은 아가씨나 동화 같은 사랑 이야기 등은 이 영화에 전혀 등장하지 않는다. 아마 그래서 더욱 나의 마음이 안타깝고 애절한지도 모른다.

영화 속에서 한국 최고의 선수이자 대표팀의 맏언니였던 미숙문소리 분은 소속팀이 해체되자 생계를 위해 동네 마트에서 판매사원으로 일하기 시작한다. 흔히 상상하는 연금을 듬뿍 받는 올림픽 메달리스트의 화려한 세계와는 전혀 거리가 멀다. 남자 핸드볼 대표 선수였던 남편은 은퇴 후 사회에 적응하지 못하고 도박 등을 하다 사기를 치고

2008년 개봉한 영화 〈우리 생애 최고의 순간〉. 임순례 감독은 이 영화로 청룡영화제 최우수작품상을 수상
했다. 여성 감독이 여성 스포츠 선수들의 모습을 영화화한 드문 작품이다. 김정은과 문소리가 최고의 연기
를 보여주었다.

도피 중이다. 하나 있는 아들조차 그녀에게는 큰 짐이다. 그녀에게 인
생이란 크고 험난한 고난의 가시밭길일 뿐이다.

이에 반해 선수 시절 항상 미숙에게 눌려서 2인자로 지내야 했던
혜경김정은 분은 일본으로 진출해, 선수 생활을 거쳐 최고의 팀을 이끌
어가는 유능한 감독으로 인정받게 된다. 그리고 그녀는 2004년 아테
네 올림픽을 대비하는 여자 핸드볼 대표팀 감독대행으로 선임되어
한국으로 돌아온다. 그리고 대표팀을 위해서 과거 라이벌이었던 미
숙을 설득해 다시 선수로 복귀시킨다. 아들과 집안 문제 때문에 선수
로 돌아오기를 꺼렸던 미숙을 설득하기 위해, 혜경은 자신의 돈으로
미숙의 부채까지 해결해주면서 그녀를 집요하게 설득한다. 결국 대표

팀에 합류하지만 아이를 돌봐줄 사람이 없는 미숙은 아이를 선수촌에 데리고 살면서, 낮에는 훈련장에 데려다놓고 훈련에 몰두한다.

그런 즐거운 시간도 잠시, 여성이라는 이유로 혜경을 탐탁지 않게 여기던 협회위원장은 그녀를 감독대행에서 해고하고 혜경은 선수로 강등당한다. 그리고 새로 감독으로 부임한 사람은 과거 한국 남자 핸드볼의 스타 선수이자 혜경의 전 남자친구였던 안승필엄태웅 분이다. 승필은 혜경뿐만 아니라 자신보다도 나이가 많은 노장 선수들이 껄끄럽기만 하다. 그래서 노장 선수들을 내쫓기 위해 갖가지 심술을 부리고, 혜경과 빗속에서 산을 뛰어오르는 경쟁을 펼치기도 한다. 미숙이 아픈 아이를 데리고 병원에 다녀왔을 때 이런 전후 사정은 모두 무시하고 훈련에 늦었으니 규칙에 따라 훈련소를 나가라고 미숙에게 소리치기까지 한다. 이런 갈등과 시행착오를 겪은 후에야 비로소 감독과 선수들은 서로 마음을 이해하게 되고 서로 일치단결해서 훈련에 몰두한다.

마침내 펼쳐진 올림픽 무대. 노장 선수들과 젊은 선수들은 힘을 합쳐 열심히 싸웠고, 그 결과 결승전까지 올라왔다. 하지만 모두들 체력이 바닥났다. 유럽 선수들이야 원래 체력과 체격이 좋고 주전과 후보 선수들의 실력 차이가 많지 않으니 경기를 여러 번 한다고 해도 큰 차이가 없을 수 있지만, 소수 주전들이 거의 모든 경기를 다 뛰어야 하는 한국 대표팀은 경기가 계속되면 될수록 더 어려운 상황이었다. 그럼에도 불구하고 미숙과 혜경은 뛰고 또 뛰었다. 온몸으로 공을 던지고, 몸을 날려 상대의 슛을 막았다. 상대가 한 점을 내면 우리도 한 점 쫓아가는 팽팽한 경기였다. 19번의 동점이라는 격전 끝에 무승부.

연장, 그리고 재연장. 그래도 결판은 나지 않았다.

　마지막의 승부 던지기에서 미숙은 혼신의 힘을 다해 공을 던졌다. 그러나 화면은 미숙이 공을 던지는 모습에서 멈춘다. 미숙의 공을 막 아내는 골키퍼의 모습은 보여주지 않았다. 미숙이 공을 던지자 환호 하는 상대 선수들의 모습이 지친 미숙의 뒤편으로 아스라이 보일 뿐 이었다. 여백이 더 나의 마음을 흔드는 듯했다. 이렇게 노장 선수들의 금메달을 향한 도전은 아쉽게도 고지의 한 발 앞에서 멈춘 것이다.

그녀들은 포기하지 않는다

영화가 끝나자 영화 속 주인공들의 실제 모델이 된 여자 핸드볼 선수 들의 인터뷰 장면이 나왔다. 영화관 의자에서 일어나려던 나는 다시 의자에 앉아서 그 모습을 끝까지 지켜봤다. 그리고 마지막으로 인터 뷰를 하던 감독이 "선수들의 형편이 너무 어렵다"라며 말을 맺지 못 하고 눈물을 글썽인다. 그 후 실제 경기 장면들의 스냅사진이 이어진 다. 열악한 환경, 한 데서(냉난방도 안 되는 곳에서) 공을 가지고 경기한 다고 해서 '한데볼'이라는 별명이 붙은 핸드볼, 비인기 종목의 설움 속에서 열정을 다해 온몸으로 경기한 노장 선수들의 모습이 보인다. 사실 나도 이 영화를 보기 전까지 이들 선수들에 대해서 전혀 알지 못했다. 비록 울고 있어도 누가 알아주지 않았을 것이고, 대우도 열악 했지만, 포기하지 않고 최선을 다했기에 그녀들은 정말 행복하리라. 남들 같았으면 은메달을 딴 것이 너무 기뻐서 울었겠지만, 감독은 은 메달을 땄어도 선수들이 너무 불쌍하다면서 울고 있다. 정말 가슴이 찡해왔다.

이 영화는 한국 여자 핸드볼 선수들의 실화에 바탕을 두고 있다. 그렇지만 이 영화는 스포츠 영화가 아니라 고달픈 인생의 모습을 그리고 있는 휴먼 드라마다. 한 사람 한 사람의 서로 다른 인생 이야기가 영화에 등장한다. "쟤도 누구처럼 징 하게 오래 버틴다. 집안에 빚이 많은 것 아냐?" 하면서, 경기 전 상대방의 경기를 비디오로 보다가 이야기하는 미숙의 혼잣말은 그녀 스스로의 고달픈 현실을 대변해준다. 남들과 마찬가지로 꿈같이 행복하고 알콩달콩한 생활을 기대하면서 결혼했을 테지만 실패로 끝난 결혼 생활 후 혼자 아들을 키우는 엄마로서 미숙은 참으로 어려운 처지였을 것이다. 거기에다 사고친 남편 덕분에 갚아야 할 빚은 산더미 같고, 그런 어려운 생활이라 그녀는 더 악착같이 무너지면 안 된다면서 최선의 노력을 했던 것 아닐까?

혜경 역을 연기한 김정은은 영화를 찍는 도중 골반과 발목을 다쳐서 침과 물리치료를 받고 진통제까지 먹으며 영화를 찍었다고 한다. 배우들도 감정이 몰입되어 온몸을 던져서 연기에 임한 것이다. 이것이 바로 실패할 거라며 투자자도 제대로 모집하지 못했던 영화 〈우생순〉이 이렇게 많은 사람들의 가슴을 울린 흥행작이 된 이유일 것이다. 선수들이 운 것과 똑같은 마음으로 감독과 배우들이 울었던 것이 바로 이 영화의 성공 비결이다. 여성 감독 임순례와 여성 배우들이 모여서 마음을 합해 이 작품을 만들어낸 것이다. 아마 '우리도 할 수 있다'라는 마음으로, '여자들이 뭉쳐서 한 번 보여주자'라는 각오로 힘들게 작품을 만들지 않았을까? 그래서 약간 남성들을 깎아내리는 듯한 뉘앙스를 풍기는 장면이나 내용들도 있지만, 그 정도 단점은 눈감아줄 만큼 영화는 전반적으로 훌륭하다.

엄청난 제작비나 화려한 그래픽, 많은 엑스트라의 동원 없이도 〈우생순〉처럼 성공한 영화는 얼마든지 나올 수 있다. 서로 부딪히고, 싸우고, 사랑하고, 노력하는 인간의 진실한 모습을 보여주는 것이 바로 성공의 비결이다. 대표적인 한국 영화 〈쉬리〉나 〈태극기 휘날리며〉, 〈엽기적인 그녀〉의 성공 요인에도 바로 그러한 비결이 담겨 있다. 〈쉬리〉에서 여주인공이 죽은 후 남자 주인공이 집에 돌아와서 자동 응답기에 녹음된 그녀의 애절한 목소리를 듣는 마지막 모습, 〈태극기 휘날리며〉에서 형을 찾아 미친 듯이 적진을 헤치며 울부짖는 동생, 그리고 영화 마지막 장면에서 형의 유골을 찾아 다시 과거를 회상하는 모습, 그리고 〈엽기적인 그녀〉에서 갈등을 겪다 언덕 위에 큰 나무 밑에서 헤어졌던 커플이 다시 만나는 모습 등 이런 애절한 장면들이 바로 관객의 마음을 움직이는 힘이라고 생각한다. 〈우생순〉은 바로 그런 애절한 모습을 잘 표현하고 있다.

노력할 때 꿈은 이루어진다

우리는 항상 남들보다 자신의 상황이 더 어렵다고 생각한다. 그래서 더 쉽게 실망하고 좌절하는 경향이 있다. 요즘 특히 젊은 세대일수록 이런 경향이 더욱 많아서 자살률, 특히 젊은이들의 자살률이 세계에서도 가장 높은 수준에 이른다고 한다.

물론 나에게도 좌절과 방황의 기억들이 있다. 어렸을 때도 시골에서 어렵게 살았지만, 그때는 남들도 다 그렇게 사는 줄만 알았다. 그러다 좀 더 나이가 먹어서야 그렇지 않다는 것을 깨달았다. 뒤늦게 들어간 군대에서 나이 어린 동기생들과 함께 논산 훈련소 연병장을 온몸으로 구르다 체력이 달려 입에 거품을 물고 쓰러졌던 좌절의 기억도 있다. 남들도 다 그런다고 하지만, 그때는 훈련소를 마치며 '내가 다시 훈련소에 가게 된다면 차라리 자살을 하겠다'라고까지 생각했었다. 또 유학을 떠나 하루에 15시간 이상씩 공부를 해도 도저히 따라갈 수 없을 만큼 학업이 어려워서 좌절한 적도 있다. 그 흔한 영어 학원이나 회화 학원 한 번 못 다녀보고 독학한 영어 실력으로 처음 미국에 와서 학업을 따라가려니 그렇게 어려울 수가 없었다. 결국 괴로워서 술을 병째 퍼마시고 그대로 곯아떨어져서 잠을 잤다. 남들은 나의 이런 어려움을 잘 모르고 '공부가 가장 쉬워서 공부를 한' 사람으로 나를 생각하지만, 나에게도 다른 사람들처럼 이런 갈등과 방황의 시절이 있었다.

그러나 나는 이런 상황을 만났을 때 오히려 더 이를 악물고 노력했다. 어떤 면에서는 아내와 아이들을 책임져야 할 가장이었기 때문에 물러설 수 없었던지도 모른다. 누추한 집에서 어렵게 살았지만 그때의 기억들은 나의 가슴속에 지금도 또렷하게 남아 있다. 아마 그만큼 애절하고 힘들었기 때문에 더 생생하게 기억이 남아 있는 것이리라. 그때는 참 힘들었지만 이제 와서는 내가 그 어려운 과정을 극복해냈다는 것이 자랑스럽다. "젊어서 고생은 사서도 한다"라고, 나도 그 고생을 통해서 훨씬 강해지고 성숙해졌다고 생각한다. 그 경험이 없었다면 지금의 나도 없었을 것이다.

영화 〈바람과 함께 사라지다〉의 마지막 장면에서, 믿었던 레트 버틀러클라크 게이블 분가 떠나간 후 스칼렛 오하라비비안 리 분는 이렇게 마지막 대사를 읊조린다. "내일 타라로 돌아가자. 내일은 내일의 태양이 다시 떠오를 거야Tomorrow is another day." 타라는 그녀가 태어나서 자랐던 시골 고향 마을이다. 사랑하는 남편이 자신을 버리고 떠나자 그녀는 결심을 한다. '자, 새 출발을 하자. 내일은 내일의 태양이 다시 떠오를 테니 나도 오늘의 슬픔을 잊고 다시 새 출발을 해보자.' 그녀는 마치 쓰러지면 다시 일어나는 오뚜기 같다. 전쟁과 얼떨결에 결혼한 첫 남편의 죽음, 전쟁 통과 전쟁 후의 시련 속에서도 그녀는 결코 굴하지 않았다. 그리고 그녀가 진정 사랑하는 사람이 애슐리가 아니라 레트였다는 것을 깨달은 순간, 레트는 그녀에게서 떠나간다. 정말로 아무것도 남은 것이 없는 인생의 바닥 같은 순간이 온 것이었다. 그런 어려운 형편에서도 그녀는 내일 다시 새 출발을 하자고 다짐한다. 삶을 비관하고 생을 마감하려고 하지 않았다.

누구나 이처럼 인생에서 지금이 가장 어렵다고 느끼는, 위기가 닥치는 경험이 가끔 있을 것이다. 그런 위기에서도 꿈과 희망을 버리지 않고 다시 일어나서 노력한다면 반드시 그 위기를 극복할 수 있을 것이다. 한국 월드컵 팀이 이룩했던 것처럼 꿈은 이루어진다. 그리고 우리가 최선을 다해, 몸과 마음을 다 바쳐 노력할 때 꿈은 반드시, 그리고 더 빨리 이루어진다. 노력하지 않고 저절로 이루어지는 꿈이 있을까? 노력하지 않고 이루어진다면 그것은 꿈이 아닐 것이다. 다시 한 번 힘을 내서 노력해보자. 고지가 바로 저기 있는데, 여기서 멈출 수는 없지 않은가? 우리 생애 최고의 순간이 바로 눈앞에 있다.

대한민국의 현실을
생각하게 한 영화 〈명량〉

2014년 여름 연구실 학생들과 함께한 MT 때 경상남도 남해군을 찾았다. 남해대교를 넘어서자마자 제일 먼저 들린 곳이 충렬사다.* 남해대교를 건너면 왼편에 충렬사가 위치해 있다. 이순신 장군의 위패를 모신 사당이 위치한 곳이다.

큰길에서 벗어나 좁은 도로를 따라 해변가로 내려갔다. 횟집들이 주변에 가득하다. 횟집촌을 지나 거북선이 정박해 있는 항구 바로 앞에 있는 조그만 주차장에 차를 세우고 주차장 위 언덕에 위치한 충

---

* 충렬사는 부산에도 있고 경상남도 통영에도 있다. 부산 충렬사는 임진왜란 때 순국한 모든 호국선열들을 기리는 사당이며, 통영 충렬사는 남해 충렬사처럼 이순신 장군을 기리는 사당이다.

렬사에 들어섰다. 방문객은 우리 일행밖에 없었다. 많은 사람들이 이곳을 찾지는 않는다는 의미다. 문의 나무 기둥은 예전 크기 그대로인 듯해서, 나처럼 키가 큰 사람은 머리를 숙여야만 통과할 수 있었다. 고풍스러운 모습이다.

충렬사는 이순신 장군이 노량해전에서 사망한 후 시신을 수습해서 묘를 모신 곳이다. 정유재란 끝에 철수하는 일본군과 마지막으로 대결한 전투가 바로 노량해전이다. 노량해전이 일어난 장소는 지금 남해대교가 서 있는 바다의 좁은 길목이다. 정확하게는 충렬사에서 내려다보이는 앞바다 왼편에서 일어났다고 한다. 이곳은 육지와 큰 섬 사이의 좁은 해협으로 물살이 빠른 곳으로서 명량해전이 일어났던 진도 앞바다 울돌목의 지형과 유사하다.

바다에서 치열한 전투가 거의 끝나갈 때쯤 이순신 장군은 적의 총탄을 맞아 숨을 거두면서, "지금 싸움이 급하니 나의 죽음을 알리지 마라"고 유언을 남겼다. 장군이 사망했다는 사실이 알려지면 병사들의 사기가 떨어질 것을 염려한 것으로 장군은 마지막 순간까지 자신보다는 조국을 생각했다는 의미다. 전투가 승리로 끝난 후 장군의 시신을 가까운 육지인 남해로 모셨다. 시신이 처음 도착한 장소가 이곳에서 서쪽으로 4km쯤 떨어진 관음포이며, 시신을 관음포에서 옮겨서 묘를 만든 장소가 바로 충렬사다. 나중에 시신은 이순신 장군의 고향인 충청남도 아산군에 있는 현충사로 이장되지만 시신이 묻혔던 장소는 충렬사에 가묘假墓로 남아 있다.

시기에 따라 변한 이순신 장군의 위상과 해석

충렬사 안에는 장군의 영정과 전투 모습을 그린 그림이 걸려 있으며, 장군의 업적을 기린 여러 비석들이 남아 있다. 조선 중기의 대학자 우암 송시열 선생이 직접 비문을 짓고 글자를 남겼다. 일행들과 함께 그 내용을 읽어보고, 가묘도 빙 둘러가면서 한 바퀴를 돌았다. 수백 년은 되었을 아름드리나무들이 가묘와 사당 주변을 빙 둘러싸고 있다. 이 나무들이 지난 수백 년 동안 이순신 장군을 지켜온 셈이다.

물가에 배를 대니 사당은 헐어 있어
잡초 우거지고 무심한 새만 지저귀네
장군 한 번 가시고는 큰 나무만 남았는데
창해 깊은 물에 공훈이 잠겨 있네.

쓸쓸한 바람은 애꿎게 깃발을 뒤흔들고
가을 햇볕은 창 그림자 그려내네.
아! 영웅의 모습 다시 볼 길 바이없어
뒷사람은 부질없이 전쟁 시만 읊어보네.

충렬사에서 권용정1801~1861, 조선 후기의 문인화가이 이순신을 기려 쓴 시의 한 구절이다. 이 시를 통해서도 알 수 있듯이 이순신 장군의 업적은 임진왜란 종전 직후에는 수없이 기려졌지만 그 후 시간이 흘러감에 따라 점차 잊혀갔다. 먹고살기 바쁜 후대 사람들이 현실에 치여서 조국을 지켜낸 선현을 돌아볼 여유가 없었던 것이리라. 그래서 1800년 대 중반 권용정이 충렬사에 들렀을 때 이미 다 무너져가는 사당만 남아서 잡초가 우거진 곳이 되었던 셈이다. 권용정이 읊은 큰 나무는 그때보다 150년이 지난 지금까지도 남아서 장군을 지키고 있다. 역시 사람보다 더 충직스럽고 변치않는 것이 나무인 것 같다.

역설적이게도 잊힌 이순신 장군을 다시 살려낸 것은 일제강점기의 일본 군국주의자들이다. 최고의 군인으로서 이순신 장군이 다시 각광받은 것이다. 러일전쟁 당시 러시아 함대와 벌인 쓰시마해전에서 승리한 도고 헤이하치로 해군제독이 "이순신 장군이 자신의 스승"이라는 말을 했다는 이야기도 전해온다. 그러다가 해방과 한국전쟁을 거치면서 이순신 장군은 다시 잊혀진다. 1970년대 들어서 장군을 다시 역사의 전면에 등장시킨 것은 고故 박정희 대통령이다. 군사정권에서 북한에 대항해서 나라를 단결시킬 우상으로 이순신 장군을 부각시킨 것이다. 박 대통령의 지시로 현충사를 성역화하고 전국의 사당도 개·보수를 한다.

이 내용들은 내가 대학교에서 국사를 배우며 알게 된 것들이다. 재미있지 않은가? 당시 대학가는 군부독재에 저항하는 민주화 열풍이 불고 있었다. 교수들도 수업 중에 자신의 반정부 정치 성향을 강하게 비추는 일들이 종종 있었다. 그래서인지 이순신 장군이 훌륭하기는 하지만 역사적으로 과대평가되었고, 원균 장군은 이순신 장군을 부각시키기 위해 억울하게 평가절하되었다고 국사 수업시간에 배웠다. "전쟁 직후 공헌을 세운 사람들에 대한 논공행상을 할 때 원균이 이순신 및 권율과 함께 선무일등공신에 책봉된 것을 보면, 원균은 이순신과 대등한 공헌을 했다고 당대에 평가했었다는 것을 알 수 있다"라는 등의 내용이다. 고등학교 때까지는 이순신 장군이 나라를 구한 성웅이며 원균이 무능한 장군이라고 배웠는데 갑자기 대학교에 들어오니 평가가 바뀐 것이다.

어쨌든 당시 어린 대학교 1학년 학생으로서 처음 듣는 교수님의 말씀이 신기하기도 했었다. 또 군부독재에 대한 반발심을 가지고 있던 상황이라 그저 그러려니 하고 별생각 없이 넘어갔던 기억이 난다. 박정희 대통령이 싫으니 박정희 대통령이 존경하는 이순신 장군도 깎아내린 셈이다. 이때 이런 내용을 가르쳤던 분들은 이미 돌아가셨을 가능성이 높지만, 만약 생존해 계신다면 아직도 그런 생각을 하고 있는지 궁금하다.

하긴 2014년에는 미국 선교사의 지시를 받고 3·1운동에 나선 친미인사이며 실제 3·1운동의 성과가 거의 없었다는 이유로 유관순 열사도 몇몇 중·고등학교 역사 교과서에서 빼버렸다고 해서 논란이 벌어졌었다. 미국이 싫어서 친미인사도 역사책에서 빼야 한다는 논리다. 이런 모습을 보면 정치 성향에 따라 색안경을 끼고 역사에 접근하는 사람들이 지금도 일부 있는 것 같다. 20~30년 전 대학교에서 국사를 가르친 사람들의 영향을 받은 사람들일 것이다.*

---

*   영화 〈명량〉에 대해 많은 비평가들이 상당히 비판적인 견해를 보인 바 있다. 그럼에도 불구하고 이 영화는 대단한 흥행을 했으니 비평가들의 견해가 관객들의 취향과는 상당히 다른 셈이다. 비평가들이 비난한 것은 대부분 이 영화의 짜임새에 대한 것이었지만, 소수는 영화의 정치색을 논의하기도 했었다. 독재정치를 옹호하는 영화라는 것이다. 이런 견해를 밝힌 비평가도 정치 성향에 따라 역사를 바라보는 정치 편향적 역사관을 가진 사람일 것이다.

영화 〈명량〉을 통해 다시 본 이순신 장군

그러다가 이순신 장군을 다시 생각하게 된 것은 2014년 무려 1,700만 명의 관객을 동원하면서 한국 영화 역사상 신기록을 세운 영화 〈명량〉을 본 이후부터다. 사실 영화 〈명량〉이 잘 만든 영화냐고 묻는다면 바로 답하기는 곤란하다. 연기자들의 역량은 뛰어났지만 고증이나 컴퓨터 그래픽은 좀 어색하다. 이야기 전개상 불필요한 군더더기나 억지스러운 장면들도 많았다. 그래도 영화가 전해주는 메시지는 명확했다. 김한민 감독은 모두가 이길 수 없다고 생각하는 어려운 상황에서 모든 군사들을 단합시켜 싸움터로 이끌어가는 이순신 장군의 고뇌 어린 모습을 잘 그려냈다. 2시간의 러닝타임에서 1시간 이상을 이런 장군의 모습을 드러내는 데 할애한다. 이순신 장군을 위한, 장군에 의한, 장군의 영화인 것이다. 조국을 위해 자신의 삶을 희생한 위대한 모습을 그린 것이다.

일본군은 첩자를 이용해서 일본 함대의 출병에 관한 거짓 정보를 조선 측에 알린다. 선조는 이 허위 정보를 믿고 이순신 장군에게 부산으로 출병하라는 명령을 내린다. 그러나 이순신 장군은 그 정보가 허위 정보이며 부산으로 갔다가는 중과부적으로 패배할 것이 분명하다면서 거부한다. 이에 왕명을 어긴다며 격분한 선조는 이순신 장군을 파직해 한양으로 압송시키고 후임 삼도수군통제사로 원균을 임명한다. 원균이 부산으로 진격하자고 상소를 올렸던 것이다. 하지만 통제사가 된 원균도 일본군과 정면 대결을 해서는 승산이 없다는 것을 깨닫자 부산 출병을 차일피일하기만 한다. 그러자 선조는 더욱 강

격랑 속에서 치열한 전투를 벌이는 조선 수군의 판옥선과 일본 수군의 배들의 모습. 영화 〈명량〉은 무려 1,700만 명의 관객을 동원해 한국 영화의 흥행기록을 다시 썼다.

하게 부산으로 출병할 것을 명하고, 도원수 권율이 원균을 잡아 곤장을 치는 일까지 벌어졌다. 결국 이런 압박에 굴복해 원균은 조선 수군 전체에 출전 명령을 내린다. 운명의 주사위가 던져진 것이다. 결국 원균의 책임도 크지만 전쟁에 대해서 잘 알지도 못하면서 무리한 지시를 한 왕 선조의 책임이 가장 크다는 것을 알 수 있다.

그래서 1만여 명의 조선 수군은 100척이 넘는 판옥선을 포함한 총 300척의 배를 이끌고 여수에서 부산 앞바다까지 먼 거리를 역풍을 거스르면서 힘들게 노를 저어간다. 조류까지 반대로 흐르고 풍랑이 치는 상황에서 상당한 거리를 노를 저어서 가다 보니 조선 수군의 피로가 상당했다. 그래서 부산에 이르기도 전에 이미 조선 수군은 지치고 말았다. 항상 조류와 바람을 이용해서 싸움을 벌인 이순신 장군과 대비되는 모습이다. 부산 근처에서 벌어진 소규모 교전 후 지친 조선 수군은 현재 부산 신항이 있는 가덕도에 상륙해서 물을 구하고 휴식을 취하고자 한다. 그러나 가덕도에 주둔하고 있던 일본군의 기습으로 많은 병력을 잃고 다시 바다로 쫓겨난다. 밤이 되어 지친 군대를 이끌고 쉬고자 도착한 곳이 지금의 거제도와 칠천도 사이에 있는 바다 칠천량이다. 이곳에서 원균은 가장 큰 실수를 한다. 적이 추격해 올 가능성을 고려해 척후선을 세워야 했으나 그냥 쉬라고 명령을 내리고는 자신도 술에 취해 잠이 든 것이다. 1597년 7월 15일 밤 지친 조선 수군 1만 명은 모두 단잠에 빠졌다.

조선 수군의 행로를 따라온 일본군은 7월 16일 새벽 기습을 감행한다. 깜짝 놀란 조선 수군은 지리멸렬한다. 일본군 기록에 따르면 170척 정도의 배를 격침했다고 한다. 사실 일본군의 숫자가 별로 많지 않았는데, 혼비백산 놀란 조선 수군이 싸울 의욕을 잃고 도망가기 바빠서 자멸했다고 전해진다. 이끄는 이가 누구냐에 따라 병졸들의 자세도 이렇게 달라지는 것이다. 이순신 장군 휘하에서 활약했던 충청수사 최호와 전라우수사 이억기는 끝까지 남아 싸우다 전사했다. 그러나 상당수의 수군은 남쪽 바닷길로 탈출할 수 있었다. 경상우수사 배설은 자신 휘하의 전선을 이끌고 한산도 방향으로 도주했다. 원균도 수군을 이끌고 육지로 상륙해서 도망치지만 일본 육군을 만나 싸우다 사살된다. 전라좌수영 본영이 위치해 있던 한산도도 곧 일본군의 손에 떨어진다.

이런 충격적인 소식이 조정에 알려지자 조정은 발칵 뒤집힌다. 그리고 옥에 갇혀 있던 이순신 장군이 복직되어 다시 남쪽으로 파견된다. 8월 3일의 일이다. 그러나 일본 육군도 움직이기 시작해서 전라도 방면을 침략하기 시작했다. 전주성과 남원성이 함락되어 수많은 사람들이 처형된다. 조선군에게 식량을 공급하던 곡창지대가 적의 눈앞에 훤히 열리는 풍전등화의 위기에 몰린 것이다. 영화는 바로 이 시점부터 시작한다.

풍전등화의 위기에 처한 이순신 장군

이순신 장군최민식 분은 전라도로 내려와 뿔뿔이 흩어진 조선 수군을 다시 불러 모은다. 칠천량해전에서 배설이 이끌고 도망쳤던 12척의 판옥선이 유일하게 남은 큰 배였다. 역사책에 정확히 나와 있지는 않지만 판옥선 외의 작은 배들은 좀 더 남아 있었던 듯하다. 영화에서는 남아 있던 거북선을 배설이 불 지르고 도망치는 것으로 나오지만, 실제 역사책에 따르면 거북선은 모두 칠천량해전에서 불타서 사라졌다. 또한 배설이 명량해전 직전 도망치다가 사살된 것은 아니며, 도망친 후 숨어 살다가 나중에 권율 장군에게 체포되어 처형된다.

당시 일본군은 남해의 섬들과 항구들을 야금야금 점령하면서 남해의 서쪽 편 끝까지 다가왔다. 그러나 이순신 장군을 함부로 공격하지는 못하고 있었다. 그동안 해전에서 자신들에게 참패를 안겨주었던 이순신 장군의 능력을 잘 알고 있었기 때문이다. 그래서 일본에서는 잔혹함과 용맹함을 자랑하는 해적 출신의 구루지마류승룡 분를 추가로 파견한다. 그래서 도도, 와키자카 등의 수군 장군들과 힘을 합쳐 이순신 장군을 꺾으려 한 것이다.

진도에 군영을 마련한 이순신 장군은 최후의 결전을 준비한다. 울돌목에서 일본군과 상대하기 위해 진도에 군영을 마련한 것이었다. 울돌목은 호리병 모양의 지형으로 물살이 빨랐다. 다시 말해 한꺼번에 많은 배들이 호리병 안으로 들어올 수 없는 좁은 지역이었다. 따라서 조선 수군의 수적인 불리함을 상당 부분 상쇄시킬 수 있기 때문에 남해안의 지리를 잘 알고 있던 이순신 장군이 그 지점을 싸움터로 고른 것이다.

그러나 칠천량해전 이후 일본군에게 거듭 패배하며 진도까지 쫓겨온 얼마 남지 않은 조선 수군은 겁에 질려 있었다. 영화에서도 나오듯이 탈영하는 군인들도 생겨난다. 이런 절체절명의 순간 이순신 장군은 배수진을 친다. 절대 물러설 수 없다면서 탈영하다 잡힌 병사를 참수해 모두에게 본보기를 보인다. 조정에서 승산이 없으니 배를 버리고 육군으로 합류하라는 명을 내리자, "신에게는 아직 전선 12척이 남아 있사옵니다. 죽을 힘을 다해 막아 싸운다면 능히 적을 대적할 수 있사옵니다"라는 장계[왕에게 보고하는 문서]를 올리고 결전을 준비한다. 그리고 결전 전날 장병들에게 "필사즉생 필생즉사必死則生, 必生則死: 죽고자 하면 살 것이요 살고자 하면 죽을 것이다"라고 이야기하면서 죽기를 각오하고 싸우겠다는 굳은 결심을 표현한다. 영화에서는 불안에 떠는 군졸들의 마음을 다잡기 위해 사용하던 병영에 불까지 지르는 모습이 등장한다. 가지고 있는 모든 것을 포기했으므로 더 이상은 돌아갈 곳이 없다는 각오를 보여준 것이다. 마지막 순간에 판옥선 한 척이 더 합류해서, 이순신 장군은 총 13척의 배를 이끌고 결전에 나선다.

처절한 싸움과 조선을 구한 승리

일본군의 배 130여 척은 새벽에 지금의 전라남도 해남 쪽에 위치한 진을 출발해 아침 무렵 지금의 진도 앞바다 울돌목에 도착했다. 일본 수군이 출발했다는 보고를 받은 이순신 장군도 출진 명령을 내린다. 바로 울돌목에서 일본군을 맞아 싸우기 위해서다. 거친 물살이 일본군 쪽에서 조선군이 위치한 서쪽으로 흐르는 상황이었다. 좁은 해협을 많은 배가 한꺼번에 통과할 수 없으므로 일본군은 10여 척씩 진영을 이루어 해협으로 진입했다. 전투가 시작되자 빽빽하게 밀려오는 적의 기세에 겁을 먹은 조선 수군의 배들이 뒤로 물러서기 시작했다. 이순신 장군의 기함만은 물러서지 않고 약 40분간 혼자서 적의 배들에 둘러싸여 분전 속에 간신히 버틴다. 영화에는 그때의 절박한 모습이 잘 그려져 있다. 그러다 물러났던 조선 수군들 중 김응함과 안위의 배가 진격해와서 함께 일본군과 맞서 싸운다. 영화에서 대단한 카리스마를 보여주는 구루지마의 시체가 물에 떠오르자, 이를 갈고리로 끌어올려 목을 잘라 배에 걸었다. 그래서 병사들의 사기가 올랐다.

아침에 시작된 싸움이 점심 무렵까지 계속되었다. 조선 수군은 잘 버티고 있었지만 일본 수군은 목숨을 아까워하지 않고 끊임없이 몰려왔다. 한 가지 다행인 점은 울돌목의 빠른 조류 때문에 일본군의 작은 배들은 마음먹은 대로 조종을 하기가 용이하지 않았다는 것이다. 그래서 대형을 이루어 한꺼번에 공격하지 못했다. 그러나 조선군의 판옥선은 큰 배라서 빠른 조류 속에서도 상대적으로 자유로운 운항이 가능했다. 그래서 이순신 장군이 바로 이 지점에서 일본군을 기다린 것이다. 12시가 되자 조류가 바뀌게 된다. 이제는 일본군이 조선군 쪽으로 접근하려면 물결을 거슬러 노를 저어야 했다. 조선 수군은 물결을 이용해서 빠른 속도로 배를 몰아 일본 배에 접근하고 포를 쏘아 계속 일본 배들을 격침시켰다. 뒤로 물러나서 전황을 살피며 전투에 참여하기를 주저하던 나머지 배들도 모두 앞으로 나섰다. 이순신 장군의 용전을 보면서 '할 수 있다'라는 용기가 생긴 것이다.

반면 일본의 작은 배들은 거친 물살 때문에 배를 조종하기가 힘들었으므로 정확하게 조선 배를 겨냥해 포를 쏘기란 불가능한 일이었다. 일본군의 주 전법은 배를 서로 붙여놓고 병졸들이 적의 배에 올라 백병전을 벌이는 것인데, 배를 조종하기가 용이하지 않았으므로 이도 쉽지 않았다. 이래서 승부가 결정된 것이다. 영화에서 나오는 회오리바람이나 소용돌이는 상당히 과장된 모습이다. 영화에서는 이순신 장군이 탄 기함에서도 백병전이 벌어지는 것으로 나오는데, 실제 역사책을 보면 이순신 장군의 대장선은 백병전을 벌이지 않았으며, 안위 장군의 배에서 백병전이 벌어졌다고 한다. 영화의 극적 재미를 위해서 백병전 장면을 부각해 넣은 것이다.

저녁 무렵이 되자 일본군은 퇴각하기 시작했다. 일본군의 배 30여 척이 격침되어 약 2천 명의 사망자가 발생한 것으로 추정된다. 조선군은 한 척의 배도 잃지 않았다. 정말 기적과 같은 승리가 일어난 것이다. 이 승리가 절체절명의 위기에 빠져 있던 조선을 구하게 된다.

울돌목의 승리와 진도의 아픔

절망의 위기 속에서 치렀던 그날의 처절했던 전투가 끝났다. 이순신 장군이었기에 공포에 떠는 병졸들을 규합해 막강한 적에 대항해 싸울 수 있었을 것이다. 그래서 오늘날 후손들이 지금 이 역사를 배우고 있는 것이다. 최민식 씨의 실감 나는 연기 덕분에 장군의 캐릭터가 더 살아나지 않았을까 생각된다.

이순신 장군은 1년 후 1598년 벌어진 노량해전에서 일본군의 총탄을 맞고도 "싸움이 끝나기 전에는 나의 죽음을 알리지 마라"고 전하고 숨을 거두었다. 나폴레옹 전쟁 당시 영국의 넬슨 제독은 트라팔가해전에서 영국 침공의 기회를 엿보는 프랑스 함대를 물리치면서 역시 총탄을 맞았지만, 그 역시 총탄을 맞았다는 사실을 숨긴 채 지휘를 계속하다가 숨을 거두면서 "신에게 감사한다, 나는 내 의무를 다했다"라고 이야기했다고 한다. 이런 일화를 보면 이순신 장군이나 넬슨 제독은 목숨보다도 자신의 책임을 더 강조하는 생활을 했다는 것을 잘 알 수 있다. 그래서 훌륭한 위인으로 칭송받고 있는 것이다.*

그런 일이 있은 지 500년이 넘는 세월이 지났다. 바로 그 역사의 현장 울돌목 진도 앞바다에서 2014년 너무나도 가슴 아픈 일이 일어났다. 인천을 출발해서 제주로 가던 세월호라는 여객선이 격랑 속에서 난파한 것이다. 수많은 사람들, 특히 학생들이 목숨을 잃었다. 그래서 안타까운 이야기들이 여러 사람들에게 회자되었다.

"엄마, 내가 말 못 할까 봐 보내놓는다. 사랑한다."
"애들아 진짜 내가 잘못한 것 있으면 다 용서해줘. 사랑해."

세월호가 침몰하기 직전 이런 메시지들을 남기고 어린 학생들이 우리 곁을 떠나갔다. '어린 아이들이 무슨 큰 죄를 그리 지었다고 용서해달라는 말을 남겼을까? 오히려 우리가 이들에게 용서를 해달라

---

* 뚜렷한 정치색을 가진 몇몇 비평가는 바로 이 점을 비판했다. 장군의 이런 모습이 '한물간 리더십'이라든가 '구시대적인 사고방식'이라고 한다. 사람마다 해석이 다른 셈이다.

고 빌어야 하지 않을까?' 분향소를 방문해 조문을 하면서 이런 생각을 했다. 그리고 사건 직후 당황해서 우왕좌왕한 정부의 모습과 사건을 이용해서 정치적·금전적으로 한몫 단단히 잡으려고 하는 몇몇 사람들의 행태를 보면서 500년 전 일본의 침공을 앞에 두고 우왕좌왕하던 조선의 모습을 떠올렸다. 500년이 지났어도 우리가 제대로 교훈을 배우지 못해서 이런 일이 되풀이된 것이리라. 그래서 그 후 본 영화 〈명량〉의 모습이 더 내 마음에 다가왔을 것이다. 〈명량〉이 평론가들의 예상을 뒤엎고 대흥행한 이유에는 아마 이런 당시 시대 분위기도 영향을 미쳤을 것이다. 물살 빠른 해협에서 목숨을 걸고 잠수작업을 하는 잠수사들의 모습을 보도하는 뉴스를 보면서, 울돌목의 급류가 어떤지를 실제로 알게 되는 계기도 되었다.

21세기 대한민국의 새로운 이순신을 기다리며

영화를 보고 받은 감동을 다시 되새기러 멀리 남해를 방문한 길에 충렬사에 들른 것이다. 울돌목에는 아직 못 가보았지만 다음 번 기회가 생기면 꼭 가보리라 생각했다. 충렬사 경내를 돌면서 나무도 만져보고 비각도 만져 보았다. 그러면서 당시 장군이 겪었을 상황을 생각해보려 노력했다. 결코 포기하지 않겠다는 불굴의 자세를 말이다. 그때부터 500년이 넘는 시절이 지나갔지만 오늘날 우리 후손들도 이런 자세를 배워야 할 것 같다.

지금 우리나라를 둘러싼 현실은 500년 전과 거의 변하지 않았다. 중국은 새로운 강자로 부상했으며, 일본도 재무장을 준비하고 있다.

둘 다 한국 따위는 아무것도 아니라는 듯 행동한다. 중국은 벌써 한국을 턱 밑까지 추격했으며, 일본은 저만큼 앞서서 나가고 있다. 세계 경제 침체와 엔저현상 속에 한국은 벌써 몇 년째 제자리걸음을 하고 있다. 인구도 정점에 도달해서 이제 감소 추세로 옮겨갈 것이라고 한다. 인구가 줄면 국내 수요가 줄어들기 때문에 경기가 어려워진다. 일본의 장기불황 30년도 바로 인구감소와 함께 시작했었다. 정말 한국이 풍전등화의 위기 속에 처한 셈이다. 민족의 운명이 크게 바뀌는 변곡점에 와있는 듯하다.

그런데도 우리나라 정치권은 국익은 상관하지 않고 싸움만 하고 있다. 청년 실업자가 넘치는 현 시점에서 꼭 필요한 일자리 창출이나 소득 증대를 위한 방안에 대해서도 상대 정당이 이야기하면 무조건 반대한다. 미래를 위한 건설적인 토론은 없고 과거에 누가 뭘 잘못했는지에 대한 비판만 되풀이한다. 조선 시대 관료들이 백성의 삶과 아무 상관없는 일, 예를 들면 상복을 몇 년 입어야 하는지 등 백성들의 실생활과 아무 관계없는 문제로 치열한 당파싸움을 벌이던 모습과 무엇이 다른가?

이런 어려운 현실 속에서 새로운 이순신 장군이 나타나서 국민을 단결시키고, 그래서 대한민국호를 힘차게 노 저어 나가 새로운 미래로 이끌어갈 수 있기를 바란다. 국민들도 감았던 눈을 뜨고, 눈앞의 단기적 이익만 쫓는 것이 아니라 무엇이 국가의 미래를 위해 올바른 행동인지를 더 고민해야 할 것이다. 이순신 장군도 휘하의 장졸들이 모두 자기주장만 하고 장군의 뜻을 따르지 않았다면 결코 명량해전에서 승리할 수 없었을 것이다.

잠시 멈추고
돌아보는 시간이
필요한 순간

초판 1쇄 발행 2019년 2월 25일
초판 3쇄 발행 2023년 7월 20일

지은이 | 최종학
펴낸곳 | 원앤원북스
펴낸이 | 오운영
경영총괄 | 박종명
편집 | 최윤정 김형욱 이광민 김슬기
디자인 | 윤지예 이영재
마케팅 | 문준영 이지은 박미애
디지털콘텐츠 | 안태정
등록번호 | 제2018-000058호(2018년 1월 23일)
주소 | 04091 서울시 마포구 토정로 222 한국출판콘텐츠센터 319호 (신수동)
전화 | (02)719-7735   팩스 | (02)719-7736
이메일 | onobooks2018@naver.com   블로그 | blog.naver.com/onobooks2018
값 | 17,000원
ISBN | 979-11-89344-55-9 03190

이 도서의 국립중앙도서관 출판예정도서목록(CIP)은 서지정보유통지원시스템 홈페이지(http://seoji.nl.go.kr)와 국가자료공동목록시스템(http://www.nl.go.kr/kolisnet)에서 이용하실 수 있습니다. (CIP제어번호: CIP2019004770)